우 정禹 晶의 신노년 인문학 칼럼

인문학에 노년의 길을 묻다

인문학에 노년의 길을 묻다

2015년 11월 20일 1판 1쇄 인쇄
2015년 11월 25일 1판 1쇄 발행

지은이 우   정(禹 晶)
펴낸이 김 송 희
펴낸곳 도서출판 JMG(자료원, 메세나, 그래그래)

우편 21444
주소 인천광역시 부평구 하정로 19번길 39, B01호(십정동)
전화 (032)463-8338(대표)
팩스 (032)463-8339(전용)
홈페이지 www.jmgbooks.kr

출판등록 제2015-000005호(1992. 11. 18)

ISBN 978-89-85714-65-5   03190

● 이 책은 한국출판문화산업진흥원 2015년 우수출판콘텐츠 제작 지원
   사업 선정작입니다.

● 이 도서의 국립중앙도서관 출판예정도서목록(CIP)은 서지정보유통지원
   시스템 홈페이지(http://seoji.nl.go.kr)와 국가자료공동목록시스템(http://
   www.nl.go.kr/kolisnet)에서 이용하실 수 있습니다.
   (CIP제어번호: CIP2015030314)

우 정禹 晶의 신노년 인문학 칼럼

인문학에 노년의 길을 묻다

JMG

블로그에 발표한 글을
책으로 묶으면서

　나이가 들어감에 따른 소중한 기쁨은 없을까? 평균수명이 늘어나면서 <보너스 삶>은 갈수록 길어지고 있는데 노년기의 인생, 다시 말해 후반기 인생을 어떻게 찬란하게 만들 수는 없을까? 갖은 고생을 겪으며 살아온 풍찬노숙(風餐露宿)의 모습이지만 나이 들었다고 의기소침하거나 우울해 한다면 남은 인생을 헛되게 보내는 것은 아닌지? 인생 70이니까, 80이니까, 하는 식으로 나이를 들먹이며 할 일을 하지 않는 것은 늙음을 맞이하는 자세가 아니라고 생각되기 때문이다. 늙으면서 지하철이 공짜라고 해서 충청도 천안이나 온양까지 내려가서 거리를 서성거리는 것은 무책임한 인생 소비라고 생각되니 말이다.

　필자가 나이 일흔(70세)이 되면서 공개적인 블로그를 개설해 노인 관련 글을 발표하려고 마음먹은 것은 내 삶의 여정과 무관치 않다. 나는 평생 공무원으로, 대학교에서 강의를 해왔지만 밥 벌어먹는 직업으로 삼아왔고, 다른 사람들의 학문을 흉내 내며 따라가기 바쁜 삶이었다. 또 책 쓰기를 거듭해 졸작으로 몇 권의 책도 남겼지만, 그것도 단순한 지식 쌓기에 불과했다. 은퇴 이후는 내 삶의 의미를 찾으며 나 자신에게 도움이 되는 ▶건강, ▶노년기 생활, ▶성공적 노화에 관심을 갖게 되었다. 또 ▶나 홀로 가고 싶은 곳, ▶먹고 싶은 것, ▶보고 싶은 곳, ▶경험하고 싶은 곳을 찾아가는 즐거움을 만들어 가는 데 관심을 갖게 되었다.

몇 년 전 필자가 노년기를 건강하게 살아가자는 내용으로 쓴 《9988의 꿈과 자전거 원리》(2010)에 이어 선진 자본주의 국가이면서 복지국가인 미국, 캐나다(벤쿠버)에 체류하면서 이들 나라의 노인들이 다른 나라 노인들보다 여유롭게 살아가는 모습이 부러웠다. 그리고 풍부한 노년학 관련 연구 자료들을 접하면서 우리나라 노인들의 생활을 생각하게 되었다. 게다가 필자 역시 현 시대를 살아가는 노인으로서 많은 노년층 사람들로 하여금 사회와 이웃을 위해서, 그리고 아직 노인이 아닌 사람들조차도 노후 준비를 잘할 수 있도록 도와주는 일은 없을까 하는 마음에서 《우정(禹晶)의 어모털 세상읽기》란 블로그를 개설하기로 했으며, 이후 JMG(자료원, 메세나, 그래그래) 출판사의 주선으로 내 블로그에 직접 들어와 노인 관련 글들을 찾아볼 수 없는 분들을 위해 이 책까지 펴내게 된 것임을 미리 밝힌다.

원래 노년사회학의 연구는 사람이 출생 시부터 나타나는 생물학적 노화로서 ▶몸의 세포와 신체 조직의 변화, ▶심리적 노화로서 감정 인식능력의 변화, ▶사회적으로 가족과 친구, 그리고 공식 비공식적 ▶사회관계와 사회조직 내에서의 지위와 역할, ▶성공적인 노화와 죽음에 관한 문제들을 연구 대상으로 하고 있다. 인류 역사상 전에 없었던 100세 시대를 맞아 노년기 사람들을 대상으로 "어떻게 매일 성공적인 노화와 건강한 생활을 할 것인가?" 하는 문제를 다루는 영역이다.

구체적으로 필자가 운영하는 블로그에서는 <신노년 인문학> 차원에서 100세 시대 성공적 노화에 대한 사회과학적 이론(비생물학적 접근) 및 노년사회학 입장에서 다차원적 접근과 실제를 제시하고자 했다. 특히 ▶고령화 사회와 노년기의 갈등 문제, ▶고령화에 따른 경제사회적 문제, ▶노후준비 자금, ▶노년기의 생활양식 변화와 소비계층화, ▶은퇴 후 삶의 질 문제, ▶사회적 관계 축소, ▶세대 간 갈등, ▶노년기 성차(gender), ▶노년기 성(性)기능과 건강, ▶황혼이혼과 재혼, ▶결혼관의 변화들을 중심으로 노년후기에 나타나는 문제들을 분석 평가해보려고 했다. 그밖에 ▶노화 대처 및 안티에이징(anti-aging) 기술의 발전 추세, ▶영적존재로서의 종교생활과 건강한 노화 관계를 살펴보고자 했다. 또 노년기에 증가하는 ▶독거노인과 홀로 살아가는 여성의 문제, ▶노년기 성의 불균형 확대, ▶배우자 사별 후 슬픔과 대처, ▶노년기 윤리 문제와 사회적 책임, ▶노년기 자아존중감과 삶의 통합 방향도 함께 검토 대상으로 삼았다.

대부분의 사람들이 그러하지만 인생 후반기부터는 나 자신을 돌아보는 시간이다. 누구나 예외 없이 늙어가면서 경험하게 되는 온갖 질병, 경제력 감소, 외로움 등을 경험하게 된다. 노인은 맨땅에 헤딩할 힘도 없음을 알게 된다. 그러나 몸은 매일 늙어가지만 쓸데없는 꼰대가 아니라 여전히 성장하는 과정에 있다. 그러므로 나이 들면서 노년 수업이 필요하고 잘 늙어가기 위해서도 레슨이 필요하다. 노년기에 건강하게 사는 것이 가족과 사회에 기여하는 삶이라고 믿기 때문이다. 노후 생활이 마이너스적인 삶이 아닌 플러스적인 삶으로 바꿀 수 있는 지혜와 노력이 이 시대 노인들이 살아가는 덕목이 아닐까 싶다.

물론 필자는 도덕주의자나 건강제일주의자는 아니다. 사회학을 공부하는 한 사람으로서 그럴만한 능력과 지식도 갖고 있지 않다. 다만 장수시대에 성공적인 노화생활로 누가 60대이고 누가 40대인지 알 수 없을 정도로 건강하게 행복한 삶을 살아가기를 바라는 마음뿐이다. "외모와 마음은 한창인데 나이는 벌써 70, 80이라니!" 하고 한탄하는 노털이 되지 않기 위해서다. 나이 듦의 기술은 꿈이 아니어서 누구나 실천 가능한 요소들이라고 믿는다. 노년기의 어려움들을 잘 극복하고 어떻게 대처해야 하는지, 고민하는 노년층에게 건강한 삶을 만들어가는 데 이 책이 다소나마 도움이 되었으면 한다.

끝으로, 사람은 저마다 늙어가는 수준이 달라서 이 세상에는 수만 개의 늙음이 있다. 그런 점에서 당신은 현재 어떻게 늙어가고 있는지 성찰해 보라. 자신만의 인생 브랜드가 필요하다는 얘기다. 무조건 생이 마치 천 년이나 남아있는 것처럼 무의미하게 보내는 것은 잘못 사는 것이다. 물론 이 세상 사람 치고 아프지 않는 마음이 어디 있으랴. 아픔이 있지만 노인은 제 인생의 짐 보따리를 자신이 지고 가야 하는 것이다. 고통을 이긴 나무일수록 아름다운 품격을 지니고 있다는 말이 있지 않은가. 노년이 건강하고 행복해야 인생을 제대로 사는 것이다.

2015. 09. 01.
제주시 애안재((涯岸齋)에서

우 정(禹 晶) 드림

[차 례]

제3장
현대사회 신노년 일상 짚어보기

제4장
행복한 신노년 만들기

제1절
노년기 성공적인 노화를 위한 <잘 늙기 : well-aging> 실천 훈련

제2절
노년기 성공적 노화를 위한 <잘 살기 : well-being> 실천 훈련

제3절

노년기 성공적 노화를 위한 <잘 죽기 : well-dying> 실천 훈련

제5장
노년기 삶의 여정, 스스로 확인하며 성찰하기

1

Chapter One

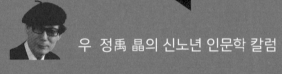

우 정禹 晶의 신노년 인문학 칼럼

신노년 인문학은
무엇인가?

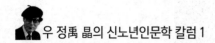

신노년의 등장과 우리 곁으로 다가온
노년문화

최근 신노년학(new gerontology)이 발전하면서 건강한 노화, 생산적 노화, 혹은 긍정적 노화 등의 개념들이 소개되고 있다.(Holstein, Minker, 2003) 이들의 개념 속에는 다분히 노년기 삶의 성공은 노화생활에서 최대의 만족과 행복을 느끼는 감정이 포함되어 있다. 특히 생활의 안정감이나 높은 삶의 질, 개인적인 행복감이 떠오르는 개념들이다.

더구나 요새는 신노년(neo-elderly)이라는 용어가 오고간다. 국내에서는 2000년 초부터 노년학계를 중심으로 노인이 생산적이며 활동적인 생활, 독립적인 노인 이미지를 강조하는 성공적 노화 또는 신노년에 관한 담론들이 생산되어왔다.(Kwak, 2001) 이들이 말하는 신노년은 육체적으로 정신적으로 건강하고 이전의 노인들에 비해 개방적이고 모험적인 성향을 가지고 있는 것이 특징이다. 뿐만 아니라 건강관리와 사회적 삶을 만들기 위해 경제력은 물론 친구 가족들과의 우정에 더 높은 관심을 가지고 있다는 얘기다.(Sherman et al, 2000) 노년기를 '인생의 종말'기로 보기보다는 이 시기를 '자기 기회의 실현' 혹은 제3의 인생이라고 여긴다. 생산적 활동을 지속적으로 수행하고 자기 계발에 힘쓰며 자립 자율적으로 살아가는 긍정적 특징을 지니고 있다.

그리고 뉴시니어 세대(new generation of senior)라는 말도 오고

간다. 경제적 여유와 육체적, 정신적 건강을 갖춘 은퇴자들을 의미한다. 노인들이 보다 행복하고 가치 있는 삶을 추구하며 생겨난 풍조이다. 이들은 건강·돈·안전·자유·인간관계·취미 등에 대한 기대치가 남달리 높다. 우리나라 노인들 중 전통적 노인들은 가난·무기력·의존적·늙고 병든 존재·수동적·소외감을 느낀다고 한다면, 신노인층은 부유하고 윤택함, 생산적 활동, 독립적, 미래지향적 젊음, 건강, 적극적인 사회참여 등의 이미지를 떠올리는 개념이다.(thebostonglobe.com)

그야말로 요새 대중매체에서 '슈퍼노인증후군'을 부추기는 듯하다. 노인들의 생산성과 활동성, 젊음을 유지하는 것 이상의 노후생활을 그리고 있다. 100세 시대의 바람직한 노인들의 모습을 유토피안 삶처럼 그려내고 있는 것이다. 그러나 이러한 라이프스타일이 하나의 선택이 아닌 노후의 유일한 표준처럼 생각하는 경향도 보인다. 미국 플로리다주에 사는 스콧 맥스웰(Scott-Maxwell, 1968)은 "노년은 매우 강력하고 다양한 경로들로 가득 차 있다. 노년은 기나긴 패배인 동시에 승리다. 나의 70대는 매우 즐겁고 평화로웠으며, 80대는 열정으로 가득 차 있다. 나의 열정은 나이가 들수록 점점 더 강력해진다."고 했다.

이렇게 신노년층은 나이를 잊고 건강하게 노후를 즐기고 싶다는 동기가 크게 작용한다. 은퇴로 여유로워진 시간을 새로 경험하고 감동하고 추억을 만드는 등 소비생활과 여가 취미생활, 문화활동을 활기차게 즐기려는 노인세대가 늘어나고 있다.(Mayer, 2011) 예로서 선진자본주의 국가들 중 미국·캐나다·일본 등 노년기의 사람들 생활스타일은 나이를 잊고 살아가는 듯하다. 정치·경제·과학기술 발전으로 결혼·교육·취업·여가 등 인생의 중요한 일들을 나이와 상관없이 선택하며 살아가는 모습이다. 미국, 캐나다의 베이부머세대(1946-1964년생), 일본의 단카이세대(1946~1949들은 이제 65세 이상의 나이로 지난 2007년도부터 대거 퇴직하는 상태다. 이들은 신체적 건강, 경제적 여유, 적극적인 소비자 층으로 등장하면서 안티에이징 열풍 속에 새로운 삶의 스타일로 신노년문화를 만들어 가고 있다.

■ 우리 곁으로 다가오는 노년문화 형성의 의미와 과제

한편, 노년층이 증가하면서 특유의 노인문화 형성 필요성이 제기되고 있다. 노년문화는 그동안 살아온 지혜와 경험, 연륜이 묻어나는 노인품위 만들기와 맥을 같이 한다. 노년기의 생활계획을 포함해 죽음에 대한 문제까지 아우르는 개념이다. 하지만 신노년문화 개념이 새로운 관심 대상으로 떠오르고 있지만 우리나라는 아직 그 개념조차 정립되지 않은 상태이다. 2000년 초부터 성공적 노화연구가 활발하게 이뤄지기 시작했지만 '노년문화' 발전은 아직 미흡한 실정이다.

그러면 '노년문화'(culture of aging)란 무엇인가? 원래 문화란 사람들이 살아가는 의미를 규정한다. 사회구성원에 의해 공유되는 지식, 신념, 행위의 총체를 말한다. 따라서 노인문화는 노인집단의 정체성에 따라 나타나는 구성원들의 생각, 행동, 존재감을 의미한다. 노인문화는 자신들 문화에 대한 헌신, 이해, 도전, 정신적 유대감 등을 포함한다. 그래서 노년문화는 젊은 시절부터 노인에 이르는 전 과정을 통해 개발되고 평가되어야 할 영역인 셈이다. 특히 노년문화를 구축하는 데는 노년층의 건강, 복지시스템의 불균형을 교정하는 것을 목표로 한다. 노인들의 건강한 문화생활에 대한 정부와 사회의 역할을 강조하고 노인들의 긍정적 정체성을 형성하기 위한 것이다.(Gilleard, Higgs, 2000)

구체적으로 노인문화는 개인이 늙어가면서 사회 속에서의 지위와 역할, 갈등, 재산정도, 신앙 등과 관련돼 있다. 이런 요소들은 노인 공동체 속에서 융합되고 응집되어 노인문화로 나타나게 마련이다. 이를테면 긍정적 노인들의 우아한 품위를 만드는 일은 건강, 실력, 매력, 열정, 우아함 등이다. 진정으로 품위 있는 노인들은 ▶품격이 높은 사람, ▶남모르게 일을 즐기는 사람, ▶통섭적인 지식을 갖춘 사람, ▶다른 사람들과 잘 어울리는 노인들이다.

반면에 품위가 없고 무능한 노인은 ▶움직이지 않는 사람, ▶머리를 쓰지 않는 사람, ▶몸 관리를 하지 않는 사람, ▶자신의 목적을 설정하지 못하고 우왕좌왕하는 사람들의 생활 태도로서 이런 부정적인 태도는 결국 노인

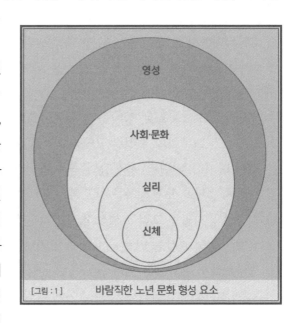

영성

사회·문화

심리

신체

[그림 :1]   바람직한 노년 문화 형성 요소

문화 형성에 나쁜 영향을 미치게 된다. 더구나 늙으면 노인들이 권위주의적이고 보수화되어서 강압적인 위계질서, 단선적 사고, 예스/노의 명확성이 모호해지기 쉽다. 때로는 울컥하는 공격성도 보이는데 노인들이 공격적이 되는 이유는 안전·사랑·자기 존중감 같은 기본적인 욕구를 충족시키지 못할 때 나오는 반작용이다. 그렇게 되면 노인이 되어 인간관계에서 불화가 잦아지게 마련이다. 자신이 늙어간다는 사실과 그 의미를 잘 깨닫지 못한다면 자신뿐만 아니라 가족 등 다른 사람들에게까지 중대한 파문을 일으키게 되고 결국 긍정적 노인문화를

형성하는데 방해가 된다.

노인 문화는 복잡한 문제이다. 조앤 치티스터(Chittister, 2008)는 노인들이 얼마나 긴 삶을 살아왔느냐가 아니라 얼마나 품위 있게 늙어가느냐가 중요하다고 강조한다. 사소한 언행에서 나타나는 교양 수준이 상대방을 좋게 혹은 기분 나쁘게 한다. 특히 노인이 돼서는 다른 사람들에게 폐를 끼치지 않는 올바른 행동이 노인들의 품위이고 인격이다. 세상은 변하고 있는데 달라진 세상을 자기 방식대로만 이해하고 행동하는 것도 사회적 적응을 잘 못하는 노인이다. 늙음과 '어른 됨'을 구분하지 못한다면 어리석은 노인이다.

따라서 초고령사회로 접어들면서 노년문화 형성은 주요한 사회적 과제이다. 노년문화의 형성은 70~80년 이상을 살아오면서 축적된 많은 경험과 지식, 판단력, 상실감의 극복 등의 무형자원을 통합해서 우리 사회에 걸맞은 노년문화를 창조하는 일이다. 활기찬 사회활동과 주위에 대한 봉사활동 그리고 생산적 노년기를 살아갈 때 노년문화는 발전한다. 단순히 돌봄을 받는 존재에서 벗어나 적극적으로 일하고 나누는 노인으로서 변화하는 것이 신노년문화 형성의 첫 과제이다.

그뿐만이 아니다. 삶의 모습은 나이에 따라 끊임없이 여러 모양으로 변한다. 노인으로서의 현재 품격은 평생 살아온 것의 결과이다. 지금까지의 노년의 삶은 이제까지 살아왔고 사랑하고 관계 맺은 것들을 모두 합한 것이다. 세월이 주는 것은 단지 신체적 쇠퇴와 깊어지는 주름살만이 아니라 노년의 품격은 지금까지 하루하루 살아온 결과이다. 아울러 사회는 100세 시대에 걸맞게 노인을 평가하고 바라보는 문화로 바뀌어야 한다. 사람들이 노인에 대한 배려, 효과적인 커뮤니케이션 개발과 함께 노인의 말을 잘 경청하고 들어주는 배려도 필요하다.

그럴수록 100세 시대를 살아가는 노인들은 자신들을 위해서 적절한 수입, 주거, 음식, 건강관리 등을 해결해 나가야 한다. 나이에 따라 정부와 사회는 노인들, 특히 가난한 노인, 신체장애 혹은 발달장애를 지닌 거동이 불편한 노인들에게 편익을 보장해 줄 정책과 프로그램을 유지하도록 하는 일이다. 법률적 지원 권리를 보호하고 안전을 보장하는 법의 집행, 독립적 삶을 유지시키는 사회적 지원서비스, 연령차별적 고용이나 퇴직연령을 높이는 입법과 제도화, 품격을 보장하는 요양원 규제 등은 노인문제에서 적극 다룰 내용들이다. ⓒ

■ 참고 자료

Chittister, Joan D.(2008), The Gift of Year: Growing Older Gracefully, New York: Blue Bridge.

Gilleard, C. and Higgs, P.(2000), Cultures of Ageing; Self, Citzen and the Body, London: Prentice-Hall.

Holstein, M. B., Minker, M.(2003), Self, Society, and the 'New Gerontology', Gerontologist, 43(6), 787-96.

Kwak, D.I.(2001), Neo-Elderly: The Way to get Older Well, J Korean Geriatr Psychiatry, 5(2). 105-112, Korean.

Mayer, Catherine.(2011), Amortality: The Pleasures and Perils of Living Agelessly. London: Vermilion.

Scott-Maxwell, Florida.(1968), The Measure of My Days, New York: Penguin Book.

Sherman, A. M., de Vries, B., and Lansford, J.E.(2000), Friendship in Childhood and Adulthood: Lessons across the life span. International Journal of Aging and Human Development. 51(1): 31-51.

인문학에 100세시대 신노년 인문학의 의미를 묻다

인 문학(humanities)은 동물과 구분되는 '인간'을 대상으로 하면서 인류의 문화와 사상에 관심을 갖는다. 인간문제를 대상으로 언어, 문학, 역사, 철학, 사상 영역을 폭넓게 다루는 학문이다. 현대 과학기술이 발달하지만 기계와 의학기술이 할 수 없는 인간의 사상과 정신문화 영역을 연구대상으로 삼는 것이다. 인문학을 중시하는 전통은 고대 그리스, 로마시대를 거쳐 근세에 이르는 동안 언어, 문학, 역사, 법률, 수사, 의학 등 많은 영역에서 고전교육(classical education)의 핵심으로 자리 잡았고 '인간 완성'을 실현하는데 교육 목적을 두었다.

또한 이런 '인문학'이라는 용어는 고대 로마의 키케로(Cicero)가 일종의 교육프로그램의 원칙으로 삼은 라틴어 휴마니티스(hūmānitās)에서 유래했다. 그 후에 고대 로마의 수필가이고 문학가인 겔리우스(Gellius, 130-180, AD)를 통해 클래식과 인문학의 기초가 세워졌다. 이어 중세기의 르네상스 그리고 최근의 고전을 연구하는 동서양 학자들에 의해 발전되어 왔다. 인문학 용어가 교양교육 의미와 동일시되면서 개인의 삶, 스타일, 학문적 관심, 그리고 문학 등의 영역에서 폭 넓게 사용되고 있다.(Strevens, 2003)

이런 맥락에서 오늘날의 인문학은 여러 가지 의미를 갖는다. 그리고 많은 텍스트에서 인문학의 정의는 시간이 지나면서 약간 변화되었다. 중세시대는 인문학이 주로 신(God)과 인간 즉, 신에 대한 인간의 이해와 헌신이었다면 근대에 들어와서는 수학·철학·과학에 초점을 맞추는 식으로 논의되어 왔다. 그리고 오늘날에는 객관적 실제(물리적, hard)와 주관적 영역(예술·철학·언어 등, soft) 등으로 구분해 사용하고 있다. 또한 최근에는 포스트휴머니스트(post-humanists)들에 의해 고전을 포함하는 인문학을 '문화 자본'(cultural capital) 혹은 과학적 문해(scientific literacy)의 필요성을 주장하며 인문학의 발전을 시도하고 있다.(Stanley. 2009) 디지털 시대의 과학기술이 모든 삶의 구조와 지식분야를 변화시키고 있는 상황에서 인문학은 과연 어떻게 응답할 것인가를 놓고 고민하는 모습이다.

■ 인문학 발전

일반적으로 서구사회의 인문학 접근은 '인간다움을 지향하는 학문'으로 자유(libertas)와 '시민권'을 함양하는 일반교육과정으로 발전해 왔다. 인간다움을 객관적으로 이해하면서 궁극적으로는 모든 이해관계를 벗어나 자유롭게 인간의 품격과 자질에 대한 교육(paidea)의 토대를 마련하게 되었다. 인간이 문학과 예술, 철학과 역사를 통해 자신을 어떻게 인식하고 표현 하는가. 특히 개인의 성장과 가치, 지적분야의 발전과 통찰력, 그리고 삶의 선택과 우선순위 결정 등에서 인문학이 중시되었다.(Scheck, 2012)

한편, 동양의 인문학에서는 객관적으로 존재하는 자연현상에 대립되는 개념으로서, 본질에 이르는 세 분야 즉 문사철(文史哲- 문학, 역사, 철학)로 구성된다. 인문학은 사람을 대상으로 하는 학문으로서 인간이 무엇이며 어디서 와서 어디로 가고 있는지를 깨닫고 어떻게 살 것인가를 찾아가는 학문이다. 또 다른 비슷한 해석으로 '시서예악'(詩書禮樂)을 인문(人文)이라고 말한다. 정(情)과 감정을 드러내는 것은 시(詩)이고 일상을 기록하는 것이 서(書)이며 상하의 질서와 규범을 말하는 것이 예(禮)이며 흥과 놀이를 돋우는 것이 악(樂)이다.(안대희 외, 2013)

이 같은 시서예악은 동양의 고전들로서 문화와 문명을 꽃 피운 교양교육의 핵심이다. 고대 유가학문의 4교과(敎科)로서 《시경》《서경》 예(禮)와 음악(音樂)을 말한다. 조선시대에 들어와 시서예악이 크게 발전하면서 인의(仁義)와 덕행을 지켜가는 인간다운 삶을 만들어가는 실천 덕목이 되었다. 아름다운 시와 노래 예술을 통해 나라의 정신문화와 도(道)를 만들어 갔다. 우리나라 지식인들의 필수 교양과목으로 문명천지를 이해하고 표현하는 지적 틀이고 인간사를 경영하는 교과서들이다. 인간이 이룩한 문화와 문명은 바로 인문이 되고 나아가 정신작용의 존재 틀로서 우리들에게 계속 작용하고 있는 것이다.

따라서 노년기의 사람들에게도 인문학은 필요하다. 현대는 문학과 인문학을 노화문제와 연관시켜 이해하려는 노력이 한참이다. 이른바 "노화→문학→인문"을 연결시켜 노인들의 정체성, 성공적 노후생활을 찾아보려는 것이다. 연령에 따른 건강한 노화, 인문학과 건강, 고통과 죽음, 노년기의 욕망과 쾌락, 노년의 철학 문제 등과 관련해서 문학이론, 역사, 언어학, 문학 비평, 영화, 윤리와 종교 영역 등을 통해 접근하고 있다. 이들의 노년인문학(humanities in old age)은 바로 노인으로부터 출발하고 그들의 삶을 주제로 하여 노년기의 심리적 사회적 생물학적 노화과정을 이해하고 연구는 것이다.

구체적으로 노인들의 노후생활에서 겪는 생애 사건들, 이를테면

▶질병에 대처하기, ▶사회변화에 대응하기, ▶고품격의 놀이와 여가(풍류)를 위해서, ▶가족들과의 사랑과 조화를 위해서, ▶사랑하는 사람의 죽음에 대처하기 위해서, ▶자신의 예견된 죽음에 대처하기 등을 위해서 필요하다. 나아가 노인들의 고단한 삶에 주목하고 그 의미들을 인문학적 차원에서 이해하는 일이다. 늙으면 언제 어디서 문제(교통사고, 심장마비, 치매 등)를 일으킬 줄 모르는 시한폭탄 같은 존재들이어서 인문학에 대한 접근은 남은 생애를 더욱 살찌게 하는 관심사가 아닐 수 없다.

한편, 노년기라고 해서 전승의 역사나 과거의 영향으로부터 모든 역할이 끝나고 단절되는 것은 아니다. 개인의 과거 현재 미래가 서로 연결되어 있기 때문에 노인들의 생애사적 경험과 지식은 후대들에게 매우 필요하다. 노인들은 세대를 연결시켜주는 '의미의 수호자'일 뿐만 아니라 지혜와 지식을 전해주는 위치에 있다. 노년학의 '연속성 이론'에 따르면 노인들은 삶의 변화 속에서도 자아의 연속성을 유지하며 후대들을 인도하는 역할을 맡는다. 생애과정에서 형성된 퍼스낼리티, 가치, 도덕, 다양한 행동 패턴들은 후손들에게로 바로 전승되는 것이다. 내면적 연속성 역시 사고와 기억의 구조가 자식들로 이어지면서 지속성을 가진다. 내면의 구조는 개성의 핵심적 요소인 가치, 신념, 지식, 세계관, 인생관, 도덕성들을 포함한다. 또 개인이 세상과 어떻게 상호작용하느냐와 관련되는 선호도, 잠재력, 대처기술 능력도 포함된다. 이 모든 것이 노년인문학과 연결돼 있는 것이다.

■ 100세 시대 인문학적 자기 이해

그런 점에서 노년인문학은 '노년고고학'이 아니다. 단순히 지팡이에 의지해 살아가거나 와상(臥床) 상태의 노인을 대상으로 하는 학문이 아니다. 게다가 옛날 노인들이 살아오면서 축적해 놓은 고전(古典)이나 고문(古文)과 같은 내용에서 볼 수 있는 노인들의 삶과 사상을 다루는 학문만도 아니다. 적극적인 의미에서 오랜 역사 속에서 전승되어 오는 인류의 정신문화적 가치를 탐구하되 그것이 오늘날 젊은이들뿐만 아니라 현대인들의 세계관 이해, 그리고 자아실현과 자기 인식(self-realization)을 위한 저수지 역할을 하는 것이 노인 인문학 분야이다. 아니 늙으면서 잃어버린 삶의 의미와 내적 동기 등 삶의 원본을 찾아가는 다차원적인 연구 대상이라고 할 수 있다. 노인으로서 올바르게 사는 법, 노후의 자기관리와 실천방향, 상처의 치유와 회복, 타인(가족과 사회)에 대한 더 나은 영향을 어떻게 미칠 것인가를 다루는 분야이다.

따라서 노년학 또는 성공적인 노화 연구에서는 건강한 노화과정에 대한 현상학적 접근을 사용하는 한편, 노화와 생의학적 및 사회적 조건에 초점을 맞추는 실증주의적 접근을 뛰어 넘는 100세 시대에 걸 맞는 인문학적 패러다임이 필요하다. 여기서는 신학적, 문학적, 철학적 논쟁뿐만 아니라 사회문화적, 심리학적 논점이 포함된다. 곧 전인적인 인간에 대한 존재론적인 이해 속에서 단순히 생물학주의적인 이해 혹은 경제사회적 이해를 뛰어 넘는 다차원의 노년인문학으로서의 위치를 정립해 발전시키는 일이다.

이를 위해서 노년인문학에서는 노인들로 하여금 대중적 시류에 휘말려 사는 것이 아니라 한 발자국 떨어져서 세상을 성찰하고 반성하고 움직이는 것이다. 특히 여기서는 ▶자기 자신의 삶을 잘 유지하고 통합하는 일, ▶변화하는 환경에 적극 적응하는 일, ▶인생의 유한성을 이해하는 일, ▶시민공동체와의 친밀감 유지로 사회 및 가족 공동체를 이루는 것 등이다. 한마디로 노년인문학이 노인들로 하여금 신체적 정신적 사회적 영적 건강을 잘 유지함으로써 자신의 내면적 외부적 환경에서 자아감의 통합성(integrity)을 잘 이루도록 돕는 일이다.

결론적으로 인문학이란 모든 학문을 망라하는 개념으로 '인간완성'을 이뤄가는 학문이다. 인간에 대한 깊은 이해, 사회 · 기술 · 경제 · 정치영역의 수원지(水源

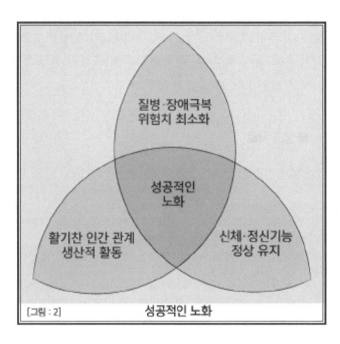

[그림 : 2]　성공적인 노화

池)라고 할 수 있다. 그런 수원지(인문학)가 메마르면 모든 학문을 꽃피울 수가 없고 인간의 정신세계가 황폐해짐은 물론이다. 뿐만 아니라 신노년인문학이 노인들의 정신적 허기, 신체적 질병을 극복하는 힐링(healing) 인문학이 되기를 고대한다. 우리의 청춘은 어디로 가고 현재 노인으로서 어디에 와 있는가? 아파했던 젊은 날도 있을 것이고 현재의 느끼는 고통도 있을 것인데 과연 이 같은 트라우마를 어떻게 치유하고 회복할 것인가 하는 문제이다. 가끔 요양원에 가보면 세상이 무척이나 우울해 보이고 시간이 멈춘 곳같이 느껴져서 하는 말이다.

그런 점에서 필자는 노년기에 행복한 삶을 만들어가기 위해서는 '복지와 인문학'의 융합이 필요하다는 점을 강조하고 싶다. 물질적 혹은 단순한 돌봄 차원의 복지 문제가 아니라 정신 영혼 문제를 풀어가는 노년인문학을 노인복지와 접목시키자는 것이다. 노인들로 하여금 정신적 평안을 느끼고 '존재의 틀'을 깨닫도록 하는 노년인문학의 역할과 발전의 계기를 마련하는 일이다. 이를 위해서는 인문학자, 노년학자, 사회학자, 의학자, 정책수립자들 그리고 현장의 복지전문가들의 지혜와 실천 의지가 필요한 때이다. ⓒ

■ 참고 자료

안대희, 이종묵, 정민 외.(2013),『매일 읽는 우리 옛글』, 서울; 민음사 출판 전자책.
Scheck, Thomas P.(2012), Humanitas in Cicero's Moral Philosophy and Its Christian Reception. Ave Moria Law Review,(pdf). 10(2).
Strevens, Leofrance Holford.(2003), Aulus Gellius: An Antonine Scholar and His Achievement. Oxford University Press.
Stanlev, Fisy.(2009), Will the humanities save us?. New York Times, NYTimes.com(2009. 11.19)
Sloterijk, P., Haraway, D., Hayles. N.(2010), Posthumanists. LLC: General Books
http://www.latelifecreativity.org/about. Late-life creativity and the 'new old humanities and gerontology in critical dialogue.

인문학에 신노년 인문학의 발전 과제와 실천 방향을 묻다

현대사회로 발전하면서 생명이 연장되고 있지만 많은 부분에서 노인들은 일상적 생활에 제약을 받거나 자신의 삶을 관리하는데 어려움을 겪고 있다. 세월을 보내면서 점차 삶에 대한 상실감과 소외감도 늘어난다. 머리맡 베개에 머리칼이 수북이 쌓인다. 젊은 이들은 노인들의 능력을 폄하하거나 유령 취급을 하며 사회적 비용만 증가시키는 '잉여인간'이라는 인식도 깔려 있다. 그러다 보니 노인들은 은둔 증후군에 빠지면서 좋아하는 일을 찾지 못하는 일, 잘할 수 있는 것을 못하는 것, 행복한 일을 찾지 못하는 골방의 신세가 되고 만다. 그야말로 이 세상에서 안성맞춤의 안락의자가 없다는데 절망하며 힘든 노년기를 보내고 있다.

이런 상황에서 노년기의 인문학적 이해는 필요하다. 노화과정에 대한 인문학적 접근의 중요성이 커지고 있다. 흔들리며 사는 인생의 길잡이가 되는 생각의 에너지를 얻을 수 있다. 철학, 문학이론, 역사학, 언어학, 문학비평, 윤리학, 종교학 등을 통해 노후의 창의적 생활은 물론 심리적 정서적 혹은 사회행동에 따른 치료와 회복을 돕는 것이다.(Kivnick, 2011) 인문학을 접하면서 3분간이라도 자신을 성찰해 보거나 내면 검색을 통해 나를 발견하는 일이다. 그럴 때 노인들은 지금

27

까지 살아온 과거 세월을 반추하고 다가오는 늙음에 준비를 잘할 수 있을 것이다.

따라서 신노년인문학은 우리가 경험하는 노인들의 사회적 실재(social reality)는 물론 노인들과 집단들의 사회적 상호작용의 산물이라는 관점에서 노년기를 인문학적으로 성찰한다. 이미 노년사회학자들은 생애 주기에 따른 사회변동의 측면들을 연구하는가 하면, 생애 과정의 이질성이 존재하면서 생기는 사회구조적 특성을 규명하는 노력도 진행하여 왔다. 노년기에 나타나는 사회적 실재로서의 노인문제를 어떻게 인식하는가를 중시하고 이를 분석하는 것이 노년사회학의 주요 과제(Berger & Luckmann, 1966)였다. 이런 맥락에서 노년인문학의 연구 방향 역시 이와 비슷하다. 노화과정에서 크고 작은 고통을 누구나 겪는다. 생애 과정에서 장애를 입거나 노화로 인한 질병으로 고통을 받는 사람들은 아름다운 햇살이 무엇인지 모른다. 인문학은 이런 사람들에게 삶의 무늬에 빛깔을 입히며 노후의 상실감을 치유하는 힘이 된다.

■ 인문학적 치유

물론 요새는 다양한 질병을 치료하는 방법들이 소개되고 있다. 인문학적 요소들인 마음치료, 음악치료, 미술치료 방법들이 동원되고 있다. 현대는 문학과 예술을 통해 노화를 이해하려고 한다. 특히 노화과정에서 보이는 노인들의 정체성 그리고 연령증가에 따른 노화와 질병, 죽음에 대한 사전 이해로써 인문학이 강조되고 있다.(Cole, & Ray, 2010) 인문학적 장르로서 이름난 고전들은 물론 근대성인 감동, 감성, 재미라는 긍정적 정서를 나타내는 작품들이 생산되고 있다. 이야기 산업, 영화, 드라마, 게임 등 문화산업들이 지구적 경쟁력들을 높여가고 있다. 이런 작품들은 늙었지만 노년기 사람들에게 꿈을 디자인할 수 있는 힘을 제공한다. 백 마디 말보다 따뜻한 그림 한 점이 위로가 되는 것이다.

따라서 다음 몇 가지 발전과제에 대한 인문학적 연구를 집중할 필요가 있다.

1. 노후에 세상을 보다 의미있게 깨닫는 철학적 이해이다.

노년철학(philosophy for old age)이라는 주제를 통해 몸과 마음, 정신, 그리고 옳고 그름, 선과 악을 아우르는 철학적 관점에서 노년기를 성찰하는 것이다. 과거의 존재와 미래에 초점을 둔 맞춤의 삶과 철학도 포함된다. 특히 노후생활에서 시간에 대한 새로운 느낌, 노년으로서 살아가는 방법, 후기 노인기에 찾아오는 극단적 고통과 죽음의 문제 등 궁극적 해결방법을 모색하는 고통의 철학(philosophy of pain)도 이해할 필요가 있다.(CFP, 2012) 그럴 때 늙어서 변하는 생활에서의 삶의 재구성, 행복ㆍ사랑ㆍ믿음 등 정신적 안락을 얻을 수 있다. 철학적 사유를 통해 마음과 영혼의 상처를 치유하고 회복하는 일을 돕는 것이 인문학의 참 뜻이다.

2. 현대사회의 특징인 다문화 속에서의 노년생활을 다룬다.

이질적이며 다양한 생활 스타일 속에서의 노화 모델, 노화와 다문화 사회에서의 개인의 정체성 문제를 성찰한다. 다문화 사회에서도 전통적 노년문화의 일관성 유지, 세대간의 갈등을 풀어가는 일이다. 특히 문학예술 작품에서 노인들의 위치 및 역할이 어떻게 변하는가를 성찰해 대응한다.

3. 노화의 진행 및 연속성 관점에서 노령기의 삶의 목표, 신체적 나이와 사회적 정신적 차이에 따른 노년의 잠재력을 평가하는 일이다.

동시에 노령화 속에서 나타나는 신체의 쇠퇴와 위험성, 사회적 고립과 학대 등을 살펴보는 일이다. 정체성의 변화와 감정의 노화, 경험의 다양성 등 나이에 따른 현실적 대응전략을 판단한다. 그리고 신체적 심리적 사회적 영적 차원의 잠재력을 재조명하는 일이다.

4. 노년기 성과 사랑의 문제이다.

평균수명이 길어지면서 노인들의 성문제가 대두되는 것은 노인들에 대한 경제 사회적 및 신체 심리적 변화에 대응하며 행복한 노후를 만들어가는 '성공적 노화'와 깊은 관련성을 갖고 있다.(Acker, 2005) 게다가 여성 노인들의 경우 남편을 잃고 홀로 살아가면서 대부분이 가난한 상태에 놓여 있다. 노인 여성들은 장수하는 만큼 하류계급의 지위를 점하는 경우가 많다. 또한 노인들의 성문화를 이해하되 황혼기 재혼 등 건강한 가정생활을 하도록 돕는 것도 또 다른 노년인문학의 영역이다.

5. 노년기 떨어지는 자립자활의 의지를 갖도록 하는 일이다.

늙어가면서 일상생활 전반에서 독립적 개인(autonomy of individual)으로서 의미가 강한 자립과 자율성을 유지하는 일은 노후의 건강과 생명을 유지하는 길이다.(Christman, 2001) 하지만 우리나라 사람들은 '독립적 자아' 개념이 낮은 편이다. 자율 자립정신이 부족한 듯하다. 수많은 곳에서 힘없이 하루를 보내는 노인들이 많다. 아직 무거운 삶의 짐을 벗지 못하고 무료 급식소 앞에서 줄지어 밥을 기다리고 있는 모습은 안타까운 현상이다. 인간의 본질은 미성숙이지만 끝까지 자율 · 자립적인 생활 유지가 노년기의 가장 큰 덕목이다.

6. 지역사회와 노년층과의 관계 강화이다.

노인은 지역사회 속에서 살아간다. 노인들에 대한 편견, 차별, 학대 등 사회적 배제가 일어나고 있다. 동시에 사회적 고립으로 고독감과 소외를 느낀다. 노후생활의 품격이 떨어진다. 그러므로 노인들에 대한 보살핌은 이웃돕기를 실천하는 네트워크에 의한 사랑의 실천이 필요하다. 구체적으로 정부와 사회복지단체들은 가능한 동원 자원들을 확보하여 ▶사회 속에서 자신이 소중한 존재임을 확인시켜주는 노년문화의 창조, ▶인생의 의미를 알려주고 좋은 결정을 내릴 수 있도록 도와주는 인문학적 교육 지원, ▶공동체 안에서 생산성(generativity)을 유지하는 일, ▶인생 회고를 도와주는 보살핌의 분위기 유지 등 지역사회와 노인들의 유기적 협력 시스템 확보가 필요한 시점이다.

7. 노인기에 주로 겪는 정치경제학적 경제적 불평등과 건강의 불평등 문제 개선이다.

국제 노동기구에 따르면 세계인구의 80%가 어떠한 종류의 사회보장에도 접근할 수 없는 사람들 중에 상당수가 노인들이다. 이를 개선하기 위해 유엔기구들은 '사회적 보호의 최저선'(social protection floor)으로 알려진 정책 구상의 틀을 만들었다. 이 같은 정책은 기본적인 노령 및 장애연금과 필수적인 보건서비스에 대한 보편적인 접근을 통해 기본적인 소득 보전을 국가가 우선순위로 정해 두려는 시도이다. 모든 사람에게 최소한의 소득수준과 기본적인 사회서비스에 대한 접근을 보장한다는 것이다. EU 국가들은 불평등 범위를 파악하여 성공적인 사회통합전략을 개발하는 한편, 건강불평등에 미치는 다양한 요소들을 개선하고 지역 간에 건강불평등을 줄인다는 전략이다.(European Commission, 2012)

8. 노인을 위한 사회적 자원의 지원 문제이다.

노인들로 하여금 자아실현과 자존감을 높이기 위한 사회적 지원이 필요한 시대이다. 약해진 사람들을 일반 사람들처럼 불편 없이 살 수 있도록 계속 돕는 특별한 사회문화적 제도가 필요하다는 뜻이다. 말하기, 가정일 등 모두를 돌볼 수 있는 사회지원 단체가 그것이다. 또한 사회적 자원인 교육 · 문화 · 예술 활동에 접근할 수 있는 프로그램 개발이 필요해지고 있다. 노인들에 대한 비영리 사회단체의 지원 혹은 시민단체의 협력도 절실해지고 있다. 노인들에게 여가시간을 만들어주거나 교육기회를 확대해 줌으로써 창의적 생활이 되도록 하는 일이다.

9. 노인들에 대한 양질의 보건의료치료와 재활의 기회를 마련하는 일이다.

누구나 치료받을 권리와 의사를 만날 수 있는 권리 등을 보장하는 한편 마지막 각종 장애치료는 물론 임종 시 통증완화 치료를 보장하는 일이다. 더구나 노인들은 늘 주위로부터 '돌봄'(care)의 대상으로 살아간다. 변두리로 떨어지는 삶이 되고 결국 가족과 사회에 부담을 안겨주는 존재가 된다. 자연히 늙어서 몸이 약해지고 거동이 불편한 사람들이 많아지면서 가족은 물론 사회적 부담이 늘어나면서 돌봄정책이 요구된다.

10. 죽음에 대한 인문학적 이해이다.

죽음은 저항할 수 없는 자연의 순리다. 죽음은 개체 내의 세포의 사멸이다. 불치병으로 고통 받는 사람은 '기적의 지푸라기'라도 잡으려 하지만 죽음을 피할 수 없다. 이것은 신의 명령이다. 죽음의 길, 황천의 길에서 그 끝난 시간을 담대히 받아들이는 지혜, 무리한 생명 연장이나 억지의 웃음을 짓지 말며, 영혼의 의식을 온전히 갖고 죽을 때가 웰

다잉(well dying)일 것이다. 늙고 죽어감의 길에는 모든 것이 순간이지만 품위 있는 죽음으로 인도하는 것이 노년기 인문학의 또 다른 역할이다.

그런데 전통적인 노화 연구는 인간의 행복이나 삶의 만족이 단순히 생리적 변수(나이), 신체기능(건강상태), 사회적 차별(지위 역할, 금융) 등으로 평가하는 것으로 내면적인 요소는 무시되었다. 고령층의 사회적 고립과 노화 감정은 총체적 자아감을 압박하고 평안을 해치는 요인들이다. 더구나 노년기의 노화를 "위기 혹은 죽음을 향한 길로 볼 것이 아니라 각자의 창조적 잠재성을 향한 인생의 새로운 여정으로 인식해야 한다.

노년기의 지혜는 통합의 열매이며 성공적인 노화과정의 마지막 단계로서 삶과 죽음을 통합하는 일이기 때문이다. 그리고 노년기는 책임 있는 포기를 통해 자신을 초월하는 것, 전 생애과정을 통합하여 노년기에 찾아오는 상실과 절망감을 넘어 초월하는 것이 노년기의 지혜이고 이를 위해서 노년인문학이 필요하다.

결국 노년인문학에서 노년문제를 성공적으로 다뤄질 때 노년기의 생활은 훨씬 좋아질 것이다. 늙어서 오는 어떤 두려움으로부터의 자유, 불안으로부터의 해방, 과거에 입은 상처로부터의 치유, 그리고 미래에 대한 희망을 내다볼 수 있는 계기와 비전을 마련하게 될 것이다. 그리고 최근 들어 인문학 · 심리학 · 철학 등에 대한 관심이 높아지고 있다는 사실에서 노년인문학은 다양한 형태의 모습을 띤 사회과학이라고 할 수 있다.

100세 장수시대 노년기를 잘 보내려면 다방면의 준비가 필요하다는 뜻이다. ⓒ

■ 참고 자료

Acker, J.(2005), Class questions: Feminist answer, MD: Rowman & Little field.

Berger, Peter L. and Thomas Luckman(1966), The Social Construction of Reality NewYork: Gorden City Doubleday.

Christman, John.(2001). Liberalism, autonomy, and self-transformation. Social Theory and Practice. 27(2), 185-206.

CFP.(2012), Pain and old age-London.

http://humanitiesandhealth.wordpress.com/2012/05/03/cfp-pain-and-old-age-london-2...(2013. 6. 21)

Cole, T. R., & Ray, R.E.(2010), The humanistic study of aging past and present, or why gerontology still needs interpretive inquiry. in T.R. Cole, R.E. Ray, & R. Kastenbaum(eds), A guide to humanistic studies in aging: What dose it mean to grow old?(pp.1-29), New York: Johns Hopkins University Press.

European Commission.(2012), Europe 2020-for a Healthier EU.

ec.europa.eu/health/europe_2020_en.htm.(검색일: 2012. 12. 8)

Kivnick, Helen Q.(2011), Bridges and boundaries: Humanities and arts enhance gerontology. The Gerontology, 51(2), 142-144.

○ 신은 우리를 채찍으로 길들이지 않고 시간으로 길들인다는 점,
그리고 시간은 모든 것을 치유한다는 점을 잊지 말아야 한다.
(본문 중에서…)

인문학에 신노년의 길을 묻다

노인들은 무엇을 원하는가? 가는 세월 누가 막을 수 있나. 오는 주책을 어찌 밉다고만 할 수 있나. 겉으로는 어른이요 노인이지만 실제로 어른 옷을 걸친 감성적인 아이들일 수 있다. 게다가 노년기의 문제는 다양한데 그 중에서도 경제적 빈곤, 질병, 소외 등의 문제가 가장 심각하다. 또 우리 사회에서 바람직한 신노년 문화형성이나 노인들의 품위 유지도 매우 빈약한 상태다. 최근 들어와 노인문제 혹은 치유와 회복이라는 단어가 많이 쓰이는 것도 삶의 질이 열악하기 때문이다. 사람들이 힐링이라는 말을 많이 쓰는 것은 그만큼 온갖 고통 속에서 살아간다는 얘기다.

게다가 신자유주의적인 경쟁만 판치는 피로사회, 갈등사회에서 우리 삶은 고해(苦海) 속에서 신음하고 있다는 것을 암시한다. 삶의 질을 높이기 위해 인문학적 영역을 동원한 치유의식이 발전하고 있는 것도 각박한 시대를 반영한다. 문학 작품에서 보면 삶과 죽음의 경계에서 참을 수 없는 손실에 대한 치유를 위해 음악, 무용, 스토리텔링, 영성 등이 동원된다. 희망과 치유의 가능성을 믿으며 인문학적 치유의식을 활용하고 있다.(Collins, 2013)

따라서 우리는 인문학이 왜 필요한지를 짐작케 한다. 개인이 어떻게 살고 행동할 것인가를 인문학에 묻는 것이다. 그 이유는 인문학을 구성하는 역사 · 철학 · 소설 · 전기 · 교육 · 비판과 에세이 · 드라마 · 정치 · 종교 등의 폭넓은 자원들은 우리 삶을 구체적으로 반영하기 때문이다.(Neilson, 2004)

인문학에서는 우리로 하여금 창조적으로 삶의 세계를 성찰하는 방법을 배우고 또 삶에 대해 질문할 수 있는 잠재성을 지니고 있다. 창조적 비판은 문학, 예술에서부터 정치 · 경제 · 사회 전 영역에서 통찰력을 얻을 수 있는 틀을 반영한다. 인문학은 인간의 지식 탐구와 인간의 경험을 이해하기 위한 이상적인 기반을 제공한다. 또 철학적 접근으로 윤리적 질문에 대해 생각할 수 있는 기회를 만들어 준다. 언어를 배우는 것 역시 다른 문화를 이해하는데 필요한 행동이다. 조각을 보면 작가의 세계와 그것이 지니고 있는 가치를 알게 된다. 동시에 인문학은 미래가 어떤지에 대한 명확한 이해를 할 수 있게 도와준다.

■ 삶의 거울인 인문학

그리고 인문학은 사람들에게 "이곳에 살고 있는 나는 누구인가? 나는 지금 무엇을 원하고 있는가?" 등의 자기 인식을 유도한다. 노화과정과 예술과 인문학 관점에서 보면 노인의 정체성, 노인생활 창조, 언어학, 문학비평, 철학, 윤리, 종교 등에 대한 풍부한 내용을 담고 있다. 문학 장르로서의 소설 · 시 · 연극 · 영화 · 논픽션에서 보이는 노화에 대한 표현에서 노인들의 일상을 이해하고 성공적인 노화에 대처토록 하는 내용도 보인다. 또 고통의 치유와 회복의 길도 안내하고 있다.

정신질환자들에게 음악을 들려줄 때 스스로 오래된 기억을 되살리고 순간적인 연상을 통해서 과거의 삶을 기억할 수 있다. 그리고 글쓰기나 그림그리기는 한 사람의 기억 조각들이 어우러져 스토리와 의미를 구성하는 작업으로 유효하다. 좋아하는 그림, 음악 듣기, 글쓰기 등은 노년기에 나타나는 심리적 질병, 외로움을 달래는 콘텐츠임에 틀림없다.

구체적으로 인문학으로서의 문학예술이 성공적 노화에 대한 어떤 역할을 하고 있는가의 문제다. 인문학은 어디에 도움이 되는가이다. 그것은 간단히 말해 인문학이 인간의 지식 탐구는 물론 삶의 방향을 안내해 준다는 사실이다. 우리는 나다니엘 호손(N, Hawthorne)의 명작 '큰 바위 얼굴' 소설을 보면서 그 바위를 매일 보고 생각하며 성장한 소년이 나중에 '큰 바위 얼굴'처럼 성장한다는 스토리를 알고 있다. 읽는 사람으로 하여금 지성과 감성을 동시에 안겨 주는 미덕을 보여주고 낙관주의적 믿음을 갖도록 한다. 또 살아 있는 유기체의 최종 원인은 성숙에 도달할 때까지 노력해야 한다는 점을 일깨워 준다.

최근의 문학 소설, 영화, 연극에서 보이는 노년기의 삶의 모습, 나이와 관련된 공연 내용의 분석 평가를 통해 노년기의 삶을 조망하는 연구가 이뤄지고 있다는 것도 같은 맥락이다. 텍스트 중의 주인공의 시선으로 세상을 보는 것, 즉 타인의 시선으로 나를 볼 수 있는 거울이 인문학이다. 그래서 우리는 삶의 행복을 인문학에 묻는 것이다. 삶에 창조적 에너지가 충만해지는 창조적 노화(creative aging)를 추구하기 위해서다. 또 우리를 소외시키는 쓰라린 기억들을 치유할 수 있는 것이 다름 아닌 인문학이니 그렇다.

또 다른 예를 들어 우리는 레오나르도 다빈치가 그린 명작 '모나리자의 미소'에 대해 다양한 느낌을 가질 수 있다. 필자는 프랑스 루부르 미술관에 들렀을 때 내 발걸음을 묶어 놓는 '모나리자의 미소' 앞에 정신을 뺏겼던 경험이 있다. 그림을 볼 때 야릇한 미소, 행복의 감정을 느낄 수 있었다. 존재 자체의 미적 아름다움, 영적 천성을 보여주는 얼굴, 보는 각도에 따라 가식적인 얼굴 같이 보이기도 했다. 에드디더와 비스웟스 디더(Diener, Biswas-Diener, 2008)가 쓴 《모나리자 미소의 법칙》에서도 당신이 진정으로 행복해지고 싶다면 83%만 행복감을 느끼라고 했다. 모나리자의 미소는 환한 미소를 짓는 게 아니라 살짝 미소를 보이는데 이는 83% 정도의 행복한 감정과 17%의 두려운 감정이 섞여 있다는 해석이다. 생각 나름이겠지만 웃음의 치료의 가능성과 완벽한 행복이 아닌 '조금 불안한 행복'을 암시하고 있는 것이다.

비슷한 맥락에서 음악은 우리의 정신세계를 안정시켜주고 몸을 춤추게 한다. 음악은 듣는 환자에게는 치유의 리듬으로 다가온다.(Alicia & Memmott, 2009) 연주에 참가하는 사람들도 마찬가지다. 음악에서 바이올린 연주자, 뮤지컬 배우, 성악가들의 음악 독창회 등에서 감상하는 사람들은 물론 실제 공연자들 역시 커튼콜에 박수를 받으면 그동안의 통증이 사라지고 가슴이 벅차오른다고 한다. 우리나라의 국악인 춘향가, 심청가, 흥부가, 수궁가, 벽적가, 진도씻김굿 등을 들으면 온몸에 전율이 느껴진다는 사람들도 많다. 우리는 가끔 배를 타고 기암절벽을 구경하면서 여행을 할 때 '뽕짝' 노래를 요란하게 부르며 스트레스를 날려 보내는 모습에서 음악의 효과를 발견할 수 있다.

이렇게 모든 문학예술이 우리들에게 아름다움과 즐거움을 준다. 영화 감상도 비슷하다. 영화 '버킷리스트'(톱 라이너 감독, 2008)는 죽음을 앞둔 두 노년 남자들의 여행기다. 죽음을 앞둔 시점에서도 삶의 끈을 놓지 않은 희망을 보인다. 평생을 살아오면서 해보고 싶었던 일들을 짚어보며 시한부 삶을 그려간다. 여기서 마지막 선물은 두 남자가 '우정'으로 만나고 그간 하고 싶었던 삶의 목적을 하나씩 지워가며 남은 인생을 즐기는 모습이다.

늙어가면서 하나씩 삶을 정리하고 이별해 가는 모습에서 나의 늙음을 발견할 수 있다. 노화 정도에 따라 다르겠지만 명상 혹은 마음 훈련을 통해 외로움과 스트레스를 억제할 수 있듯이 다양한 문학적 내용들과 예술적 동기들을 통해 심리적 감정적 노화를 줄일 수 있다.

또 다른 측면을 간과할 수 없는 예가 있다. 그것은 예술과 문학에서 감각적인 안정을 표현하고 있는 성화들을 보며 영혼의 고요함을 느끼게 해준다. 예를 들어 바티칸시티에 있는 시스티나 성당의 천장에 있는 그림을 보고 우리는 그 그림에 그려진 가치를 발견하고 그 과정에서 우리 자신의 가치 그리고 신과 인간을 이해할 수 있다.

또 우리가 어느 음식이 좋다 혹은 싫다는 것을 구별하는 것은 음식 '맛'이다. 마찬가지로 어떤 음악을 들었을 때 아니면 그림을 보았을 때 이것이 내 취향이 아니다, 혹은 그렇다 하며 자기 입장을 나타낸다. 말인즉 인문학에서는 당신이 좋아하는 것, 싫어하는 것에 대해 예술 작품을 통해 열린 마음을 제공한다는 뜻이다. 그러므로 인문학은 이런 여러 가지의 선택, 좋고 나쁨 등의 해석 기술을 제공하고 있다. 예술의 목표는 추상적인 이미지(예를 들어 사랑, 애착심, 외로움)로 우리들에게 다가오는 것이니 그렇다.

■ 노년기에서의 인문학의 역할

그렇게 보면 문제가 쉽게 풀린다. 노화에 따른 정신장애를 겪는 환자들에게 예술의 미적 가치, 레토릭, 표현 등을 통해 노화 및 기억의 손실을 억제할 수 있고 치료할 수 있고 고통을 줄일 수 있다. 많이 강조되는 것이지만 스트레스는 감정의 상처이다. 기타 신체적 장애 노쇠증후군이 우리 삶을 무력하게 만든다. 몸이 아프면 내 인생의 주인공은 과연 나인가를 생각하게 한다.

이때 삶에 대한 느낌과 지식의 파동을 넘어 존재의 불확실성을 확인할 수 있는 인문학은 삶의 진실을 밝혀가는 역할을 한다. 감정의 상처를 치료하는 것, 그래서 치유의 노년인문학으로 발전하는 계기를 마련해 갈 수 있다. '야곱의 우물' 같은 생명수가 다름 아닌 인문학에서 나오는 것이기 때문이다.

또 말을 바꿔서 인문학은 생활 세계의 토대이며 노년기의 웰빙을 가져오는 배경이 된다. 여기서 '생활 세계'(life world) 혹은 '삶의 세계'(labenwelt)란 우리가 살아가는 에토스이며 공유하는 세계이다. 전통적이고 규범적이며 역사적으로 공감하고 느끼는 이해의 공동체, 의사소통의 공동체로 파악할 수 있다.(Habermas, 1973) 생활세계는 긴장하고 생산관계가 지배하는 체제(system)가 아닌 정신, 문화, 예술의 영역(G, Mead)으로, 진 · 선 · 미 가치의 영역(M, Weber)으로, 성과 속(E, Durkheim)으로, 자연 세계(J, Reousseou)로 설명되거나 아니면 아도르(Th, Adorno)에서 볼 수 있는 자연미(nature schiknen)의 개념으로 나타나는 세계이다.

그런 점에서 인문학은 '생활 세계'를 반영한다. 생활 세계는 인문학을 통해 삶이 풍부해지고 의사소통 행위가 언제나 일어나는 영역이다. 삶의 세계는 상호이해의 가능성을 갖춘 영역이며 말하는 이(발화자)와 듣는 사람이(수용자) 만나는 선험적 장소이기도 하다. 인류문화를 형성하는 원형으로서의 신화 · 종교 · 설화 · 그림 · 조각 · 음악을 통해 자연관, 미적 감각, 삶의 원초성을 서로 공유하게 된다. 그리고 이런 문화적 요소들은 전통적인 미풍양속, 나눔의 문화, 생로병사 등 통과의례에서 공통적인 삶의 양식들로 생산되고 전승된다. 전통문화 가치를 상호 공유하거나 유의미(meaning fullness)하게 우리 삶의 통합을 이루면서 생활문화를 형성할 때 사회는 건강해진다. 결국 생활 세계에 있어서 인문학이 제 기능을 바로 할 때 우리가 바라는 행복한 삶, 웰빙이 찾아온다.

이제는 인문학이 기업과 국가를 구원한다는 것, 단순히 형이상학이

나 진리체계에 머물지 않고 이를 통해 삶의 질 고양, 창의적인 사고, 사회문화 발전의 원동력으로 작용하고 있다는 사실이다. 문제는 인문학을 수용하는 사람들의 능력이다. 사회 문화적 자원으로서의 '인문학'적 자료들은 사람들이 그것을 생산하고 소화할 수 있는 인간적 능력(지식창조), 지식을 흡수하고 소화할 수 있는 능력으로 정치(geist), 에토스(ethos), 아비투스(habitus) 등과 관련한 지식생산능력에 따라 그 효과가 다를 것이다.

노년기에 이르면 질병 · 죽음 · 영생 등 다양한 의문에 직면하게 되는데 결국 "그래서 그렇다면 나는 어떻게 살아야 하는가?"에 대한 사유와 성찰의 장을 마련하는 것이 지식생산이고 이것은 인문학으로 모아지기 마련이다.

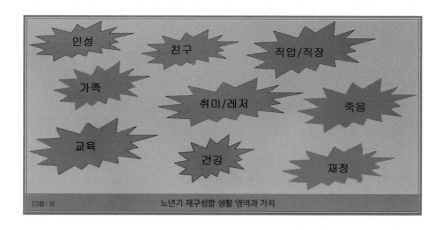

[그림 : 3] 노년기 재구성할 생활 영역과 가치

그러므로 이렇게 말할 수 있다. 현대사회는 '인문사회자본' (humanities/social capital)을 중시하는 시대가 되었다는 것. 이 용어는 인문학이 인류의 문화적 자산이라는 사실에서 인문학 기반 서비스에다 사회적 자본을 결합한 개념이다. 사회적 자본은 공동체가 가지고 있는 재산 · 우정 · 교육 · 재미 · 제도 그리고 소속감을 의미하고, 인문학 자본은 한 나라의 문화유산으로 소설 · 시 · 미술 · 조각 · 관습 · 유적지 · 가치 · 인간문화제 등이다.

이 같은 인문 자산은 세대를 통해 전승되면서 사람들의 행복과 웰빙 생활을 촉진하는 인간관계의 총체가 된다. 그리고 이들 인문학과 사회자본의 결합으로 지역사회 발전은 물론 인간 발달에 긍정적인 시너지 효과를 가져 올 수 있다. 현대는 첨단과학이 지배하지만 인문학은 '공공가치(public value)'로 중시되는 것이다.

결론적으로 우리가 하고자 하는 말은 무엇인가? 현재와 과거를 뛰어다니게 하고 미래를 준비해 가는 것이 인문학의 역할이라는 것이 필자의 잠정 결론이다. 사회가 어려워지고 노년들의 삶이 고단할수록 인문학을 통한 사람들의 교양화 · 대중화 · 지식화가 필요해지고 있다. 여기서 인문학을 통한 '교양화' 혹은 '지식화'라는 의미는 인문학적 자산인 문학예술 등의 지식정보가 단순히 저장 · 가공 · 전달 · 소비되는 속도나 양이 아니라 인문학의 질적 내용 즉, 얼마나 질적 수준이 높고, 사람들의 욕구에 부응하며, 고부가가치 생산에 기여하는가에 좌우되는 개념이다.

또 현대 사회의 복잡성으로 인해 전통과 비전통, 합법과 비합법, 옳고 그른 것에 대한 구별이 모호한 현실, 그리고 진리와 비진리가 상대적이다. 여기다 윤리와 도덕 역시 절대적이지 않다. 이런 상황에서 인문학의 발전과 성공적 노화, 웰빙에 대한 인문학의 가치는 경제적 가치로만 따질 수 없는 무한한 유형무형의 자산이다. 인문학에 근거한 책임 있는 인간상, 자아정체성의 계발을 위한 성숙성의 확립이 노년기 사람들에게도 꼭 필요한 요소다. ⓒ

■ 참고 자료

Alicia, Ann Clair., Jenny Memmott.(2009), Therapeutic Uses of Music with Older Adults. MD: American Music Therapy Association.

Collins, Sheila K.(2013), Warrior Mother: A Memoir of Fierce Love. Unbearable Loss, and Rituals That Heal. CA: She Writes Press.

Diener, E.D., Biswas-Diener, R.(2008), Happiness: Unlocking the Mysteries of Psychological Wealth. Oxford: Blackwell Pub.

Habermas, J.(1973), Legitimation Crisis. Boston: Beacon Press.

Neilson, William A.(2004), Lecture on the Harvard Classic. LLC: Kessinger Pub.

> ◑ 노년의 삶은 이제까지 살아왔고 사랑하고 관계 맺은 것들을 모두 합한 것이다. 세월이 주는 것은 단지 신체적 쇠퇴와 깊어지는 주름살만이 아니라 노년의 품격은 지금까지 하루하루 살아온 결과이다. (본문 중에서…)

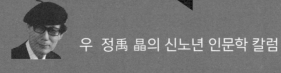

우 정禹 晶의 신노년 인문학 칼럼

노인의 삶과
정체성 진단

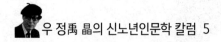

노인은 누구이며 무엇으로 사는가 (1)
– 노년의 삶과 사랑

노인은 무엇을 생각하나? 노인은 무엇을 보고 있는가? 노인은 오늘 무엇을 위해 살고 있는가? 현시대 노인들은 무엇으로 사는가? 하는 등의 근본적인 질문은 언제나 있어왔고 앞으로도 계속될 것이다. 그러나 이 같은 질문에 어떻게 대답할지 궁금할 것이고 그 처방 역시 혼란스럽다. 많은 성현들이 인생을 논하고 늙음의 길을 말하지만 우리는 이를 모른 채 살아가는 삶이다. 산하를 덮은 안개와 같은 생명, 아침 이슬과도 같은 생을 살아가면서도 수많은 욕망을 놓지 못하고 살아가니 신들은 침묵할 수밖에 없을 것 같다.

톨스토이(Leo Tolstoy)는 "사람은 무엇으로 사는가?(What Men Live By)"라는 단편소설을 썼다. 이 작품은 인간의 탐욕을 그려낸 고전작품으로 널리 읽혀지고 있다. 요즘의 생각으로 풀이해 보면 이익을 더 올리고, 경쟁에서 이기고, 더 많은 것을 얻기 위해 노예 같은 생활을 한다는 것, 이런 고통에서 벗어나는 일은 탐욕을 버리고 사랑하라는 것으로 이해된다. 야성적 충동에 따라 수천수만 명이 제 나름대로 자신의 삶을 만들어가면서 개인의 역사를 만들어간다. 다양한 가치와 행동양식에 따라 살아간다면 수천수만 가지의 삶이 있는 것이다. 사람은 무엇으로 사느냐에 따라 생이 달라지고 믿을 수 없는 행복감을 만들어

갈 수 있고 실패할 수도 있다.

후회스러운 일이지만 우리는 자신도 모르고 살아온 세월이다. 나더러 무엇으로 살았느냐고 물으면 어쩌다 여기까지 왔노라고 말할 수밖에 없다. 아니 내 삶이 아니라 벼랑에 몰린 일상이었다. 사실과 허구를 잊은 채 정현종 시인이 표현한 "모든 순간이 꽃봉오리인 것을"을 잊어버린 삶이었다. 마음으로 하여금 나에게 복종케 하는 삶이었던 것이다. 세상의 유행에 맞추기 위해, 점잖게 보이기 위해 달려온 삶이다. 내 인생의 전성기는 언제였을까 하고 생각해 보지만 나는 전성기가 없는 조직 내 인간이었을 뿐이다. 바쁘게 살다보니 세상을 관조하고 생각하고 사랑하고 나누고 하는 아름다운 마음을 잊고 살았다. 오히려 우리는 살면서 죽겠다, 못 살겠다, 억울하다 등의 죽음의 말을 안고 살아오지 않았던가.

그런데 70, 80고개를 넘어서는 당신에게는 무엇이 달라지는가. 씩씩한 사내에서 연약한 노인으로서의 삶의 속도, 보행의 속도가 달라지는가? 아마도 대개는 허약한 침묵에서 과거의 현재를 볼 것이다. 모양새가 어떠하든 늙음을 인식하는 데는 각자 전 생애 과정의 성공과 실패에 따라 다를 것이다. 어떤 이는 거대한 허전함에 빠져 있을 것이다. 일반적으로 우리가 늙어감을 인식하는 데 있어서 60대에는 은퇴와 함께 귀 밑에 머리가 희어지고 할아버지 할머니가 될 때일 것이다. 65세쯤에는 신체적 능력 저하, 성 기능의 감소, 균형감각의 둔화, 계단을 오르내리기가 불편해지고, 사람들의 이름이 가물가물해진다. 그리고 75세 이후는 운전하기 힘들고 독립생활을 하기가 어려워진다. 게다가 치명적인 빈곤, 소비의 갈등, 고독과 외로움, 사회적 욕구의 상실, 슬픔과 우울증, 두서너 가지의 질병, 기억 상실증에 빠지게 된다.

반면에 늙음으로부터 오는 이익(the benefits of growing older)도 있다. 사람이 늙어지면 정원에 핀 꽃조차 무의미해지기 마련인데 무슨 궤변? 버스 창문에 비친 내 얼굴 모습에 한숨이 나오는데 무슨 즐거움? 하지만 노년학 학자들이나 노년 예찬론자들은 노년기를 바라는 것과 가능한 것을 향해 가는 여정이라고 위로한다. 이를테면 65세 이상은 금쪽 같은 세월, 제2의 인생기, 더 존경받을 만한 시기, 일을 하지 않아도 되는 시기, 스트레스를 덜 받는 생활, 경제적으로 안정된 삶, 여행을 자주할 수 있고, 무엇이든지 도전할 수 있는 기회, 가족들과 더 많이 보낼 수 있는 시간, 취미와 여가를 즐길 수 있는 여유 같은 삶의 여정 같은 것이다.

물론 사람들이 무엇을 할 것이라며 늙어가는 것은 그리 나쁘지 않다. 오히려 좋기도 하다. 실제로 은퇴이후는 적어도 10만여 시간이 남아 있다. 남은 시간은 아무것도 할 수 없는 시간이 아니라 내가 어떻게 시간을 관리 하느냐에 따라 성공적 노화 정도가 달라질 것이다. 은퇴후 많은 사람들은 가끔 골프를 치거나 산행을 하고 아니면 친구들과 여행을 하고 시간이 없어서 못하던 어학공부도 할 것이다. 어떤 이는 집에서 손주를 돌보며 그럭저럭 보내면서 무슨 일을 할지 아직 결정하지 않고 백수로 지낼 것이다.

그러면 고령자는 행복한가? 사람이 살아가는 존재 양식은 욕망, 즐거움, 육체의 문제일 것인데 과연 이런 요소들이 정상적으로 작동되는가. 왜냐하면 늙음은 지독한 아픔이요 너무나 정상적인 혼란의 감정이 교차하기 때문이다. 이와 관련해 에피쿠로스는 노년이 인생의 절정이자 최상의 단계라고 믿었던 철학자다. 운이 좋은 사람은 젊은이가 아니라 일상을 지금까지 잘 살아온 늙은이라고 암시한다. 혈기가 왕성한 젊은이는 신념에 따라 마음이 흔들리고 운수에 끌려 방황하지만 늙은이는 항구에 정박한 배처럼 느긋하다는 낙관론을 편다.(Daniel Klein, Travels with Epicurus, 2007)

하지만 고백하건대 분명하게 말하기 어려운 문제다. 문제는 삶은 한

순간이라는 사실이다. 삶과 죽음은 나란히 서로를 마주보고 있는 만큼 짧은 순간이다. 당신도 방구석에서 혼자 추억의 조각에 이끌리어 과거로 여행을 해볼 것이다. 아팠던 추억, 기쁨의 회억들이 수없이 나부낄 것이다. 사실 누구나 자신의 삶의 길에서 희생과 노력, 결단으로 가득했던 시절을 발견하게 된다. 그러나 지금이 중요하다. 나 자신의 미래도 과거도 아닌 지금 이 순간에 감사하는 마음 말이다. 늙으면서 쓰고 싶은 글을 쓰고, 영양가 있는 음식을 만들어 먹고, 내 삶에 집중할 수 있는 능력을 가지게 되고, 온라인 접속으로 학습은 물론 정보를 검색하며 지내니 이 모두가 생명의 운동이다. 그리고 내가 좋아하는 친구들과 보낼 시간이 있어서 좋고, 내 아내와 더 가깝게 대화하며 친밀도를 유지할 수 있고, 즐거운 여행을 하고, 가족들과 더 많은 시간을 보내고 있으니 이 또한 즐거운 일이 아닌가. 늙으니 이렇게 할 수 있는 권리를 갖게 되었다는 뜻이다. 늙어가면서 주어지는 나에 대한 보상(reward yourself)으로 여겨지니 말이다.

짧기만 한 인생 그러나 하나님이 내게 허락한 시간이 아닐까. 예나 지금이나 잘 늙고 잘 죽는 것이 매우 힘들다는데 이제부터 남은 생애에는 운명에 끌려가는 사람이 아니라 운명을 이끌고 가는 노인으로 살아야겠다는 다짐도 해본다. 날마다 좋은 날(日日是好日)을 살 수 없지만 영혼을 쉽게 팔아넘기는 일은 없어야 하겠다는 마음에서다. 무엇으로 사는가 하는 문제는 어떻게든 건강하게 살아야 한다는 의미가 강하지만 하루라도 더 보람 있게 살자는 뜻을 포함하는 개념이다.

그러면 노년기는 무엇으로 사는가. 세상은 나빠질 수 있고 노년기에는 말할 수 없는 고통이 올 수 있는데 과연 노인은 어떻게, 무엇으로 살아가는가. 이와 관련해 필자는 10가지 주제만 골라서 몇 번에 나눠 기술하고자 한다. 첫번째는 "사랑으로 사는 것이다."는 주제이다.

■ 사랑으로 사는 것이다.

사랑이 제일이다. 사람의 마음속에 사랑이 있기에 살아갈 수 있다. 인간은 사랑이 없으면 살 수가 없다는 의미에서 사랑이 없으면 죽고 말 것이다. 그래서 현자들은 "늘 사랑하십시오. 그러면 두려움이 사라질 것입니다."라고 말한다. 톨스토이는 "모두가 자신을 걱정함으로써 살아 갈 수 있다고 생각하는 것은 인간의 착각일 뿐 사실은 사랑에 의해서 살아간다."고 했다. 말인즉 "다른 사람을 사랑하는 삶을 살아라. 그것이 곧 행복이다."는 메시지를 던진다. 사랑을 할 때는 천 년도 짧게 느껴지게 마련이고 사랑에는 저승사자도 감동하는 법이다.

생명 있는 모든 것은 빠짐없이 사랑을 요구한다. 누구나 사랑받기를 기대한다. 인생이 아름다운 것은 사랑 때문이다. 교회에서 혹은 드라마에서 "당신은 사랑받기 위해서 태어난 사람"이라고 위로한다. 사랑에는 여러 가지가 있어서 사랑에 따라 즐거움과 슬픔도 생겨난다. 고독한 것은 사랑을 못 받기 때문이고 미움은 사랑의 아픔 때문에 생겨나는 감정이다. 우리가 경험하는 것이지만 우리를 움직이게 하는 동기는 바로 사랑이다. 진짜 사랑만이 고독한 삶을 치유할 수 있다. 여기서 사랑이란 남녀 간의 이성적인 사랑이 아니라 넓은 의미의 사랑, 자신을 초월하여 타인에게 다가가는 목적 없는, 욕망 없는 사랑이다. 이타심의 사랑이라고 할까.

그런데 사랑의 환상은 달콤하지만 위험하다. 사랑이란 우리의 의지와는 무관하게 극복할 수 없는 감정으로 일단 생겨난 사랑은 생명이 다하거나 완전히 사라지지 않는 한 죽지 않는다.(Laclos, Choderlos de, Everyman's Library, 1992) 동시에 사랑은 오래 갈 수 없다는 것을 누구나 안다. 치명적인 아픔을 남기는 마약 같은 것이 사랑이다. 원래 사랑이 아름답지만 고통의 냄새가 나게 마련이다. 마치 백합화가 아름답지만 냄새가 역겨운 것과 같은 것이다. 하지만 백합화는 사랑을 받는다. 사랑은 애증으로 함께 오지만 사랑은 모든 것을 포용한다. 남녀 간에는 '사랑과 전쟁'이 자주 일어나는 것도 같은 맥락이다. 질투도 늘 사랑과 함께 온다. 열렬한 사랑은 "왜 불안과 함께 올까?" 할 정도로 비극적인 사랑도 있다.

　노인도 사랑으로 사는 것이다. 노인의 사랑은 묵은 된장국 같은 것이다. 물론 지금 당신의 몸은 사랑이 무엇인지 모르고 살아갈 나이다. 사랑의 부족으로 너무나 많은 탄식과 허전함에 빠져 있을 것이다. 하지만 당신은 여전히 사랑을 구할 것이다. 그럼에도 불구하고 노년기는 사랑 받는 것이 아니라 사랑을 주는 것, 그것이 행복이다. 사랑의 상실은 더 강해질 수 있는 기회로서 배우자와 자녀들을 더 사랑할 때 치유된다. 그런 의미에서 우리는 늘 사랑하고 사랑스러운 느낌을 공유해야 한다. 모든 인간은 자기중심적이고 자기만을 생각하는 이기적인 마음으로 살 수 없는 일이다. 그러니 당신은 "천국에 가서도 그리워할 사랑이 있을까?" 하고 헤아려 보라. 그리우니까 사랑이 아니던가. 사랑할 적엔 누구나 꽃이 되지 않는가. 메마른 엄숙주의에서 벗어나 타자를 향한 열림의 상태가 아름다운 사랑이다.

　덧붙이면 "당신은 혼자가 아닙니다. 당신은 사랑받고 있습니다. 이것이 축복이고 존재 이유입니다". ⓒ

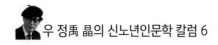

노인은 누구이며 무엇으로 사는가 (2)
– 노년의 삶과 자유

우 리가 살아가는데 있어서 필요한 최고의 가치는 무엇일까? 그 것은 아마도 이해하기 어려운 '자유'의 개념이 아닐까 쉽다. 인류는 수세기 동안 자유란 무엇이고 어떻게 얻을 것인가 하며 고민해 왔다. 그리고 인류의 역사란 바로 이런 '자유 쟁취'의 역사였다. 그러 나 누구나 자유를 갈망하지만 이 세상에서 가장 완전한 자유는 불가능 하다. 자유는 자신의 이념에 따라, 소원에 따라, 필요에 따라 달라진다. 정치 · 경제 · 사회적으로 자유가 상대적으로 가능할 수 있지만 인간 의 내적 자유까지 보장되는 것도 아니기 때문이다.

그러나 분명히 자유는 생존가치다. 삼라만상의 존재 가치는 자유다. 세상이 아무리 변해도 자유만이 사람들의 희망이다. 우리의 행동이 우 리 목적을 이끌고 있기 때문에 자유를 필요로 한다. 인간은 자유롭도 록 선고받았을 뿐만 아니라 우리는 혼자가 아니어서 자유를 더 필요로 한다. 우리는 자유를 얻기 위해 더러운 길, 타자들과의 충돌과 유혹, 잘 못된 손실과 실패를 거듭하며 오늘날의 자유를 얻어냈다. 자유는 피를 먹으며 이어지고 있는 것이다. 그런데 사람은 자유를 필요로 하지만 그것은 선택된 자유다. 앞으로도 우리 자신의 행복 혹은 미래는 이런 선택된 자유를 얼마나 잘 지키고 발전시키느냐에 따라 좌우될 것이다.

그렇다면 당신은 사회와 사람으로부터 자유로운가? 당신은 새처럼 자유로운가? 하지만 자유는 상대적으로 함부로 자유를 원하지 않는 것이다. 오히려 무한의 자유가 겁날 수 있다. 자유를 얻으면 방종해지기 쉬운 것이 인간이니 그렇다. 개인의 자유는 '상호의존'과 반대되는 것이지만 자유를 공유하며 협력해 가는 것이 시민정신이다. 결론부터 말하면 자유의 본질은 스스로를 통제하면서 느끼는 여유와 기쁨과 해방감이다.

■ 자유란 무엇인가?

이제까지 정치가, 철학자들이 어렵게 논의해 온 자유는 크게 두 가지다. 하나는 "～부터의 자유"(freedom from)이고 다른 하나는 "～을 위한 자유"(freedom for)로 서로 다른 개념이다. 전자는 외부의 억압과 강제로부터의 자유, 아니면 기독교적으로 '죄(罪)로부터의 자유'를 의미한다. 후자는 자신이 원하는 것을 위한 인간의 내적 자유이고 종교적으로는 선(善)을 행할 자유를 말한다. 비슷한 맥락에서 프랑스 여류작가 챨스 킨질레(Charles Kingsley)는 사람에게는 두 가지 자유가 있다고 했다. 하나는 자신이 좋아하는 것을 할 자유이고, 다른 하나는 무엇을 할 수 있는 자유다. 전자는 자유에 대해 책임을 지지 않아도 되는 인위적(false) 자유이고, 후자는 자유에 대한 책임을 전적으로 지는 것으로 이것이 진정한(true) 자유라는 것이다.

결국 인간의 자유는 '의지(will)'의 문제다. 인간의 자유는 누구도 침범할 수 없는 권리로서 지성, 의지, 사고력과 맞닿아 있다. 그리고 자유의 선택은 자신의 의지와 개인의 생각에 따라 달라진다. 그 선택은 각자의 성격, 유전적 요소, 도덕적 · 문화적 · 사회적 · 지적 · 영적 상태에 따라 차이가 난다. 어떤 삶의 선택으로 자신들의 자유를 정의할 수 있다. 예를 들어 무슬림의 일부다처제에서 보자. 2~3명 이상의 여자들이 한 남자의 아내가 되는 즉 '공동 아내'(co-wives)로 살아가기를 결심하는 것은 자신의 선택이고 의지의 문제다. 남편을 독차지하는 데는 여러 가지 어려운 일들이 있겠지만 오히려 한 남자를 여러 여자들이 공유할 수 있다는 자유선택이 여성으로서 더 축복으로 인식하는 것이다.

누구나 높은 기대감 속에 특권을 탐내면서 자유를 택해 살아간다. 곧 통제된 현실을 탈출하려는 것이 자유다. 자유를 소유하기 위해서 투쟁하는 것이다. 헤겔은 자유는 자신의 소유가 될 때만 자유라고 했다. 꿈은 높은데 현실은 시궁창이라면 아름다운 자유를 느낄 수 없을 것이다. 무슨 일을 한다면서 스트레스를 받는다면 자유가 억제된 기분이 들 것이다. 프라하의 봄, 평양의 봄을 맞이하는 것은 정치적 · 사회적 · 심리적 자유를 얻는 것이다. 목적의식 없이 살아가는 것은 자유가 아니다. 무엇에 갇히는 압박감이 없어야 진정한 자유다. 쥐어짜는 삶에는 결코 자유란 없다.

■ 현시대 '자유인'은 누구인가?

흔히 '자유인(freeman)'이란 내적으로 자유로운 사람이다. 이들은 내적인 자유(internal freedom)를 누리는 사람으로 '양심의 자유'가 보장되는 삶을 의미한다. 내적으로 양심이 침해되는 자유는 진정한 자유가 아니다. 양심이 없는 자유는 나쁜 행동, 방종, 상황에 따라 제 마음대로 행동하며 남에게 피해를 주기 때문이다. 양심은 사람으로서 사람이 되는 것이다. 진리가 침식되는 것은 자유가 아니라는 사실에서 우리는 서로 정의를 위반하지 않을 의무가 있다. 다시 말해 통제된 자유다. 알베르 까뮈는 사람들은 "사회 정의를 위해 자유를 포기할 준비가 되어 있는가?" 하고 묻는 것이다

그런데 당신은 '자유인'으로 사는가, 아니면 노예처럼 사는가? 그 답은 말할 나위 없이 누구나 '자유인'으로서 '자유로운 삶(free life)'을 추구한다. 권위 있는 목소리와 차분한 태도, 정장의 넥타이 차림보다는 자연적인 라이프스타일을 좋아할 것이다. 높은 프로필 추구가 아닌 혹은 다른 사람과 경쟁하지 않는 자유인으로 살고 싶은 마음이다. 나름대로 "나에게는 꼭 살기 좋은 이유가 있을 거야." 아니면 "꼭 할 수 있는 뭔가가 있을 거야." 하며 새로운 삶을 만들어가는 것, 이것이 자유스러운 삶이요 도전정신이다.

그렇지 않아도 요새는 '자유인'을 자처하며 특별한 삶을 만들어 가는 사람들이 많다. 속세를 떠나 깊은 산속에서 자연과 벗하며 사는 사람, 도보로 먼 길을 떠나는 사람, 귀농으로 밭을 일구며 전원생활을 하는 사람 등 자신만의 삶을 자유롭게 일궈가는 사람들이 늘어나고 있다. 현대인들은 어떤 문자적 철학적 의미를 떠나 마음과 영혼의 감각으로 느끼는 '자유인'처럼 살아가려는 트렌드가 유행이다.

그러나 경계할 것이 있다. '자유인'으로 살아가는 데는 매일 자신이 좋아하는 것에 집중하는 일이다. 잠깐의 순간을 즐기자는 것이 아니고, 그렇다고 이름 없는 순간을 무작정 보내는 무책임한 자유의 소비가 아니다. 형무소 문을 나서는 죄수의 순간적 해방감 같은 자유가 아니라, 스피노자가 말하는 "이성에 의해서 자신이 선택하는 자유"를 잘 만들어 가는 것이 진정한 '자유인'이다.

이와 관련해 진정한 자유인이 되는 데는 삶의 피로감과 구속감에서 벗어나 눈을 밖으로 돌려 더 나은 자신이 되는 삶을 만들어 가는 일이다. 그렇다고 독재자들처럼 무엇이든지 할 수 있다는 오만한 자유

(freedonia) 혹은 돼지 같은 자유는 진정한 자유가 아니다. 더욱이 내일이 더 중요하다는 사실에서 누구나 미래에는 자유인이 될 기회를 만들 수 있다는 생각에서 아래와 같은 성찰적 자세가 요구된다.

첫째, 채움보다 비움의 자세를 유지하는 일이다. 물욕과 권세욕은 인간을 짐승으로 만들고 자신을 구속하게 된다. 하지만 많은 것을 포기하고 버리면 자유롭다. 삶을 단순화하는 것, 간결하게 만들면 마음이 따뜻해지고 자유로워지게 마련이다. 강박관념에서 벗어나 무거운 짐들을 벗어놓고 수행하는 자세로 살아가는 자유 말이다. 투박한 막사발에 담긴 된장찌개를 먹는 것도 삶의 기쁨이요 진솔한 자유다. 복잡한 번뇌와 근심과 걱정에서 벗어나는 것이 즐거운 노년의 삶이요 자유로움이다.

둘째, 자유인의 유일한 자유는 시간과 공간을 마음대로 활용할 수 있는 자유다. 못 갈 길을 훌쩍 떠나는 자유, 편한 대로 가볍게 헐렁하게 사는 것, 하고 싶은 것을 하고, 하기 싫은 것을 안 할 수 있는 자유다. 사실 사람 사는 세상은 지배하느냐, 지배를 당하느냐 중 하나의 삶일 것이다. 누구에게 지배를 당하는 것은 자유의 억제일 것이다. 기존의 사회적 통념과 규범에 얽매이거나 누구로부터 억압을 받는다면 자유를 잃는 것이다.

셋째, 일상생활에서의 자율성과 자립이 진정한 자유다. 자신에게 주어진 시간과 삶의 질에 대해 책임을 전적으로 내가 지는 자유다. 하루 생활을 하면서 개인의 생활비, 보건의료비, 자기관리, 이동성, 안정한 생활환경 등이 잘 유지될 때 자율 자립이 가능해진다. 누구나 자유를 필요로 하는 것이지만 자신의 능력이 부족할 때에는 남에게 의존하는 삶으로 변하면서 자유가 억제되니 그렇다. 남에 대한 의존은 인간의 본능이지만 스스로 자신의 삶을 유지해 나가는 노력이 필요하다.

넷째, 내적 자유다. 신과 하나가 되어 평화 속에 존재하게 될 때 마침내 자유인이 된다는 사실이다. 인간은 영적(spiritual)인 존재로서 영성을 소유하는 유일한 피조물로서 영적으로 깨끗해야 보다 높은 차원의 '자유로움'을 느낄 수 있다. 영적으로 깨끗하다 함은 영혼이 오염되지 않았다는 뜻이다. 그밖에 불교에서는 '해탈'(moksa)을 말한다. 해탈은 영혼이 모든 속박에서 벗어나 절대자유의 경지에 이르는 상태이다. 기독교의 요한복음 8 : 32~36절에 "너희는 진리를 알지니 진리가 너희를 자유케 하리라." 하였다. 우리는 선물로 받은 생명을 자기만의 것으로 온전히 만들 수 있는 무한한 선택의 자유를 함께 받았다.

다시 정리하면 우리 인간은 살아가는 일, 일을 하는 것, 사랑하는 것, 즐기는 것이 인간의 자유이고 권리다. 젊어서는 나이를 잊은 채 일에 몰두하고 치열하게 사랑하려고 했던 삶을 마무리 하는 것, 느긋하게 조용한 밤에 땅의 부드러움을 느끼는 편안한 자유다. 충분한 여유와 주어진 시간을 느림의 미학으로 받아들이는 자세다. 이런 자유가 아름답고 소중한 것이다.

■ 노년기 자유를 어떻게 만들어 갈까?

자유로운 노인으로 보낼 수는 없을까. 자유함을 어떻게 만들까. 물론 노년기는 자유라는 것을 구체적으로 말하기도 어렵고 자유에 대해 걱정할 만한 삶도 아니다. 늙었다고 무책임한 '자유'를 부르짖을 나이도 아니다. 그러나 분명한 것은 분노가 폭발하여 무책임한 행동을 보이는 것은 자유가 아니다. 책임 없는 자유의 남용은 자유를 해친다. 비약적으로 보자면 담벼락(울타리)의 존재이유가 무엇인가 이해할 필요가 있다. 담벼락은 우리를 안전하게 보호받기 위해서다. 그것을 박차고 나가는 것은 자유이지만 안전을 보호 받지 못한다. 다만 그것(규칙)

을 받아들이며 각자의 특별한 삶을 만드는 일이다. 말인즉 자유와 책임은 완전한 모순관계임을 암시한다. 자유의 원칙은 해방의 과정으로 이해되지만 문제는 어떤 종류의 해방인가 하는 점이다.

늙어가면서 놀고먹는 백수는 '자유스러움'이다. 시간과 공간에 대한 자유로움이다. 늙어서는 지위와 역할로부터의 해방감을 느낄 때이다. 느긋한 속도에 맞춰 흘러가는 삶을 관조하는 것이 노년기의 삶이다. 오히려 늙었지만 제약을 벗어나 '딴 짓' 좀 할 수 있는 자유도 있다. 중국 고전 <禮記>에서는 80세 이후를 노혼하여 아는 것이 쇠퇴하여 비록 죄가 있어도 고의가 아니기 때문에 형벌을 가하지 않는다고 했다. (八十九十日耄, 七年日悼, 悼與耄 雖有罪 不加刑焉) 노년기에는 어느 것에 얽매이지 않는 자유스런 삶을 살아갈 수 있다는 뜻을 포함하고 있다.

그래서일까. 은퇴하면 적어도 이런 자유를 느낄 수 있다. 이력서에 한 줄 더 넣고자 기웃거릴 필요도 없다. 한평생 직장을 다닐 때는 "이제는 때려 칠 거야." 하고 분노할 일도 아니다. 지옥철을 타고 출근하는 등 하루를 거칠게 빠르게 살 필요도 없어졌다. 놀토(쉬는 토요일)를 기다릴 필요도 없고 월요병도 모른다. 늙으니 100m 달리기처럼 0.01초를 따질 일도 없다. 그러나 신중하게 이해하자. 은퇴했다고 자유로운 삶이 주어지는 것이 아니라는 사실, 노인으로서 규칙적인 생활과 질서, 사회계약으로부터 벗어나는 것이 진정한 자유이고 행복일까 헤아려 보라.

게다가 생각하기 나름이지만 세상이 다 봄의 꽃처럼 태평한 것은 아니다. 분노처럼 피어오르는 꽃들이 자유롭게 피어나지만 인간은 사회적 동물로서 나 자신을 알고 상대방을 알고 서로 침해하지 않는 것이 사회적 윤리다. 인간으로서 자유를 누리되 무앙무괴(俯仰無愧) 즉, 아래를 굽어보고 위를 올려 봐도 한 점 부끄러움이 없는 자유여야 한다. 일을 적게 하면서, 혹은 남에게 피해를 끼치면서 나만이 자유롭게 살 수는 없는 노릇이다. 사회적 책임감의 공유, 상호존중의 윤리가 앞서야 한다는 말이다. 멈추지 못하는 자유는 자유가 아니라 방종이 아닌가.

그러면 노년기의 자유란 어떤 것일까? 노년기 자유는 사람들이 진정으로 바라는 자유, 이상적인 철학에 도달하려는 자유라기보다는 소시민적 자유다. 보다 안전한 삶, 능력의 회복이 가능한 자유여야 할 것이다. 보통 노년기에는 사회적으로 혹은 가정 내에서조차 자유롭지 못해서 하는 말이다. 보이지 않는 차별감에서 벗어나 건강하고 안전하게 자율, 자립적으로 살고 싶을 뿐이다. 특히 자유를 누리되 삶의 안전이 보장되는 생활 즉, '자유와 안전'(freedom and safety)이 함께 보장되는 편안한 삶이 노년의 소망일 것이다. 노인들을 동물처럼 가둬놓고 안전하게 보호하는 것이 곧 자유는 아니다. 각자의 자유의지가 보장되는 보호여야 한다는 뜻이다. 자유와 안전은 분리된 개념이 아니라 동전의 양면과 같은 개념이니 그렇다.

간과하지 말아야 할 점이 또 하나 있다. 늙어서 가난하고 고통스러우면 '운명론 혹은 숙명론'에 빠지기 쉽다는 사실을 지적하지 않을 수 없다. 운명이 존재한다면 자유를 누리기란 불가능하다. 자유를 원한다면 운명은 없다. 자유로운 의지로 운명을 극복해 자신의 운명을 자신이 만들어야 한다. 나 자신이 곧 운명이어서 그렇다.(Imre Kertesz, '운명') 다시 말해 당신이 뿌린 대로 거두는 것이 인과(因果)의 법칙이다. 그러니 늙어서 운명론에 빠져 남에게 보이지 않는 나태와 비겁함, 방종, 이것은 진정한 삶도 아니고 자유도 아니다. 당신의 일생은 당신이 당신을 위해 만들어가는 자유만이 진정한 삶이다. 그런 이유로 늙었다고 70, 80이라는 숫자에 자신을 가두지 말라. 우리의 삶은 천천히 좋아지지만 나쁜 것은 자신도 모르게 빨리 나빠진다는 말이 있지 않은가.

필자 역시 나의 운명을 모른다. 다만 씨줄 날줄의 하루가 내 운명을 만들어 가는 생활일 뿐이다. 새벽에 일어나 원고를 쓰다가 날이 밝으면 정원에 핀 꽃들과 대화하며 하루 생활을 시작한다. 주위에서 지저대는 새들의 자유로움이 아름답다. 마을 밖으로 나가면 말 목장, 오름, 바다 등에서 숨겨진 보석을 찾을 수 있다. 날을 잡아 산행을 하거나 낚시를 하거나 이웃 친구들과 커피와 식사를 하며 하루를 보내는 것도 재미있는 하루 일과다. 다행히 가족과 친구 그리고 나에게 주어진 시간을 자유롭게 소비하며 현재에 몰두하고 있는 편이다. 필자가 지금 바라는 자유는 누구에게도 내 자신을 의탁하지 않고 자율, 자립하는 것, 어떤 사회적 지위에도, 재물에도 미련을 두지 않는 진정한 자유인이 되고 싶은 것이다. 멈추면 세상이 보이는 삶을 만들어 가는 일, 자유함을 느끼는 보헤미안적 삶 말이다. ⓒ

> ◐ 우리들 삶의 모습은 나이에 따라 끊임없이 여러 모양으로 변한다.
> 특히 노인으로서의 현재의 품격은 평생 살아온 자기 삶의 결과이다.
> (본문 중에서…)

노인은 누구이며 무엇으로 사는가 (3)
– 노년의 삶과 감사의 마음

이런 질문부터 시작해 보자. "당신은 당신 인생에서 얼마나, 무엇에 대해 감사하는가?" 하는 질문이다. 혹시 살기 바빠서 감사함을 잃고 살지는 않았는지. 혹은 감사할 일이 많았지만 이를 깨닫지 못하고 지나쳐 버렸는지, 아니면 늙어가는 길목에서 지나온 삶의 대차대조표를 보면서 후회도 할 것이고 아쉬움도 많을 것이다. 일생을 살아가면서 '감사함'(thankful, grateful)을 느끼고 표현하는 것은 일상생활에서 빼놓을 수 없는 미덕이요 삶의 기쁨이다. 우리 인생에서 감사할 것들이 얼마나 많은지는 전부가 아니겠지만 당신도 감사 조건이 많을 것이다.

감사할 대상은 내 주위로부터 내 부모, 내 가족, 내 친구, 내 감각(청각 미각 후각 촉각), 내 건강, 내 직업, 내 경험, 내 집, 내 주위 환경, 내 나라, 내 민족 등 일일이 열거할 수 없고 문자적으로 충분히 표현할 수도 없는 대상들이다. 이러한 '감사한 마음'은 '긍정심리학'(positive psychology) 분야에서 많이 다루는 영역으로 주로 철학자, 심리학자, 사회학자들이 수세기 동안 '감사'의 표현방법과 그 효과에 대해 연구해 왔다.

누구나 아는 사실이지만 우리의 생명은 유한하다. 아무리 성공적 노화이론이 많고 생명 연장술이 발달하더라도 언젠가는 늙어 죽게 마련이다. 태어나 며칠 몇 달 살다가 죽는 인생도 있는데 지금까지 살아있으니 기적 같은 생명이다. 한 평생 감기를 2,000번 정도 걸린다는데 이를 극복하며 오늘까지 살아있음에 감사한다. 곰쓸개를 빨지 않았어도 70~80을 살았으면 신의 은총이 아닐까 쉽다. 그러니 치매에 걸려 웃음거리가 되어도 크게 부끄럽게 생각할 일도 아니다. 다만 언제, 어디서 생을 마감할지 모르지만 아픈 상처 보듬고, 가진 것 서로 나누며, 오손도손 살아가는 것이 감사의 생활이다.

그러면 늙었어도 감사할 일이 무엇인지 헤아려보자. 감사할 조건이 무엇인지 조용히 생각하며 작성해보자. 종이에 적어보는 것이지만 행운이 내 편으로 작용할 것이다. 생애 과정에서 느낀 감정, 기억들을 끌어내 감사하는 일을 찾아보는 것이다. 감사한 조건들은 삶의 기본지침이 되어 목적이 이끄는 삶이 되기 때문이다. 아침에 침대에서 일어나면 할 일이 있고 "다음 무엇을 해야 하지?" 할 동기를 얻게 됨은 물론이다. 덧붙이면 당신의 상상력과 지혜로 지금 이 순간에 감사하며 할 수 있는 일들이 많다는 뜻이다. 혼자 앉아 세어보면 50가지 혹은 100가지? 아니 무한의 감사한 조건들을 발견하게 될 것이다. 말인즉 종이에 적어보면 감사할 것이 많다는 사실에 놀랄 것이고, 매일 더 감사할 일들로 이어질 것이다.

■ 감사하다는 의미는 무엇인가?

그런데 우리나라 사람들은 감사의 마음을 전하는데 있어서 인색한 것 같다. 가정에서, 직장에서, 길거리에서, 공공장소에서 감사함을 표현하는데 어색하다. 한마디로 '감사의 문화'가 빈약한 듯하다. 반면에 영미권을 여행해 보면 그곳 사람들은 어느 곳에서나 누구를 만나든 첫 인사로 댕큐(thank), 그레이트(grate)라는 표현을 입에 달고 산다. 미국 인의 경우 90%는 늘 자신의 가족에 대해 감사함을 표하고, 87%는 자 신의 가까운 친구 등에 감사한 마음을 전하며 살아간다.(greatergood. berkeley.edu...JTF.(2012. 10)

그러면 우리가 일상생활에서 건네는 '감사 표현'의 효과는 무엇일 까? 그것은 ▶상대방의 마음을 기쁘게 하고, ▶자신이 행복해지고, ▶ 세상이 좀 더 좋아지고, ▶보다 높은 성공의 가능성을 높여주는 등의 긍정적인 결과를 가져 오게 된다는 점이다. 감사의 표현은 주로 말로 혹은 물질로, 격려로 하는 것이 보통이지만 몇 가지 특징을 정리해 보 면 다음과 같다

● '감사와 성취'의 깊은 관계는 비례한다.

감사를 표할 때 일이 쉽게 풀리고 좋은 친구를 얻을 수 있다. 어떤 목적을 달성했을 때 감사가 저절로 나오게 마련이다.

● '종교와 감사'는 밀접한 관계를 갖는다.

종교생활을 할 때 감사의 마음을 증가시킨다. 자신이 믿는 신에게 감사하는 것이다.

● '감사와 행복'은 서로 연결돼 있다.

만족감을 느낄 때 행복감이 증가하고 이어 감사가 나오는 것이다.

● '비즈니스 성공과 감사'는 한 방향에서 작용한다.

비즈니스가 잘되면 감사가 나온다. 사업이 잘되거나 직장에서 승진 할 때 감사함을 더 느낀다.

● 연령증가에 따라 감사의 표현빈도가 높아진다.

젊었을 때(18~24)는 35%에 불과하지만 55~64세(52%), 65세 이상 (57%)으로 올라가면서 높아지는 현상을 보인다.

● 감사를 표현할 때는 언제인가?

주로 해지고 잠들 때에, 꽃을 볼 때에, 성취감을 얻을 때에, 가족들이 잘 될 때에, 신의 은총을 입었다고 느낄 때 감사함을 주로 표한다.

이상을 종합해 보면 인간 관계에서 감사의 표현은 서로의 신뢰를 증가시킨다는 것, 일상생활에서 90% 이상이 성공으로 이끌 수 있다는 긍정의 심리가 작용하고 있다. 감사한 마음은 개인의 인식의 문제이지만 주로 이익적 관점에서, 연령 그룹에 따라 다소 차이가 난다. 감사의 표현은 너와 나를 묶는 긍정적인 웰빙에 영향을 미치는 개인의 주관적 표현이다.

■ 노년기의 감사할 조건 찾아보기

세상에는 늙음을 탄식하는 '탄노가'(嘆老歌)가 많지만 세상을 아름답게 보자는 것이다. 우리가 늘 보는 저 둥근 달을 보라, 달은 커졌다가 작아졌다 변하지 않는가. 썰물 밀물의 들고 나는 모습이 어떻게 보이는가. 후둑둑 떨어지는 비가 끝나면 밝은 햇살이 다시 오는 것이 아름답지 않은가. 한 걸음 한 걸음 꽃과 나무에 미소를 보내는 것, 이 모든 것이 감사한 것들이다. 조금씩 봄이 밀려오는 소리에 무한긍정의 마음으로 보면 세상은 아름다울 것이다. 오늘은 오늘 피는 꽃이면 된다. 내일은 또 다른 꽃이 우리를 반길 것이기 때문이다. 말하자면 멸(滅) 속에 삶이 있고 삶 속에 멸이 있다는 존재론적 한계에서 감사의 생활은 우리 삶을 살찌게 만드는 일이다.

여러 가지 느낌을 주지만 늙어감에 있어서 철학적 성찰이 아니더라도 나이가 더해지면서 점점 더 세상이 아름답고 감사한 마음이 들지 않는가. 누구든지 세상과 인연을 끊고 사는 것이 아니라 많은 사람과 더불어 사는 것이어서 가족과 친지, 자연에 대한 감사한 마음을 갖는 것은 인지상정이다. 감사한 마음은 행복한 날(great day)을 만드는 길이다. 내일은 또 다른 날로 내 생명을 만들어가는 시간이니 말이다. 매일 새날을 맞으며 감사하는 마음으로 살아가는 것이 노년의 기쁨이 아닐 수 없다. 감사를 잃으면 태양의 미소를 놓치고 마는 삶이 되고 만다. 1분 동안 감사의 식사기도를 할 때 하루가 즐거운 것이다.

따라서 늙었어도 감사한 일을 찾아보자. 흔한 말로 '인생은 60부터' 라는 찬가는 있지만 '인생은 70, 80부터'라는 말은 없는 듯하다. 그러나 70, 80살을 살아가는 '삶의 통합기'에는 감사할 수 있는 조건들이 많을 듯하다. 몸과 마음을 헹구며 찾아보면 감사의 제목들이 많아 조금은 뿌듯할 것이다. 더구나 노년기는 말없이 감사할 수 있는 나이로서 긍정의 심리로 살아가는 것이 노화의 삶이다. 노인들에게는 어떤 특권이 없지만 내 삶은 내 것이니 그렇다. 늙어서 사회적 유통기간이 지나갔지만 하늘로 올라가 구름 속에 살 수는 없는 일이 아닌가. 당신이 무엇에든지 친절하고 감사하게 생각한다면 당신의 운명은 가장 아름다운 방법으로 돌아오게 마련이다. 그런 점에서 노년기에 감사할 조건을 몇 가지 찾아보자.

● 지금까지 별 장애 없이 좋은 건강을 유지하는 것에 감사할 일이다. 내 가족의 건강과 편안한 생활에 또한 감사할 일이다.
● 지금까지 생명을 이어 온 것에 대해 감사할 일이다. 어머니 뱃속에서 나오자마자 죽는 생명도 있는데 아직 살아있다는 사실이 얼마나 감사한 일인가.

- 내 가족들과 같이 지내는 것에 감사한다. 홀로 고독하게 보내는 사람이 많은데 사랑하는 가족들이 항상 내 곁에 있는 것이 얼마나 감사한 일인가.
- 자신이 한 평생 일하며 가족을 부양할 수 있었던 것에 대한 감사이다.
- 내가 만난 많은 인연들에 감사하는 일이다. 친구들과 자주 만나 이야기를 나누고 밥을 같이 먹는 것들 역시 감사 한 일이다.
- 내 삶 속에 실패와 분노도 많았지만 이를 극복할 수 있는 힘이 있었던 것에 감사할 일이다.
- 좋은 음식 만들어 먹을 뿐만 아니라 원하는 음식을 먹을 수 있으니 감사한 일이다. 굶주리는 사람들이 많은데 하루 세 끼 밥 먹는 것이 얼마나 즐거운 일인가.
- 우리가 배우고 익히며 지식을 쌓아온 것에 대해 감사하자. 책 보고 인터넷 하며 대중적 지식으로 사는 것이 얼마나 보람된 일인가.
- 자신에게 주어진 열정, 비전, 에너지, 희망이 있는 것에 감사할 일이다.
- 아직 신이 나의 영혼을 위로하고 지킨다는 믿음에 감사할 일이다. 내가 믿는 하나님이 겨자씨만한 믿음도 잃지 않도록 붙들어 주신다는 것에 감사할 일이다.

필자 역시 감사할 조건을 자주 생각해 본다. 이를테면 아침마다 끄껑끄껑 울어대는 꿩소리, 집 주위 숲속에서 먹이를 찾는 노루가 사랑스럽고 아름답다. 하루 세 끼 빼놓지 않고 챙겨 먹는 것만으로 감사하다. 아침에 빵 한 조각, 우유 한 잔, 당근 한 쪽, 브로콜리, 토마토, 사과 한 쪽으로 조반을 먹는 즐거움이 남다르다. 때때로 프로 축구, 윔블던 테니스 경기를 보는 것, 야구경기를 즐기는 것, 알록달록한 티셔츠에 청바지 차림으로 도서관을 찾는 일, 이 모든 것이 감사한 일이다. 더구나 필자가 블로그에 올리는 글을 누군가 읽는다고 생각하면 얼마나 감사한지 모르겠다. 여전히 책을 읽고 쓰고 하는 작업을 할 수 있다는 사실에서 감사한 것이다. "아주 아주 아주 감사하다"

결론적으로 즐거움과 근심이 한곳에 있고 행과 불행이 같이 있지만 이런 것을 분별 못하고 살아왔다. 우리 모두가 자신의 생을 돌아보면 감사의 조건들을 잊고 살아왔다. 그러나 작은 것에 감사의 마음을 잃지 않는 것이 노후생활이다. 주위 사람들과 자연에 늘 감사할 일이다. 자신이 홀로 발견하고 살아가는 인생은 없지 않은가. 누구나 타자들과의 만남, 터치, 감동 받으며 자기 인생을 만들어가는 것이 감사의 생활이다. 뿐만 아니라 봄 · 여름 · 가을 · 겨울의 4계절이 색다르게 다가오는 특별한 아름다움에 감사할 일이다. 그야 말로 "세상이 너무 아름다워! 우리는 놀랄만한 세상에서 살고 있으니 얼마나 운이 좋은 사람이야." 하며 감사의 소리를 외쳐 보는 것, 이것이 노년기의 아름다운 삶이다. ⓒ

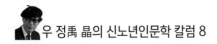

노인은 누구이며 무엇으로 사는가 (4)
– 노년의 삶과 인내심

노인의 또 다른 이름으로 당신은 "뭐든 참고 견디는 사람"이며 극복하는 사람이다. 우리에게 다양하게 오는 고통으로서는 불쾌감, 불면증, 피로감, 걱정, 분노, 지루함, 슬픔, 경제적 빈곤, 활동 곤란, 연령차별, 정신혼란 등일 것이다. 때로는 가족과의 연락이 두절될 수 있고 친구와 친척들과 갈등을 빚을 수도 있다. 또 화가 나서 배우자와 싸우다가 집안 집기를 부술 수도 있다. 말인즉 라이프스타일에 영향을 미치는 물리적, 정신적 고통, 갈등을 어떻게 극복하며 참는가의 문제이다. 늘 몸의 통증과 마음의 고통(distress)에서 벗어날 수 없는 것이 우리 인생이 아닌가 해서 하는 말이다.

우리들은 가끔 남들에 대해 말할 때 "인내심이 강하다. 인내심이 많다. 혹은 인내심이 부족하다."는 식으로 평가한다. 인내의 미덕과 수준이 사람마다 다르다는 것이다. 그리고 이런 인내심과 끈기 여부에 따라 성공과 실패의 길로 나눠진다고 믿는다. 그래서 인내심은 우리 삶의 변화와 복구, 기회의 시간으로 이해된다. 고도의 목적을 달성하기 위해서는 남다른 인내심과 열정이 요구된다. 일반적으로 지능 · 재능 · 지식수준이 높아야 하지만 무엇보다 지속성, 지구력을 나타내는 '인내심'이 중시된다. 이때 인내력은 바로 정신능력(mental ability)이 된다. 개인 능력에서 차이가 나게 마련이지만 대개 실패 · 역경 · 사망의 골짜기를 불구하고 색다른 열정으로 어려움을 극복해 나가는 데 있어서는 인내의 정신력이 필요하다.

그런데 요즘 사람들은 인내심이 부족한 듯하다. 쉬운 일에 익숙한 나머지 어려운 일을 하는데 힘들어 한다. 노인들 역시 아이들처럼 참지 못하고 일탈행위를 일으키는 경우가 많다. 나이가 들어가면서 매사에 참지 못하는 기분장애를 겪게 된다는 말이다. 노년기에 자주 겪는 신경증상, 우울증 등의 기분장애는 삶의 질에 상당한 영향을 미침은 물론이다. 누구나 기분장애가 커지면 압력밥솥처럼 폭발할 수 있다. 인내심이 부족하면 화가 나면서 심장질환과 관련한 호흡 곤란, 만성심부전증, 폐질환을 앓을 가능성이 높아진다는 것이 의학계의 평가다.

그러니 건강을 위해서 가정의 평화를 위해서 인내하며 참고 사는 것이 노년기의 생활이다. 무조건 참지 말고 외부로 표출하라고 하지만 지혜의 경전들은 인내로 좌절과 실패를 극복하라고 권한다. 인내와 보상의 법칙(law of patience and reward)은 진리이고 누구에게나 통하는 말이다. 무엇보다 늙어서는 견디는 힘이 중요하다는 뜻이다.

■ 인내의 힘과 결과

인내는 이빨을 악물고 괴로움이나 어려운 일을 참고 견디는 마음이다. 인내의 한계는 없겠지만 각자의 주관적인 개념으로서 정서적 · 정신적 능력이다. 인내의 기간은 짧거나 길기도 하지만 참고 또 참으며 기다림에 익숙해지는 시간이기도 하다. 인내심은 근면, 자기 통제의 힘으로서 세상이 고달프더라도 이를 노여워하지 않고 이기는 힘이다. 인내함은 자기만족, 자기성취의 잠시 지연이지만 성공을 위한 시험일 수 있다. 낚시꾼이 인내심을 갖고 기다릴 때 월척의 물고기를 잡을 수 있듯이 말이다. 바꿔 말하면 인내의 끝에는 자기 효능감(self-efficacy)을 느끼기 마련이다.

부연하면 인내의 의미는 여러 가지로 풀이 된다. 기독교 성경에서는 '자비와 오래 참음' (고린도전서 13:4)을 말한다. 우리가 말하는 '인내'를 영어에서는 3가지로 표현하는데 예를 들어 patience(오랜 고통에 대한 참을성), endurance(어려움에 끈기 있게 버티는 힘), perseverance(굴하지 않는 기개)가 그것이다. 여기서 patience는 '오래 참음'(long suffering)의 뜻에 가깝다. 어떤 일에 급하게 반응하거나 보복하지 않는 것, 자기감정조절(self-restrain)로 분노를 자제하고 자숙하는 것이다. 인내는 분노의 반대이며 결국 자비와 연결되는 의미를 포함한다. 반면에 endurance는 perseverance의 뜻을 갖는 의미로서 어떤 어려운 상황 혹은 부당한 강요나 재판에 굴복하지 않고 자기 신념대로 견디는 상태를 의미한다. 희망의 반대되는 낙담, 절망으로 연결되는 의미를 포함한다.

여하 간에 인내심은 우리 삶을 긍정적으로 만들어 가는 고난의 여정이다. 인내는 어려운 일에 반응하는 정신적 힘이다. 인내는 미덕이다. 인내는 쓰지만 결과는 달다. 혹은 인내는 희망의 예술이라는 말이 있다. 말하자면 인내심은 지구력 · 끈기 · 기개(grit)를 포함하는 개념으로 성공의 가능성을 높여준다는 의미를 갖는다. 마라톤 경주에서 체력도 중요하지만 끈기와 인내심이 있어야 완주할 수 있는 것과 같은 맥락이다. 훌륭한 과학자 · 저술가 · 시인 · 음악가 · 운동선수 등은 끈기와 인내심, 열정의 소유자들이었다. 한마디로 '동기의 지속성(persistence of motive)'의 결과다. 10년 혹은 20년 이상 매일 인내심을 갖고 자기 목표의 일관성을 유지한 결과들이다.

따라서 인내심은 실패 · 낙담 · 고통에도 불구하고 오래 참으며 새롭게 도전할 수 있는 기회와 열정으로 유도되는 마음이다. 이와 관련해 우리 삶을 유도하는 인내심의 의미는 다음과 같은 내용을 포함한다.

- 인내심은 시련을 통해서 성장한다. 시험이 올 때 우리에게 인내심이 필요하다.
- 고통은 인내를 동반한다. 도전과 고통이 있을 때 인내심이 필요하다. 고통이 있으면 참을 힘도 있는 것이다.
- 고통은 성숙과 성장을 돕는다. 시련을 겪을 때 축복이 온다. 즉 어려움을 이기고 이를 통과하면 삶에 축복이 온다.
- 반대로 잘못된 일을 알면서도 모른 척하며 참는 것은 더 고통이 되고 해(害)가 된다. 사람이 살면서 불의에 가담하지 않는 것이다.

재차 말하지만 우리는 많은 고통과 시험을 당한다. 인생의 실패 · 불안 · 고통 · 슬픔 · 손실 등의 많은 종류의 고난을 안고 살아간다. 그것도 예기치 않게 나도 모르게 갑자기 오기도 한다. 인내심을 잃은 나머지 음주를 하거나 잠을 들지 못하고 우울해지고 감정이 날카로워지게 된다. 자존감을 유지할 수 없고 스트레스를 견딜 수 없어서 정신적으로 활동할 수도 없게 된다. 우리 인생은 이런 부정적인 나쁜 일들과 연결될 가능성을 안고 살아가는 것이다. 그것이 인생이다. 그러나 참고 못 참는 것은 오직 '자신의 문제'이다.

■ 노년기 인내심 키우기

처음으로 돌아가 이런 가정을 해보자. 당신은 어떻게 삶의 고통을 이기고 감당할 수 있을까. 외로움과 고독감, 울컥하고 찾아오는 슬픔을 어떻게 대처해야 할까. 당신 혼자의 힘으로 풀 수 없는 문제가 있는가. 깨진 희망, 깨진 꿈, 깨진 몸, 깨진 가정, 깨진 삶, 깨진 관계. 이 모든 것을 감당할 수 있는가? 이것은 누구에게나 던지는 중요한 질문이고 인내의 대상들이다.

게다가 당신이 늙어가면서 남들보다 건강하지 못하고, 똑똑하지 못하고, 희망도 없고, 그리고 가족들로부터 버림까지 받는 기분이라면 어떻게 될까. 아마도 노년기 생활이 고통스러워 좌절과 실망감에 싸여 살거나 죽지 못해 사는 기분일 것이다. 이때는 간단히 두 가지 길 밖에 없을 것 같다. 하나는 삶을 포기하는 것이고, 또 다른 하나는 모든 것을 참으며 새로운 삶을 만들어가는 노력과 도전일 것이다.

사실 우리가 짐작하는 것이지만 불행하게도 가족들의 노인에 대한 학대와 구박이 깊어지고 있다. 우리 사회는 삶의 여건들이 매우 취약해 가정이 쉽게 무너질 수 있고, 경우에 따라서는 노인들이 자식의 야만적인 멸시와 학대를 당할 수 있다. 고령사회로 접어들었지만 노인에 대한 공경심은 크게 후퇴하고 있다는 말이다. 오히려 노인 학대와 노인자살, 독거노인 문제 등 어두운 그림자가 넓게 퍼져 있다. 얼마 전 서울에서 자녀 7명을 둔 구순 노인이 쓸쓸히 홀로 사망한 사실이 언론에 보도 되었다. 고령화 사회에 진입하면서 우리 사회와 가정에서 나타나는 불안한 초상이고 가족 몰락의 상징이기도 하다.

이런 상황에서 아내와 가족들에게 눌려 살아가는 요새 노인들에게는 인내에도 한계가 있을 것 같다. 신체기능의 저하, 인지 장애, 나약함, 체중감소, 심리적 고통, 낮은 자존감 등 매일의 부정적인 생각(감정)에서 헤어나질 못할 것이다. 자신의 생활이 억제되면서 점차적으로 독립적인 생활도 어렵게 된다. 하지만 이런 어려움에 자신은 물론 이웃들까지 감당하기 어려운 문제들이다. 심지어 신(神)들은 답장을 쓰지 않고 오래도록 침묵한다. 우리의 인내를 시험하는 것이다.

그러나 우리는 참고 기다려야 한다. 이런 '깨진 삶'에 대해 참지 못해서 무작정 분노하거나 폭력을 휘두를 수 없는 일이다. 그런 감정의 폭발로 문제가 해결될 수도 없다. 말인즉 당황스럽지만 절망하지 않고 인내하는 것, 고통이 있지만 깨지지 않는 자기 조절의 힘, 넘어지지만 파괴되지 않은 삶을 살아가야 하는 것이다. 늙어서는 차가운 바위에 붙어 비를 기다리는 이끼처럼 기다리는 삶이어야 한다는 의미다. 바닷물이 빠져 나갔다가 다시 돌아오듯이 우리는 썰물을 따라 가는 것이 아니라 반대로 밀물을 기다리면 되는 것이다. 이것이 노년기 인내심이다.

인내는 결국 당신 가족의 정서적 유산이 되고 가정을 지키는 축복으로 이어지게 마련이다. 그러니 노인 모두가 진정으로 잘 견디는 방법을 배울 때이다. 우리의 고통을 해결하는 비밀은 다름 아닌 인내로 참고 살아가는 일이다. 인내심을 갖는다는 것은 자신이 가지고 있는 정신자원(심력)을 동원하는 것이다. 그리고 인내심을 가지려면 자주 가족과 이웃들과 만나 정직하게 대화하거나 도움을 받는 것도 중요하다. 인내를 키우는 데는 여러 사람의 고통을 극복하는 모습에서 이웃의 격려를 통해서 풀어갈 수 있다. 격려와 인내는 늘 같이 있는 법이다.

■ 노후에 참는 축복

이 글은 높은 산에 오를 때 참고 견뎌야 하는 인내심, 혹은 헬스클럽에서 반복되는 트레이닝에 대한 지구력과 같은 인내심을 말하는 것이 아니다. 섹스를 하면서 사정(射精)을 참아야 하는 인내심은 더더욱 아니다. 필자가 허무주의와 싸우는 것 같으나 이 시대를 살아가는 노인으로서 어떻게 살아야 할지를 고민하는 차원에서 노년기 인내심의 필요성을 말하는 것이다. 우리 삶은 생애단계마다 오는 성공과 실패, 삶의 어려움, 또는 내가 선택한 행동에 대해 후회할 때도 있지만 결국 노년기에 대처하는 것은 인내심과 지구력을 기르고 이를 유지하는 것이다. 심리학자들은 인내심을 기른다는 것은 정신적 노력이요 일관성 있는 끈기라고 본다. 인내심은 성인기에 걸쳐 일정하게 증가한다는 분석이다.

또한 인내심 역시 주관적인 개념이다. 제각각 삶의 목적이 다르다는 점에서 이와 관련된 인내심 역시 다를 것이다. 삶의 모든 측면에서 기쁨과 슬픔의 느낌 정도가 다르듯 인내심 정도도 역시 다르다는 점이다. 시도 때도 없이 몰려드는 고통과 절망, 공포와 실패가 있더라도 결국 의지적으로 참고 또 참으며 견디는 수준에서 차이가 나는 것이다. 늙었지만 파우스트가 추구했던 '인간의 완성'이 아니더라도 최선의 삶으로 살아가기 위해 많이 참아야 하는 것이다. 젊었을 때의 '야수적 행동'이 아닌 끈기와 일관성으로 유지하는 것이 노년 후기의 삶의 지혜이다.

결론적으로 근심과 걱정, 분노의 감정에서 벗어나 지금 여기에서 오래 참으며 살아갈 수밖에 없다. 그러면 신(神)은 이 모양 저 모양으로 당신을 축복해 줄 것이다. ⓒ

노인은 누구이며 무엇으로 사는가(5)
- 노년의 삶과 젊게 사는 마음

요새 '젊게 살자'는 말이 유행이다. 젊어지는 밥상, 젊어지는 화장품, 젊어지는 비누, 젊어지는 운동, 젊어지는 습관, 젊어지는 패션 등의 마케팅이 한창이다. 중장년 혹은 노인들을 대상으로 한 5년 젊어지는 법, 10년 젊어지는 법, 매일 젊어지는 법 등 불노불사(不老不死)의 꿈을 실현해 가자는 상술이 넘쳐나고 있다. 한마디로 젊게 살고자 하는 욕망을 자극하고 있다. 사실 마케팅이 그러하듯이 누구나보다 젊은 몸매, 동안(童顔)의 얼굴을 갈망한다. 동안은 부러움의 대상이다. 50대가 30대 중반 쯤으로 보이면 매우 젊게 사는 사람이다. 외모는 70대이지만 마음은 30대 같은 사람들은 행복을 만들어 가는 사람들이다. 나이보다 젊게 사는 것이 곧 행복이라는 믿음이 작용한다.

그런데 나이가 들어가면서 젊은 외모가 망가져 가는 것에 마음 아파한다. 신체적 매력이 떨어지고 얼굴에 주름살이 생기는 것을 두려워한다. 상(像)이 자꾸 변하면서 얼굴이 꺼멓게 혹은 피부 각질이 변해가기 마련인데 10대 20대의 젊은 모습을 갈망하는 것이다. 그러나 세월에는 용서가 없다. 생체시계를 거꾸로 되돌릴 수 있는 방법들이 발달하고 있지만 노화는 진화생물적 차원에서 자연적인 현상이다. 일반적으로 신체능력은 25세 이후 매년 1%씩 감소하다가 죽음에 이르게 된다고 한다. 더구나 고령자의 심리적 문제로서 노화감정 혹은 우울증으로 인한 슬픔, 무력감, 감각의 손실, 삶의 동기 등을 잃어버리게 된다. 분명이 나이 드는 것은 죽음처럼 명예롭지 않은 것이다.

우리가 알고 있듯이 많은 사람들이 외로움 · 슬픔 · 분노 · 질병으로 고통을 받는다. 우리가 늘 경험하는 것이지만 불안뿐만 아니라 신체적 · 정신적 · 정서적 문제로 인해 기쁨을 잃고 살아간다. 우리가 무언가 원하는 것을 놓치면 스트레스를 받고 건강이 나빠지면서 행복감이 날아가 버리는 것이다. 더구나 우리는 너무 많이 먹고, 너무 많이 마시고, 너무 많이 쇼핑을 하고, 너무 많은 온라인 세상에 빠지고, 그리고 너무 많은 주위환경에 노출되어 있다. 한마디로 혼란스럽고 피곤한 삶을 살아가는 현대인들이다.

그러면서도 돈과 시간을 투자해 외모 가꾸기에 바쁘다. 젊다는 것은 물리적 외모로서 단지 오래 사는 것이 아니라 젊게 느끼고, 젊게 생각하고, 젊게 행동하는 것을 의미한다. 젊게 예뻐지고 싶은 마음은 사랑받는 느낌(feeling loved)과 맞닿아 있다. 그렇지 않아도 외모가 자본이 되는 세상이다. 잘 생긴 사람이 더 쉽게 출세한다는 외모지상주의(lookism)가 판을 치고 있다. 사람들은 부지런히 얼굴을 가꾸고 균형 있는 식단에, 적당한 운동을 게을리 하지 않는 것도 같은 맥락이다. 아름다운 외모의 유지, 정신적 능력을 향상시켜 가는 건강프로그램들의 개발도 세계적이다. 이 같은 트렌드의 중요 요지는 젊은 날의 활력을 유지하고 노화를 방지하기 위해 정기적인 운동(유산소 운동, 웨이트 트레이닝)으로 근력, 지구력, 유연성을 기르자는 것이다.

■ 젊다는 의미는 무엇인가?

젊게 산다는 것은 무엇인가? 단순히 동화 속의 피터팬 같은 어린애처럼 살아가는 것이 젊게 사는 것일까. 물론 아닐 것이다. 젊다는 것은 다차원적인 문제다. 신체적 외모뿐만 아니라 마음속으로 느끼는 내면적 젊음도 있다. 장수 사회지만 우리 목숨이 100년간 푸르지 않지만 마음만은 젊다고 생각하며 살아가는 사람들이 많다. 노년기에도 젊은이 못지않게 잠재된 능력이 많이 남아 있는 노인들이 많다. 늙었어도 내 마음이 젊다는 생각, 육체적으로 늙어도 꿈은 젊게 꾼다는 자기 암시, 이것이 젊다는 자기 인식이다. 늙었어도 아이 같은 사람으로 살고 싶은 마음이 있다면 젊게 사는 자세다. 젊다는 기분은 당신 스스로 만들면 생기고 안 만들면 없는 거다. 젊고 늙음의 감정은 마음의 문제이니 그렇다.

에피쿠로스는 세상이 당신에게 강요하고 있는 '영원한 청춘'이라는 욕망에서 벗어날 것을 권한다. 영원한 청춘에 현혹되는 것은 일생의 절정을 포기하는 행위라고 말한다. "친구들과 함께 앉아 즐거운 담소를 즐기거나 음악을 듣거나 인생에 대해 사색하는 것"을 지금이 아니면 언제 하겠느냐고 반문한다. 오히려 운이 좋은 사람은 젊은이가 아니라 인생을 잘 살아온 늙은이라고 말한다. 말인즉 과거 내가 누구였는지는 전혀 중요치 않다. 문제는 늙어가는 지금이 중요하다. 노인들이 빈껍데기 같은 추(醜)함 혹은 모든 것이 부질없어 보이지만 나이가 주는 선물이 무엇인지 성찰해 보는 일이다. 필자는 묻는다. "젊은이들아! 너희들 늙어봤어? 난 젊어봤어!"

사실 요새 사람들은 옛날 사람들보다 젊게 산다. 대부분의 사람은 나이보다 젊다는 느낌으로 살아간다. 65세 이상 노인들 중 60%는 자신의 나이보다 젊게 느낀다고 한다. 3%만이 자신의 실제 나이대로 늙었다고 생각할 뿐이다. 50세 중년의 거의 절반은 자신의 나이보다 10년 이상 젊다고 느낀다는 보고가 있다. 특히 여성들은 실제 나이보다

20년 이상 젊다고 느낀다. 그만큼 요새 사람들은 젊게 사는 것이다. 나이를 잊고 젊게 살다보니 노인들 스스로가 '노인'이 되었다는 연령이 길어지고 있다. 미국 사람들의 경우 69세쯤 돼서야 내가 노인이 되었다고 인정한다는 것이다.

한마디로 요새 사람들은 '슈퍼 영'(super young)을 꿈꾼다. 슈퍼 영은 주민등록증의 나이보다 수 년 또는 수십 년 젊게 보이고, 젊게 행동하고, 젊게 생각하고, 젊게 느끼는 사람들이다.(David Weeks, Secret of the Super Young, 1999) 100살까지 살아가는 것이 일반화되고 있는 상황에서 70~80살이 되어 요양원으로 들어갈 수는 없지 않은가. 하나의 농담이지만 죽음의 천사가 90살 된 노인에게 다가와 "이제는 가시지요." 하며 데려가고자 했다. 이때 노인은 "벌써 데려가시려고요? 아직 이른데요. 좀 있다가 내 발로 걸어갈게요." 하고 답변할 정도로 젊게 오래 사는 세상이다.

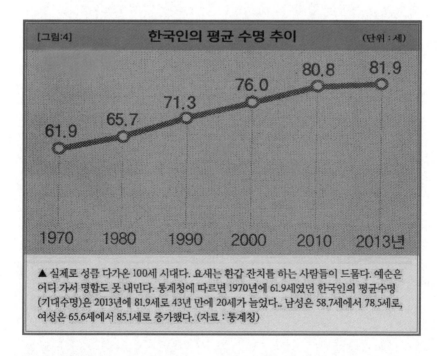

[그림:4] **한국인의 평균 수명 추이** (단위 : 세)

61.9 (1970) · 65.7 (1980) · 71.3 (1990) · 76.0 (2000) · 80.8 (2010) · 81.9 (2013년)

▲ 실제로 성큼 다가온 100세 시대다. 요새는 환갑 잔치를 하는 사람들이 드물다. 예순은 어디 가서 명함도 못 내민다. 통계청에 따르면 1970년에 61.9세였던 한국인의 평균수명(기대수명)은 2013년에 81.9세로 43년 만에 20세가 늘었다.. 남성은 58.7세에서 78.5세로, 여성은 65.6세에서 85.1세로 증가했다. (자료 : 통계청)

그러나 매우 중요한 점이 하나 있다. 수백 가지 건강을 지키고 젊어지는 비결이 소개되지만 문제는 당신의 삶을 당신이 결정한다는 것이다. 늙어가면서 갑작스런 재해와 상해를 제외하고는 당신의 마음먹기에 따라 젊게 건강하게 살 수 있다. 당신의 얼굴 주름이 곧 심장의 주름살은 아니지 않은가. 요는 주어진 삶을 한껏, 힘껏, 마음껏 살되 세상을 비관하지 말고 즐겁게 사는 것이 더 젊게 사는 비결이다. 65세 이상을 넘어서도 젊은이들처럼 생각하고 행동하는 것은 나쁘지 않다. 오히려 존경받을 만하다. 짧게 굵게 극적인 인생이 아니라 가늘지만 길게 그리고 젊게 살아가는 것이 참살이 노년 생활이 아닐까 쉽다.

■ 어떻게 젊어지는가?

　　현대인들은 너나 할 것 없이 젊음에 집착한다. 좀 더 젊어지려고 애쓴다. 누구나 젊음의 유지와 활력이 넘치는 삶의 비밀을 알고 싶어 한다. 돈이 허용하는 한 우리 모두는 젊음을 위해 적지 않은 돈과 노력을 투자한다. 젊어 보이기 위해 메이크업, 헤어스타일, 패션에 많이 신경쓴다. 젊어지기 위해 화장품에 수백만 원을 쓰고 건강과 활기찬 삶을 위해 헬스클럽에 다니기도 한다. 명품 옷, 명품 핸드백을 들어야 외출이 즐겁다. 실제로 명품 옷 사 입고 친구 만나러 가면 친구가 "예쁘다. 잘 어울린다."는 말에 귀족이 된 듯하다.

　　예를 들었지만 모든 생활이 흥미진진한 새로운 모험의 시간으로 만들 때 기쁨이 오고 살맛이 나게 마련인데 노인들은 그렇지 못한 듯하다. 일반적으로 노인은 노인들이 갖는 습관과 규범의 완고성 때문에 기존의 생활패턴을 바꾸기가 어렵다. 그러나 한 치 앞도 못 보는 현실, 혹은 내일 무슨 일이 일어날지 모르는 상황에서 지금 당장 주어진 여건에 최선을 다하는 것이 젊게 사는 길이다. 그렇다고 젊은이들이 하는 것처럼 특별해질 필요는 없다. 늙어가면서 약물이나 성형수술을 하지 않고 젊어지는 방법을 익혀 실천하는 일이다. 신체의 노화, 지각의 감소에도 불구하고 마음을 젊게 갖는 것이다. 노년기 당신의 존재는 자신의 정신적·정서적 웰빙에 있기 때문이다.

따라서 무엇보다 마음의 평화가 젊음의 비결인데 건강 전문가 및 심리학자들이 말하는 젊어지는 방법을 간추려 정리하면 다음과 같다.

- 건강을 지켜라. 객관적 건강뿐만 아니라 주관적, 심리적 건강을 지켜라.
- 항상 움직여라. 젊음은 곧 움직임이다. 그럴 때 건강해지고 기분 전환을 느낄 수 있다.
- 규칙적으로 운동하라. 일상적 운동으로 근력, 민첩성, 균형성을 유지하는 일이다.
- 몸에 나쁘게 미치는 독소(toxins)들을 멀리하라. 음식에서, 인간관계에서, 그리고 주위환경으로부터 오는 독소를 제거하는 일이다.
- 취미를 선택하거나 새로운 취미를 만들어보라. 기존의 틀에서 벗어나 흥미와 취미를 추구하라. 때로는 새로운 곳을 찾아 여행을 하라.
- 뭔가 새로운 것을 배우도록 하라. 되도록 많은 공부를 하라. 예를 들어 악기 배우기, 그림 그리기 등 계속 배울 때 뇌의 퇴화를 방지한다.
- 밀접한 대인관계를 맺되 새로운 사람들을 만나라. 긍정적이고 사랑으로 많은 사람들을 만나라. 친구,

가족들과 정기적으로 만나고 매일 적어도 다른 사람들과
대화할 시간을 만들라.
● 젊은이들처럼 옷과 머리, 신념, 가치 등에 민감해라.
   젊은이 문화 속으로 들어가라.
● 자주 웃어라. 종종 소리 내어 웃어라. 그리고 길게 웃어라.
   입을 열어 크게 웃을 때 뇌는 긍정적인 반응하면서
   엔돌핀을 강화시켜준다.
● 부부의 사랑, 친밀도를 잘 유지하라. 대부분의 사람들은
   젊게 사는 비결이 사랑이라고 믿는다. 원만한 성생활은
   건강의 비결이다.

이상을 다시 요약하면 오래 사는 것보다 건강하게 젊게 사는 것을
원한다. 모두의 아름다운 꿈이다. 동화 속에는 '젊어지는 샘물' 이야기
가 전해져 내려오는데 이것도 이와 무관치 않다. 서양에서는 에덴동산
에서 흘러나오는 물이 생명수였다. 그 생수를 마시면 젊어진다는 전설
에 많은 사람들이 그곳을 찾아 나섰다. 이런 욕망은 지금도 변함이 없
다. 평균수명이 길어진 만큼 아프지 않고 젊게 사는 온갖 마술에 걸려
아름다움을 만들어 가는 현대인들이다.

■ 노년기 내면의 젊음과 아름다움

젊은이들은 빨리 성장하고, 빨리 배우고, 빨리 실패도 한다. 누구와
도 충돌하고 싶은 욕망이 솟아난다. 불확실해서 아름다운지도 모른다.

아무렇게나 행동해도 보기가 좋다. 젊음은 철모르고 피어나는 꽃들과 같으니 말이다. 그러나 젊음과 늙음은 많이 다르다. 젊은이는 회복력이 빠르지만 노인은 회복할 힘이 약하다. 당신은 바지 지퍼가 열린지도 모르지만 젊은이들은 빈티가 나도 예쁘다. 젊은이들은 브레이크 댄스를 출 수 있지만 노인들은 스포츠 댄스 하기도 힘들다. 젊은이들은 머리가 팍팍 돌아가지만 노인들은 건강하더라도 천천히 생각하고 기억력도 떨어진다. 이른바 지각혼란(perceptual confusion)을 자주 겪는 것이다. 일하기에는 너무 늙었고 은퇴하기에는 너무 젊은 나이여서 삶의 혼란을 겪는 것이 노년기다.

당신은 아마도 기억할 것이다. 당신이 10대 때에는 자신의 젊음이 아름다운지도 모르고 흥청망청 살았을 것이다. 그러나 지금 60, 70대에 건강하고 덜 늙었다면 아마도 자신을 자랑스러워할 것이다. 꽃할배로 살아가는 신노인들의 유쾌한 반란이 아름답기도 마찬가지다. 머리가 희어졌어도 품위 있게 지성적으로 살아가는 노인들이 그들이다. 세월은 무언가 낭만적인 데가 있다고 할까. 오래된 성당, 오래된 사찰, 오래된 고목, 오래된 책들이 귀하고 아름다우니 말이다. 세월의 흔적이 아름답게 보이는 것이다. 노인들의 신체는 점차 소멸되며 매력이 떨어지지만 건강하게 살아 있다는 사실만으로 오래된 나무 같은 의연한 존재가 아닐 수 없다.

그러나 아프니까 노년이다. 인생은 아픈 것이다. 장수사회가 되면서 인생의 4분의 1을 노년기에 보내야 하지만 우리 목숨이 100년간 늘 푸르지 않다. 신체적 건강뿐만 아니라 사회적 역할을 상실하거나 기존의 역할이 축소되는 것을 경험을 한다. 그러나 늙었지만 자신의 삶을 성공적으로 이끌어가며 새로운 기회를 만들어 가야 한다. 우리 주변에는 좋은 경험, 좋은 경치, 좋은 음식, 짜릿한 즐거움, 사랑, 평화를 경험할 수 있는 곳이 많다. 그런 곳을 찾아다니며 즐겁게 보내는 것이 젊어지는 지름길이다.

　말하자면 늙어가는 연륜의 멋 내기는 젊은이들처럼 팔팔하게 사는 것이다. 늙음의 가면을 벗고 당당히 살아가는 것 말이다. 젊음이란 가장 순수한 상태라고 한다면 노년기에도 순수하게 솔직해 지는 것이다. 마음속으로 늙으면 젊어서도 '늙다리 청년'에 되기 쉽다는 사실을 지적하는 말이다. 노화의 감정을 버리고 "나 오늘도 멋진 날이다." 하는 즐거움이 있어야 한다. 마음이 모든 걸 만들고 모든 것을 해체한다는 사실에서 생활의 리셋이 필요하다.

　이유인즉 '늙은 대로 살다.'가 아니라 '어떻게 마음먹고 사는가?'에 따라 만들어진다는 사실이다. 말 안 되는 소리 같지만 "늙는다는 것은 참 좋구나!" 하는 자기 긍정이 필요하다는 얘기다. 늙어가는 당신, 이제까지 남들이 가는 길, 남들이 가진 것을 흉내 내기의 바쁜 삶이 아니었던가. 하지만 미친 척하고 나 자신만을 위한 삶을 찾을 수 있는 시기가 노년기. 그러다 보면 우아하게 노년생활을 만들어 갈 수 있을 것이다. 앞으로 노인도 한 시대를 반영하는 역할 모델이 될 수 있다. 자신의 훌륭한 생애스토리, 자신의 장점, 젊은 사람들에게는 삶의 역할 모델이 될 수 있다. 아마도 100세 나이를 대상으로 어떤 건강콘테스트 혹은 장끼대회가 열릴 것이다. 누가 더 건강하고 매력적인가 하는 경연대회도 머지않아 볼 날이 올 것이다.

　문제는 늙어서 발휘하는 젊음의 힘은 바로 내면의 아름다움(inner beauty)에 있다는 점이다. 내면의 아름다움은 아마도 '마음의 정원'을 의미한다. 이는 모든 것에 대한 긍정적인 믿음이다. 어느 누구도 젊음의 상징인 아름다운 매력을 계속 유지할 수 없지만, 그러나 내면의 아름다움을 유지하는 것이 우리 시대 진짜 노인들이다. 사람들의 눈에 의해서, 외모에 의해서 나타나는 매력이 아닌 '마음의 미인' 말이다. 당신은 70대가 되었지만 20대와 같은 강력한 희망과 영성 정력을 가지고 있다면 젊게 사는 사람이다. 최선의 건강을 유지하며 젊은이들처럼 살 수 있다는 마음을 갖고 있다면 머리가 희어지고 대머리가 되어도 문제되지 않을 것이다. 무엇보다 '늙었다'는 고정관념에서 벗어나야 한다. 마음이 젊다면 주름살이 무슨 문제가 되겠는가. ⓒ

> ✪노인문화는 노인들의 건강, 실력, 매력, 열정, 우아함 등으로 노인들을 ▶품격이 높은 사람, ▶남모르게 일을 즐기는 사람, ▶통섭적인 지식을 갖춘 사람, ▶다른 사람들과 잘 어울리는 노인으로 안내하는 문화이다.
> (본문 중에서…)

노인은 누구이며 무엇으로 사는가(6)
– 노년의 삶과 긍정의 힘

우 리는 매일 잠자리에서 일어나면서 많은 생각을 갖고 하루를 시작한다. 생각은 우리가 할 일은 정하고 행동으로 옮겨지게 만든다. 이때에 긍정적인 생각과 부정적인 생각이 함께 온다. 긍정적인 생각은 기쁨을 만들어 내고 성공적인 삶으로 인도한다. 그러나 부정적인 감정은 분노 · 회의 · 두려움 · 걱정 등을 동반하며 자신의 능력을 저하시킨다. 마음의 굳은살 같은 부정적인 생각은 남아 있던 한 조각의 꿈마저 앗아가게 마련이다. 순간순간 솟아나는 잡념, 부정적인 생각들은 나만의 향기 나는 긍정적인 마음을 몰아내는 나쁜 감정이다.

노년기도 사소한 일로 긍정과 부정적인 생각으로 하루를 보낸다. 세상은 너무 상처받기 쉬운 곳이다. 심한 갈등 속에 울컥 하는 분노를 관리하기가 어렵다. 자신도 모르게 심술을 부리는 일이 많아지면서 짜증이 자주 나기도 한다. 낙엽이 눈부신 이별을 하며 날아가지만 망가져 가는 세월일 뿐이다. 온갖 무정형적, 부정적인 생각이 혼란스럽고 머리까지 아프다. '참을 수 없는 무의미함'(the unbearable meaninglessness)이라고 할까, 아니면 마르케스(G, Marquez, 1998)가 말하는 고독한 존재, 고독한 고통을 감내해야 하는 "백 년 동안의 고독"을 안고 살아가는 사람들일까?

여하튼 오늘 하루가 내 모든 삶이다. 예를 들어 당신이 노인으로서 공원 혹은 광장에 나가 하루를 보낸다고 하자. 어떤 노인은 뒷짐을 지고 천천히 성성거릴 것이고, 어떤 이는 운동기구에 매달려 처진 몸을 풀 것이고, 어떤 이는 담소를 나누며 논쟁을 벌일 것이고, 어떤 이는 지나가는 사람의 외모를 보면서 부러워할 것이다. 또 어떤 이는 멀리 떨어져서 외톨이처럼 벤치에 앉아 졸고 있을 것이고, 어떤 이는 하늘을 쳐다보며 세상을 원망할 것이다. 무슨 말인가. 잠시 동안의 시간과 공간 속에서도 수많은 생이 있음을 보여준다. 자신 있게 하루를 보내는 사람이 있는가 하면, 기쁨과 만족, 사랑의 감정이 없이 하루를 힘들게 살아가는 사람들도 있다는 뜻이다.

우리가 경험하는 것이지만 삶에 대한 긍정적인 생각을 갖는다는 것은 당신이 할 수 있는 가장 강력한 자산이다. 긍정적인 사람들에게는 자기 삶의 성공, 건강, 행복, 부자가 되는 것, 좋은 인간관계를 잘 유지할 수 있는 사람들이다. 긍정적인 생각은 긍정적인 결과를 낳게 되는데 이를 테면 당신의 삶과 당신 주변의 사람들에게 긍정적인 영향을 미칠 수 있다. 그런 점에서 긍정의 힘은 '매력의 법칙'이 아닐 수 없다.

모두 다 알다시피 우리의 실제 생활은 수많은 삶의 체험의 과정이다. 새로운 사람을 만나고, 어떤 일을 하는 것, 이 모든 것이 삶의 경험이다. 이런 경험 속에 좋은 감정 나쁜 감정이 일어나게 된다. 좋은 감정 혹은 좋은 분위기에서 어떤 일을 할 때 능률이 오르고 의사결정에도 도움을 준다. 긍정적인 생각은 단지 행복하고 잘되는 것이라기보다는 진정한 삶의 가치를 만들고 지속적인 능력을 개발하는데 도움이 된다. 당신의 긍정적인 생각이 지금 하고 있는 일, 당신의 건강, 행복한 삶을 만들 수 있는 것이다.

■ 긍정의 힘이란 무엇인가?

긍정적인 생각의 힘은 대부분 자기 이야기로부터 시작된다. 자기 이야기를 통해 생각의 끈을 이어가면서 곰곰이 생각해 보면 긍정과 부정적인 생각, 논리와 가치의 충돌, 남들과의 이상적인 대화, 그리고 삶의 과정에서 겪은 오해와 실수 등을 발견하게 된다. 마음이 모든 것을 짓고 모든 걸 부수는 것이다. 이 중에서도 "아 좋다, 좋아질 것이야." 하는 긍정의 힘(positive power)이 필요하다. 긍정적인 생각은 나이에 구애됨이 없이 새로운 무엇을 배울 수 있는 기회와 도전할 수 있는 용기, 남들과의 의사소통의 능력에 따라 좌우된다. 긍정적인 생각의 결과는 ▶건강과 수명의 연장, ▶스트레스와 우울증 해소, ▶고통의 해소, ▶감기·위장장애 등 질병의 예방, ▶심리적 평안, ▶영적 평안을 가져온다.

반면에 부정적인 생각을 찾아보는 것 역시 '자기와의 대화'(self-talking)가 우선이다. 일반적으로 부정적인 생각이 드는 형태는 주로 일상생활 속에서 "할 수 없다, 복잡하다, 능력이 없다, 세상이 두렵다, 의사소통이 어렵다, 나이가 많다." 등일 것이다. 그러므로 부정적인 요소를 찾아보기 위해서 ▶자신의 마음을 조용히 점검해 본다. ▶자신의 퍼스낼리티에 문제가 없는지, ▶망가지는 일 즉, 최악의 상황은 무엇인지, ▶좋고 나쁘다는 2분법적 감정은 없는지 등을 성찰해 보는 일이다.

이와 관련해 노년기에는 크게 두 가지 삶의 형태가 있다. 그것은 자신의 생활이 보다 안전한가, 아니면 불안전한가이다. 긍정적인 생각은 보다 안전한 삶을 만드는 것이고 성공적 노화로 가는 길이다. 부정적인 생각은 삶의 의미를 잃게 할뿐만 아니라 불안전한 삶으로 이어지게 한다. 흔히 '모든 것이 좋다(all is well)'는 긍정적인 생각은 스트레스를 줄이고 자신에 대한 부정적인 감정을 제거한다. 긍정과 부정의 심리는 당신의 희망, 미래에 대한 당신의 태도, 당신의 낙관적 · 비관적인 상황을 반영한다. 일반적으로 낙관적이고 긍정적인 생각은 스트레스 관리에 효과적이라는 것이 노년학자들의 일치된 평가다.

실제로 긍정적인 생각과 나약함에는 발병률 등과 깊은 관계가 있다고 했다. 미국 성인 1,558명에 대해 7년간 조사한 바에 따르면 심적으로 나약한 사람이 긍정적인 사람들보다 약 8%의 발병률이 높다고 분석됐다. 여기서 나약함을 느끼는 지표로는 체중감소, 피로감, 걷는 속도, 근력(grip strength)을 조사했고, 긍정적인 요소로는 "나는 늘 좋은 감정을 가지고 있다. 나는 미래에 대해 희망적이다. 나는 행복하다. 내 생활이 즐겁다." 등이었다. 긍정적인 생각은 바로 전반적인 건강의 균형을 이루는데 도움이 되고 호르몬 작용과 신경반응을 통해 건강에 영향을 미친다는 결론이다.(Ostir, et al, 2004) 결국 당신의 생각이 '기분 나쁘다.'는 부정적인 생각에 빠지느냐 아니면 '기분 좋다.'는 긍정적인 생각에 집중하느냐에 따라 삶이 달라짐은 물론이다.

■ 어떻게 긍정의 생각을 만들어갈까?

긍정적인 생각은 삶의 의미를 갖게 하고 긍정적인 결과를 기대하는 정신적 정서적인 태도다. 긍정적인 사람은 행복, 건강, 성공을 예상하고 밀려오는 장애물과 어려움을 극복할 수 있다. 좋은 노인이 되는 데는 무엇보다 긍정의 힘이 필요하다. 개 같은 청춘이 지나가고 노인 백수로 살아가지만 더 좋은 꿈을 가지고 살아야 한다. 노년의 품격을 유지하기 위해서도 긍정의 건강학으로 몸을 잘 돌보는 일이다. 행복한 소가 좋은 우유를 만든다는 말이 있지 않은가. 그러나 분명한 것은 좋은 일, 좋은 감정, 긍정의 힘은 우연히 일어나지 않는다. 긍정적인 생각은 모든 사람들이 갖는 것도 아니다.

따라서 시사적이지만 누구나 웰빙을 위해서는 긍정의 힘이 필요하다고 말한다. 긍정의 힘은 강력해서 더 나은 미래를 만들어 갈 수 있다는 것이다. 긍정의 힘은 심리적 부(psychological wealth)로서 "나의 시간을 가장 값지게 보내려면 무엇을 해야 할까?" 하고 새 방향을 결정하도록 돕는다. 긍정의 힘이 더 좋은 사람, 더 좋은 세상을 만든다. 참고로 긍정적인 생각의 힘을 키우는 데는 아래와 같은 요소들이 강조된다.(Peale, 2013)

● 자기 부정(self-doubt)을 피한다. 자기 부정은
　치명적인 해를 가져온다.
● 자신을 믿고 무엇이든지 할 수 있다는 긍정의 힘을 가진다.
● 새로운 사고의 힘과 자신 있게 행동한다.
● 걱정 ,스트레스, 분노로부터 벗어난다.
● 목표를 달성할 수 있는 능력을 개발한다.
● 편안한 휴식이다.
● 개인 및 직업적인 문제 해결이다.
● 하루 한 번, 매일 기도하는 생활이다.
● 자신에 대한 배려, 사랑(자기애)이다.

흔히 사람들은 "모든 것이 당신이 있는 곳에 있다(Its all here)"는 말을 한다. 이 말은 목적의식적으로 움직이는 것과 관련되어 있다. 움직이는 것은 긍정적으로 매일 사랑하고, 일을 하고, 사람을 만나고, 봉사

하고, 배우고, 운동하면서 자기 삶의 가치, 삶의 의미를 발견하고 실현하며 기쁨을 만들어 내는 순간들이다. 요새는 이런 좋은 감정을 만들기 위해 감정피트니스(emotional fitness)도 인기를 끌고 있는 것도 이와 무관치 않다. 여기서 강조하는 요지는 긍정적인 생각의 힘은 당신의 삶에 긍정적인 변화를 가져오는데 도움이 된다는 것이다.

다시 말해 "긍정적인 분위기 → 긍정적인 느낌 → 건강한 육체, 성공적인 노화로 이어진다는 결론이다. 여기서 건강한 노화는 늘 생명의 의미와 기쁨을 찾을 수 있는 지속적 능력을 말한다. 긍정적인 감정(행복감)이 결국 부정적인 감정(외로움, 고독, 분노)을 억제하는데 도움이 된다. 그리고 생각을 혼란스럽게 하는 걱정이나 고민거리로부터 벗어나게 한다. 부정적인 생각은 결국 우리 인생의 균형을 방해한다. 그런데 더 큰 문제는 습관적으로 오는 부정적인 생각이 당신 뇌에 프로그램 되어 있다는 사실을 인식할 필요가 있다.

■ 노년기에 긍정의 힘이 왜 필요한가?

노인은 단순하고 행복한 얼굴을 넘어 자신의 의사결정과 기억을 향상시킬 수 있는 능력이 중요하다. 늙어가지만 아직 사라지지 않은 잠재력을 기르고 사회에 대한 영향력을 키우기 위해 불행했던 과거를 뒤로하고 다시 시작하는 것이 노년기다. 은퇴 이후에도 창의성, 지적 성장, 만족스러운 삶을 만들어갈 수 있다고 본다. 열정과 낙관주의로 늙음에 대한 자기 책임이 있어야 한다. 당신은 노년기지만 다시 한 번 불타는 열정으로 살아야 할 여러 가지 이유가 있다.

이를 위해서 강조하고 싶은 요체는 무엇보다 뇌의 건강이 중요하다. 뇌가 건강해야 자기 관리가 가능하고 늙어서 줄어드는 지위와 역할에 대처할 수 있고 자기감정을 조절할 수 있다. 뇌에 대한 신경학적 연구는 사람들의 새로운 생각과 언어가 뇌의 노화를 방지하고 우리의 생각 능력의 성숙뿐만 아니라 지능발달 등 뇌의 노화 정도가 달라진다고 했다. 뇌 과학의 결론은 "사람은 죽는 순간까지 변화할 수 있다."는 것이다. 코헨(Cohen, 2006)은 노인의 뇌가 질병이나 사고를 당하지 않았다면 20~30대의 사람들 이상으로 지적 능력을 발휘할 수 있다고 말한다.

그리고 노인들은 젊은이들보다 자신의 감정을 잘 조절하는 편이다. 중장년층에 비해 노인들(65~80세)은 상대적으로 부정적인 감정을 덜 느끼는 것으로 보고되었다. 세상을 긍정적으로 보면서 자기 삶을 통합해 가는 것을 의미한다. 다시 말해 노년기에는 노화에 대한 나쁜 감정을 조절하며 긍정적인 삶으로 변해간다는 결론이다. 예를 들어 '사회감정 선택 이론'(socioemotional selectivity theory)은 나이에 따라 자신의 인생을 긍정적으로 관리하면서 자신의 삶을 선택한다고 했다.(Carstensen, 1993) 사회변화에 대처하는 것은 사람의 본성으로서 늙어서 발생하는 다양한 변화(신체적 정서적)에 적응하는 것 역시 긍정적인 삶으로 바꿔가는 것이다. 사회변화에 적응하며 감정적으로 의미 있는 목표에 더 관심을 쏟게 된다는 뜻이다.

당연한 말이지만 사람들은 부정적인 영향을 피하려고 노력한다. 노인들 역시 가난에 대한, 늙음에 대한, 질병에 대한, 사랑에 대한, 죽음에 대한 두려움 등을 피하려고 한다. 오히려 노인들은 한줄기 바람, 지는 해의 아름다움, 사랑하는 가족들, 죽음과의 대면 등에 대해 긍정의 마음을 품고 살아간다. 현실을 수용하는데 있어서 젊은이들보다 더 긍정적으로 받아들인다는 뜻이다. 진화하다가 멈춘 상태가 노인의 모습이지만 젊은이들보다 고령자가 더 행복을 느낀다는 말도 같은 맥락이다. 실제로 나이가 들면 어느 순간부터 사랑과 미움, 질투와 분노, 명예와 재물 등이 희미해지면서 측은지심(惻隱之心)만이 남게 된다. 말인즉 긍정적인 감정의 유도는 궁극적으로 노인의 수명과 좋은 삶을 강화하는데 큰 효과가 있다.(Newall, 2010)

결론적으로 미래가 개인적으로 쓸모없는 늙은 노인, 따분한 노년기 생활뿐일까? 노년기지만 아직 긍정적인 아이디어들이 있지 않을까? 아직 내 인생에서 무엇인가 할 수 있다는 비전과 꿈, 능력이 남아 있다면 얼마나 큰 축복인가. 사실 요새 노인들은 젊었을 때보다 더 긍정적이고 즐겁게 보내고 있다. 그러니 늙어가지만 다양한 일거리 찾기, 즐기기, 만들기, 찾아가기 등 목적을 만들어 보자. 노인들은 참 좋은 분위기에 있을 때 젊은이들보다 창조적인 유연성이 높아진다고 하지 않는가. 강한 자기 확신, 건강하고, 현명하고 더 많은 재미를 만드는 노력을 해보자. 노인이 되어서도 성장과정에 있고 내 삶에 대한 책임이 자신에게 있으니 말이다. 긍정의 힘으로 부정적인 생각을 이기는 것이 노년기의 진정한 힘이다. ⓒ

■ 참고 자료

Carstensen, L. L.(1993), Motivation for social contact across the life span: A theory of socioemotional selectivity, In J.E. Jacobs(Ed), Nebraska Symposium on Motivation(1992), Developmental Perspective on Motivation. vol. 40, pp.209-254.

Cohen, Gene D.(2006), The Mature Mind: The Positive Power of the Aging Brain. New York: Basic Books.

Newall, Nancy E.2010), Predictors and Consequence of loneliness on physical activity and mortality in older adults and the power of positive emotions, University of Manitoba, Canada.

Marquez, G.(1998), One Hundred Year of Solitude, trans, Gregory Robassa, New York: Alfred A. Knopf.

Ostir, Glenn V., Ottenbacher, Kenneth J., and Markides, Kyriakos S.(2004), Onset of frailty in older adults and the protective role of positive affect. Psychology and Aging. 19(3), 402-408.

Peale, Norman Vincent.(2013), The Power of Positive Thinking. New York: Important Books.

노년은 누구이며 무엇으로 사는가 (7)
– 노년의 삶과 가족

가정은 행복의 둥지다. 가족은 행복의 근본 토양이다. 가족을 떠나서 사는 것은 뿌리를 잃은 것과 같다. 가족의 안정이 개인과 세대를 발전시키고 사회에도 공헌하는 것이다. 문제는 가족 모두가 기쁨과 고통을 가지고 도전하는 것, 노인으로 진행되는 과정에서, 또 우리 자신이 가족과 더불어 살아갈 때 부모들로서의 역할이 무엇인가 하는 점이다. 특히 가족 간의 사랑과 지원, 보살핌은 부모 – 자녀 – 손자녀에 이르는 전 세대 간에 매우 중요한 요소다.

그런데 늙어가면서 마음이 빈곤해진다. 가족들의 사랑이 식어간다. 대화가 없어진다. 가족과 함께 행복을 만들어 가기도 힘들다. 노인이 되면 가족과 친구로부터 멀어지는 기분을 느끼기도 한다. 전통적인 가족애가 없어지고 있다는 얘기다. 이제 부모들이 자녀 집을 방문하거나 자식들이 부모 집을 방문하는 것조차 망설여진다. 어렵게 방문해도 방문을 열기가 싫은 것이다. 그만큼 가족 관계가 퇴행하는 형국이다. 일본의 배우 기타노 다케시(2009)의《생각 노트》에서 보면 "보는 사람만 없다면 슬쩍 내다버리고 싶은 존재가 바로 가족이다."라고 했다.

노인이 되면 상호의존성이 높아진다. 노인은 가족은 물론 사회의 모든 부분에서 관심대상이 된다. 노화 정도에 따라 다르겠지만 대개 늙으면 남에게 의존하는 상태에 빠지면서 자신의 생각, 감정 그리고 행동에 대한 가족들의 도움이 필요해진다. 특히 노인들에 대한 가족 지원 혹은 비공식적인 치료는 대개 배우자 혹은 성인자녀들이 담당한다. 그러나 가족들만으로는 노인 부양이 어려운 사회구조다. 노인들의 웰빙생활은 가족의 지원 수준, 성인자녀와의 동거 여부, 손자들과의 사랑과 재미, 재정 지원 등이고 이것은 결국 사회문제로 이어진다.(Hoban et al, 2011) 따라서 늙었지만 노인들의 정체성과 다른 사람들(가족, 친척, 친구)들과의 관계형성 문제가 노년학에서 다루는 주요 주제다.

■ 노년기의 가정생활은 어떻게 변하는가?

전통적으로 전 생애 중에 결혼해서 3분의 1 기간은 가정을 이루며 자녀 양육을 담당하고, 3분의 1은 성인자녀와 살면서 손자들을 보게 되고, 3분의 1은 노년기 시절을 보내게 된다. 보통 우리가 80, 90살 이상을 살기가 어렵겠지만 생의 후반전을 잘 보내는 것이 성공적인 삶이다. 그러나 생명이 길어진 만큼 남의 손을 빌려서 살아가는 기간도 길어지니 장수가 곧 축복만은 아닌 듯하다. 장수사회로 진입하면서 노인들에게는 가족 구성원간의 사랑과 지원, 협력이 원하는 만큼 이뤄지지 않기 때문이다. 한마디로 세대가 다른 4대가 상호작용하며 살아가면서 노인을 돌보는 시대가 되었다. 이제는 4세대가 이뤄지는 가족 형태가 이상하지 않다. 하지만 부모와 자녀, 조부와 손자 간에 서로 무엇을 어떻게 할 것인가? 또는 가족 내 역할과 책임이 불확실하고 잘 알지도 못하는 형편이다.

사람은 부부 - 자녀를 중심으로 가족공동체를 구성하고 살아간다.

가족 내에는 다양성이 존재하지만 무엇보다 가족 간의 연대, 애정 그리고 지원 등을 통한 한 가족공동체를 구성하고 밥 한 그릇의 행복, 물한 그릇의 기쁨을 만들어간다. 가족은 자녀들이 성인으로 성장하고 독립적으로 살아가는 지원을 마련해 주는 사랑의 보금자리다. 가족 구성원 간에는 사랑과 친밀도, 상호 도움과 지원을 교환한다. 이러한 교류는 서로 사랑하는 것, 보호받는 '나'를 느끼며 살아가는 것으로 이는 정신적 육체적 치유뿐만 아니라 재정지원을 포함한다.

그런데 가족관계는 크게 두 가지 유형으로 나눠 볼 수 있는데 그것은 가족 관계의 수직 관계와 수평적 관계다. 전자는 조부모-부모-자녀-손자로 이어지는 혈통으로 이어지는 관계이고, 후자는 부부 중심, 형제자매, 친인척의 관계다. 이러한 가족관계는 태어나면서 주는 관계요 신의 선물이다. 하지만 가족 간에는 감정적으로 멀리 혹은 가까이 있는 식구들이 있다. 피하고 싶은 식구들도 있다. 서로가 보지 못하는 관계 혹은 매일 함께하는 가족들도 있다. 말인즉 세대 간에는 정서적 친밀감, 정기적인 만남, 사회적 지원관계가 가정마다 세대마다 많이 다르다.

그렇다면 가족 관계에서 부모가 자녀들의 삶에 간섭하지 않으면서 함께 하고 싶은 시간을 어떻게 만들 것인가의 문제다. 또 자녀들은 "우리 아버지는 왜 저럴까?" 하며 불만을 가지고 살아가는 경우가 많다. 하지만 아버지와 똑같은 길을 가는 것이 자식들의 삶이다. 또 가족은 선악이나 도덕의 문제가 아니라 혈연적 공동체다. 가족은 자신이 죽을 때까지 끝나지 않는 관계이며 컴퓨터로 계산하는 대상이 아니다. 다시 말해 사랑과 행복을 좌우하는 것은 '가족 관계'다. 그런 점에서 부모 자식 간에는 늘 열린 대화, 만남의 관계가 중요하다. 부모들 4분의 3 정도는 성인자녀들이 일주일에, 아니면 한 달에 한 번 이상을 만나서 대화하기를 원한다. 부모는 자녀가 가까운 거리에 살면서 자주 연락을 하고 만날 때 만족해 함은 물론이다.

또한 노인기에는 부모-성인자녀 간에 역할 변화가 일어나게 된다. 가족의 역할 변화에는 '세대'라는 의미와 '협력'이라는 차원에서 이해될 수 있다. 노화의 사회적 측면을 고려해 볼 때 '세대'는 가족의 수직적 관계 즉 증조부-조부-부모-자녀-손자로 이어지는 세대 간의 역할이고 '협력'은 한 지붕 아래서 동시대를 살아가는 가족구성원이 담당해야 할 각자의 역할과 책임 그리고 상호지원의 관계를 의미한다. 부모가 아주 허약해지거나 인지기능의 저하 등의 심각한 질명 혹은 생활비 문제가 생길 때 성인자녀는 물론 전 세대가 협력하여 부모에 대한 부양자가 된다.

뿐만 아니라 가족 구성원들이 연령에 따라 생활의 안정성 그리고 변화와 대응이 어떠한가에 따라 노년기의 삶이 달라진다. 젊어서는 슈퍼 아버지(super-father)처럼 행사하려고 했지만 나이를 더해 가면서 아버지로서의 '나'는 없어지고 가족만이 삶의 전부가 된다. 가족들을 위해 피와 땀 수고와 눈물을 흘렸지만 이제 더 이상 가족을 돌보거나 물려줄 것이 없는 부모가 되었을 것이다. 아니 어느덧 가족과 사회로부터 관심과 도움의 대상이 되었을 것이다. 그런 점에서 노인들에게는 가족이 제일이다. 노인들에게는 세상이 아무리 변해도 가족만이 희망이다. 평균수명이 길어지면서 가족생활은 물론 노인 케어 가정 돌봄이 중요해지고 있다.

한편, 노년기는 자기 정체성, 일(노동), 관계의 정립이 필요하다. 여기서 자기 정체성은 세상에 대한 자신의 신념, 비전의 추구, 삶의 재형성의 문제이고, 일(노동)은 늙었어도 유급 혹은 무급 노동으로 생산성을 유지하는 일이다. 일은 곧 우리 자신이고 소명이며 사회적 활동이고 사회봉사의 입장에서 사회에 기여하는 일이다. 관계는 정치, 법이라는 조건이 작용하는 관계가 아니라 서로의 사이가 '좋은 관계냐' 아니면 '나쁜 관계냐' 하는 문제다. 가족 간에는 '너가 살아야 내가 사는 관계'의 끈끈함이다.

더구나 현대사회에서 노년기의 가족 문제는 주로 건강 및 의료, 가족관계 정립, 경제적 능력, 부모 부양, 주택, 신체적 건강이라고 할 수 있다. 평균수명이 길어지면서 더 많은 지원, 더 많은 니즈가 요구되고 있는 것이다. 게다가 부모들은 자녀들과 자신의 장기 요양 문제, 죽음의 단계에서 자기생명권 선택(심폐소생술, 사전의료지시서), 장례, 그리고 죽음 이후의 재산 처분에 대한 논의가 있어야 하겠지만 대개 서로 말을 꺼리는 듯하다. 그러나 부모-자녀들 간에는 형식적이고 가식적인 자신을 벗어던지고 현실적인 자기 자신과 만나는 고백이 있어야 한다. 부모-자식 간에 가족 문제를 내놓고 말할 수 없다면 죽어서도 부끄러운 일이 아니겠는가.

■ 배우자와 사는 것이다

부부는 신이 짝지어 준 배필이라고 한다. 혀끝에 감도는 이름이 아내이고 남편의 이름이다. 내가 원하는 것을 채워주는 것이 부부 관계다. 내가 가진 것 이상을 줄 수 있는 관계다. 서로 다른 화성에서 온 남자, 금성에서 온 여자가 만났어도 상대방을 인정하고 더불어 행복하게 살아가자는 반려자다. 더구나 장수사회가 되면서 부부 관계가 더 중요해졌다. 이제는 평균 수명이 길어진 만큼 부부가 50년 이상을 함께 살아야 하는 시대가 되었다. 과거에 거의 없던 긴 결혼생활을 슬기롭게 잘 유지 하는 일이다.

물론 아내의 날씬하던 몸매는 간 데 없고 백화점 신상품 옷이 나와도 어울리지 않는 몸매다. 패션도 뷰티도 상관없는 할머니로 변해 간다. 남편 눈에 들어오는 아내가 아니다. 손을 잡아도 두근거리는 감정도 없다. 오히려 아내의 잔소리는 점점 늘어간다. 남편이 강아지처럼 졸졸 따라다닌다고 푸념한다. 아니 아내는 남편에 비해 더 많은 후회를 하며 살아간다고 한다. 그놈이 놓아주지 않아 어쩔 수 없이 살아간다는 아내도 있다.

하지만 남편들은 늙어가면서 아내에게 더 매달리게 된다. 어제는 고개 쳐든 남자였지만 오늘은 고개 숙인 남자가 되었다. 남편은 나이에 상관없이 순진하게 아내의 사랑을 받으려 하지만 그렇지 못하다. 늙어가면서 거세된 수컷처럼 사랑의 세포가 죽어가는 사실을 경험하게 된다. 늙어서는 신체적 건강의 저하, 질병 등으로 인해 '침대의 비극'을 경험하게 된다.

그럼에도 불구하고 남편으로서는 아내의 내조가 절대적이다. 개 같은 젊음이 지나가고 노인 백수가 되면 아내 없이는 못 사는 동물이 된다. 남자들은 보기보다 튼튼하지 못한 종자다. 아내가 며칠간 집을 비워도 삶의 리듬이 흔들린다. 게다가 아내에게 모든 것을 의존하던 남편은 아내와 사별하면 지독한 외로움을 느낀다. 아내가 죽은 후 2년 동안에 남성의 사망률이 높다고 한다. 반면에 남편을 잃은 여성의 경우는 남성보다는 사망률이 낮은 편이다. 여성은 남성보다 오래 살고 감성이 발달되어 가족들과 잘 적응하며 보내기 때문이다.

그리고 아내와 사별 후는 남성이 여성보다 재혼하는 확률이 높다. 이혼 후 재혼하거나 늙어서도 2~3차례 결혼해서 이뤄지는 이른바 '복합가족(step family)' 시스템이 자리 잡아가고 있다.(Deal, 2006) 이미 자식 있는 남녀의 재혼으로 인해 의붓아버지, 의붓어머니, 의붓자식들이 함께 사는 가정들 말이다. 이혼과 재혼으로 인한 가족 구조가 그만큼 복잡해지는 것이다.

여하간에 늙어가면서도 아내의 도움이 절대 필요하다. 여성은 전통적으로 가족들에 대한 '보호자' 역할을 해 왔다. 성인병을 앓고 있는 부모 및 남편에 대한 돌봄을 전담하고 있다. 그리고 늙었지만 부부간 친밀도 유지도 중요하다. 부부의 사랑은 너무나 신비해서 죽음의 마지막까지 지켜주는 사랑이다. 부부 사랑에는 가지각색의 멜로디가 있을 뿐만 아니라 여성은 악기와 같아서 연주하는 남편에 따라 다를 것이다. 성적인 관계 유지는 더 젊어지는 비결이라고 성(性)학자들은 말한다. 부부의 잠자리는 애정의 본능(eros)이요 죽음의 본능과 만나는 순간이지만 사랑할 때 만병이 사라진다고 한다.

■ 자녀 혹은 손자녀들과 사는 것이다.

세상에 자식만한 복이 어디 있을까. 젊어서는 자식들에게 1분 투자를 못하는 생활이었지만 늙어서는 가족들과 더불어 사는 것이 장수의 길이고 노년의 행복이다. 가령 가족들이 같은 것을 보고 함께 웃고 즐긴다면 그것은 매우 특별한 경험이다. 손자녀들의 해맑은 웃음이 행복감을 더해주게 마련이다. 행복하고 평안한 마음으로 손자녀들과 같이 어린 시절처럼 돌아가 많이 노는 것이 큰 즐거움이다. 늙었지만 손자녀들을 통해 초등학교 시절의 '개구쟁이 놀이'들이 그리워지는 법이다. 손자녀들과 같이 있으면 천국을 보는 듯하지 않은가 말이다. 그야말로 늙어가면서 손자녀들과 살아간다면 큰 축복이 아닐 수 없다. 현대는 조부모-손자녀의 관계가 중요해지고 있다.

게다가 현대는 평균기대수명이 증가함에 따라 여러 세대가 동시에 살아가는 가족구조로 발전하고 있다. 의료 기술 덕분으로 사망률이 줄어들면서 50~60대의 사람들도 부모 · 이모 · 삼촌들과 함께 살아가고 있다. 젊은이들로서는 조부모와 심지어 증조부를 모셔야 하는 경제적 부담까지 안고 살아간다. 그런 점에서 세대 간의 관계는 한 가족 구성원으로서 정서적 · 심리적으로 서로 자주 연락하고 가까이 하며 서로를 돌보는 관계로 발전되어야 한다. 모든 가족들이 부모의 연약한 신체, 재정적 어려움, 인지기능의 저하 등에 대한 병원진료비, 생활비 등을 부양할 책임이 더 커지고 있다. 매일 정서적, 재정적, 물리적 요구를 가정에서 담당하기에는 매우 어려운 현실이 되고 있는 것이다. 아내와 아들, 딸, 며느리 등 가족들의 희생이 요구된다는 뜻이다.

그런데 한 가지 물어보자. "당신은 자녀들과 얼마나 자주 가까이 지내고 있는가? 아니면 당신은 손자들과 자주 대화하고 애들이 좋아하는 햄버거 집에도 자주 데리고 가는가?" 하는 질문이다. 그렇지 못하다면 노년기 삶이 메마르고 재미없을 것이다. 사실 손자들과 자주 같이 하지 못할 때 고독과 외로움을 느끼는 사람이 그렇지 않은 사람들보다 두 배 가량 높다고 한다. 75세 이상 노인의 4분의 3이 외로움을 느끼며 고독하게 살아간다는 것이다.

사실인즉 대부분의 노인들이 자식 혹은 손자녀들과 멀리 떨어져서 생활하는 경우가 많다. 자녀들 혹은 손자녀 사이의 관계는 쉽게 만날 수 없는 지리적 거리가 작용한다. 가족들 간의 접촉이 지리적 거리, 자연조건에 영향을 받기 때문이다. 실제로 멀리 떨어져 살고 있다면 불편한 감정이 앞설 것이다. 가족들과 멀리 떨어져 살수록 정신건강에 손상을 입을 수 있다. 가족과의 접촉이 어렵고 혼자 살아갈 때 신체적 · 정신적 건강의 문제가 제기된다. 정기적으로 만나는 것은 스트레스와 불안을 제거하는 실용적이고 정서적 안정감을 주고 결국 건강한 삶으로 이어진다는 평가다.(Fiorillo & Sabatini, 2011)

사실 가족구성원 측면에서 보면 조부모들 중에 4분의 3이 손자들과 같은 공간, 같은 시대를 살아간다. 하지만 손자녀들에 대한 조부모의 역할을 제대로 하는 노인이 얼마나 될까. 할아버지, 할머니로서 손자녀들에 대해 마땅히 할 도리(grandparenthood)는 과연 무엇일까? 그

답은 가정마다 다르겠지만 대개 믿음 · 사랑 · 소망 · 행복이 깨지기 쉬운 세상에서 가정의 연장자로서 묵묵히 가족들의 삶을 격려하고 지켜주는 것이라고 생각된다. 때로는 애들과 말똥구리 냄새도 같이 맡아보며 즐거움을 나누는 것이 할아버지의 행복일 것이다. 참고로 조부모의 역할을 찾아보면 다음과 같다.

- 자신의 긍정적인 경험을 가족 내에 전승시키는 일이다. 가족의 안정성과 가족 전통의 가치, 지나온 삶을 재현하며 손자들에게 전수한다. 당신의 경험과 지혜는 애들에게 행복의 원천이 될 것이다.
- 손자녀들을 즐겁게 할 수 있는 이벤트를 만들어간다.
- 이혼 내지 재혼으로 인한 가족 붕괴 시 자신의 손자들을 돌보고 양육하는 일이다. 특히 자녀의 양육권이 주어졌을 때 손자녀들에 대한 전적이고 지속적인 지원을 하는 일이다.
- 노인으로서 형제자매 그리고 주위에 많은 사람들과 자주 만나고 형제 우애, 정서적 지원 · 물자지원 등을 제공하는 긍정적인 감정을 유지한다.

하지만 참고로 당부할 말이 있다. 비록 손자녀들이 당신들과 함께 지낸다하여도 당신들의 소유물은 아니다. 당신은 자녀 혹은 손자들과 지내는 것이 옳은 일이지만 그들을 돌보거나 도와준다면서 상처를 입지 않아야 한다. 즐겁게 상호작용을 하되 당신의 라이프스타일을 망치면서까지 손자녀들을 전담해서 돌볼 일은 아닌 듯 하다. 당신이 그렇다면 자기 생활이 어려워지게 되고 스트레스를 받을 수 있기 때문이다. 노년기는 부모·자식·손자녀 중심에서 벗어나 부부중심으로 살아가야 할 때이니 말이다. 당신에게 최선의 즐거움이 어디에, 무엇인지 성찰하며 살아가는 일이지만 당신의 능력만큼 살면 되는 것이다. 자신의 삶을 포기한 채 무거운 짐을 들고 가야 할 필요는 없다는 뜻이다. 자기희생을 가능한 줄이면서 가족과 더불어 살 수 있는 방법, 생산적인 삶을 살아가기 위해서 최선의 선택을 하는 것이 늙음의 지혜일 것이다.

결론적으로 노년기 당신의 배우자 또는 자식·손자·부모·형제자매에 대한 사랑과 지원을 어떻게 하는가. 당신이 즐기는 일, 독특한 재능이 있다면 가족을 위해 쓰는 것은 당연한 일이다. 그리고 지금까지 당신이 가족들로부터 받은 사랑과 지원에 감사하는 일이다. 동시에 당신의 인생 전반에 걸쳐 건강한 라이프스타일을 유지해 가는 것이 성공적인 노화다. 또 생애 과정에서 얻은 경험과 지혜를 지속적으로 자녀들에게 제공할 수 있어야 한다. 끝으로 경고의 말을 덧붙이면 가족들이 혹시 당신을 괴롭게 하거나, 아니면 삶이 고통스럽다고 해서 집을 나간다면 개고생이다. 노인들이 집을 나가면 개 같은 신세가 되거나 죽음을 당할 수밖에 없을 것이다. 삶이 자꾸 아프다고 하더라도 노년기에는 가족과 사는 것이다. ⓒ

■ 참고 자료

기타노 다케시.(2009), 『생각의 노트』, 권남희(역), 서울: 북스코프.

Deal, Lon L.(2006), The Smart Step-family: Seven Steps to Healthy Family. Minnesota: Bethany House Pub.

Fiorillo, D. & Sabatini.(2011), Quality and quantity: The Role of social interactions individual health, WP.2011.4. 11.

Griffin, J.(2010), The Lonely Society?. London: The Mental Health Foundation.

Hoban, James, Patrick.(2011), J.shaping our age: Voice an well-being- A report on research with older people, November, 2011.

WRVS.(2012), Fall: Measuring the impact on older people, PCP Reaserch, October, 2012.

http://strongermarriage.org/htm/married/family.

노인은 누구이며 무엇으로 사는가 (8)
– 노년의 삶과 친구

태어나고 만나는 것이 인생이다. 인간은 수태(受胎)시부터 감정을 나누며 성장한다. 이때부터 인연은 계속돼서 한평생 교제가 시작된다. 다른 사람들과 함께 산다(living with others)는 말은 다름 아닌 '인간 관계'다. 그래서 대부분의 사람들은 관계(relationship)가 중요하다는 것을 감각적으로 알고 있다. 세계의 모든 존재는 관계망으로 존재하기 때문이다. 그리고 만남이란 '관계'가 수립되고 어떻게 진행되느냐에 따라 선과 악의 관계로 나눠진다. 누구를 만나느냐에 따라 행과 불행으로 갈라진다는 얘기다. 우리가 터놓고 이야기 하며 의지할 수 있는 사람이 있다면 즐겁게 그리고 건강에 도움이 된다.(Chen, 2001) 우리는 타자에 대해 이해 혹은 깊은 관심을 가질 때 기쁨과 슬픔을 공유할 수 있는 관계로 발전하게 마련이다.

모든 사물은 서로가 존재의 조건이 되듯이 친구 역시 서로 존재의 조건이 된다. 친구와의 관계는 '상생'이요 '생성'의 관계다. '상생'은 친구로 생사고락을 같이하는 협력과 지원 관계요, '생성'은 친구와 같이 할 때 생기는 기쁨과 건강한 생활이 온다는 뜻이다. 사실 우리가 한 세상 살면서 깊은 만남을 갖는 사람은 불과 10명 정도이다. 이런 친구는 당신 삶에 특별한 의미를 주는 존재들이다. 당신이 시간을 즐기고 어려움을 극복하는데 도움이 되는 등 친구의 관계는 재미와 즐거움의 원천이 될 수 있다.

■ 친구가 중요한 이유

친구의 중요성은 본능적이다. 우리의 생존을 위해서 투쟁하고, 먹는 것을 찾고, 피할 곳을 찾고, 가족을 보호할 수 있는 힘을 기르기 위해서 친구가 필요하다. 나아가 당신의 신체 정서적 건강을 위해서도 중요하다. 친구간의 우정, 친밀감의 유지는 높은 사기, 정서적 안정감, 우울증의 해소, 자신의 삶을 개척 하는데 도움이 된다. 이를 위해서는 친구간의 의리와 신뢰다. 삼강오륜(三綱五倫)에서도 벗 사이에 지켜야 할 도리는 믿음(朋友有信)이라고 했다. 따라서 당신에게 좋은 친구란 아래와 같은 도움을 주는 사람들이다.(m.Helpguide.org)

- 당신의 기분을 좋게 할 수 있다. 친구와 함께 할 때 행복하고 긍정적인 삶을 만들어 갈 수 있다.
- 당신의 목표를 달성하는데 도움이 된다. 친구는 당신의 의사 결정과 의지력을 강화시켜 준다.
- 스트레스 우울증을 줄여준다. 당신의 신체적 면역체계를 강화시켜 준다.
- 당신이 힘들어 할 때 물심양면으로 지원한다. 당신의 심각한 질병 혹은 생업이 어려워질 때 도움을 주고받을 수 있다.

말인즉 우리는 모두 섬이요 홀로라고 하지만 바람직한 '관계' 형성이 삶의 지혜이다. 고령화되면서 친구가 더 중요해지고 있다는 사실이다. 오래 된 친구는 금쪽과 같고 햇볕과 같은 존재가 아닐 수 없다. 그러니 노후에 행복하려면 가능한 많은 사람들을 만나라. 늙어가면서 낯선 사람에게 말 걸기도 해보자. 친구 따라 강남 간다는 말도 있지 않은가. 누구와도 연결되지 않는 인생은 실패한 삶이니 그렇다.

■ 노년기에 친구는 누구인가?

좋은 우정은 당신의 건강을 강화하고 외로움과 고립을 방지하며 편안함과 즐거움을 제공한다. 즉 당신 삶의 모든 측면을 긍정적으로 향상시킬 수 있다. 그러나 많은 성인들은 불행하게도 새로운 친구를 만들거나 오래된 우정을 지키지 못하는 경우가 많다. 또한 좋은 친구를 만들기도 쉽지 않다. 외톨이로 지내거나 인간관계가 좋지 않아 외롭게 보내는 사람이 많은 것도 우리 삶의 현실이다. 아니면 너무나 성격이 별나서 친구를 새기지 못하는 사람들도 많다. 흔히 '나와 통하지 않는 놈'(혹은 동일화되지 않는 사람)으로 몰아붙이며 친구 만들기를 주저한다. 그러나 저 사람이 나를 친구로 받아주기보다는 내가 저 사람에게 친구가 '되어주는' 것이 노년기의 친구 만들기다.

그러면 친구란 노년기에 누구인가? 친구란 당신에 대해 관심을 가져주고 걱정해 주는 사람이다. 친구는 당신과 함께 상호작용 또는 의사소통이 잘되는 사람, 얼굴을 맞대고 감정을 나눌 수 있는 사람이다. 그렇다면 당신과 가까이 할 수 있는 친구와 이웃들은 얼마나 될까? 그 숫자는 간단하다. 예로 당신이 자녀 결혼식을 앞두고 청첩장을 돌릴 것이다. 과연 부담 없이 몇 명에게 청첩장을 보낼 수 있는가?. 300명 아니면 500명? 이것이 당신의 평생 쌓아 온 인간 관계다. 만나는 사람이 많다고 해서 모두가 친구가 되는 것은 아니다. 온라인으로 수백 명의 사람들과 연결될 수 있지만 옛 친구들과 같이 공동의 관심사를 공유할 수 있는 것이 아니다. 온라인 친구는 위기가 올 때 당신을 포용하거나 방문을 통해 고통을 나눌 수 없는 가상공간의 관계일 뿐이다.

다시 말해 친구는 당신의 요구를 받아들이는 편안한 사람, 당신이 신뢰와 충성의 유대를 공유하는 사람이다. 좋은 친구는 당신이 생각하는 일, 당신의 말을 어떻게 이해하고 당신의 삶이 어떻게 진화하는지에 진정으로 관심을 보여주는 사람이다. 좋은 친구는 당신의 판단이나 목적을 탓하지 않고 주의 깊게 당신을 돌보는 것, 바꿔 말하면 지나치게 간섭하는 사람, 이기적인 행동, 관용의 부족, 당신이 원치 않는 일에 끼어드는 사람들과는 친하게 지낼 수 없다는 뜻이다.

많은 연구는 친구의 우정이 사회적, 정서적, 신체적 웰빙에 긍정적으로 작용한다는 사실을 보여 준다. 좋은 친구가 있다는 것은 노화 과정에서 몸의 질병을 방지하는 면역시스템을 강화시켜 준다고 했다. 좋은 친구를 가진 사람이 그렇지 못한 사람보다 더 나은 건강을 유지한다는 것이다. 또한 친구들이 있기 때문에 자신의 가족들의 위기가 왔을 때 그들과 상의하고 의존할 수 있고 지원 받을 수 있다.(Matthews, 1993)

따라서 노년기는 무엇보다 가족과 친구가 중요하다. 65세 이상 노인들 중에 혼자 사는 사람에게는 친구들과의 교제와 우정 지원이 필요하다. 말인즉 많은 사람들에게 가까이 다가서라. 같은 시간, 같은 장소에 함께 함으로써 생기는 대화의 기회를 만들라. 노인들 3분의 2 이상이 친한 친구를 가지고 있지 않다는 보고가 있는데 정말 그렇다면 가슴 속에 숨겨 둔 말 한마디를 할 수 없는 외로운 존재들이 아닐 수 없다. 늙어가면서 당신이 혼자로는 온전히 존재할 수 없지 않은가.

■ 좋은 친구를 어떻게 만들까?

당신은 혼자 죽는다. 당신이 외롭게 살고 있다면 당신은 빨리 죽을 수 있다. 친구와 가족과 가까이 지내는 것이 필요하다는 얘기다. 고독을 많이 느낀다면 사망의 배경이 된다. 캘리포니아 대학 노년기 생활 연구에 따르면 참가자 1,604명의 43%가 종종 고립된 느낌이나 교제가 부족하다고 했다.(New York Times, 2012, 9. 11) 한마디로 현대인들은 '고독한 군중'으로 살아간다는 뜻이다. 결혼 또는 다른 사람과 함께 살고 있어도 외롭게 살기는 마찬가지다. 물론 혼자 산다고 해서 반드시 외로운 것은 아니다. 문제는 만남의 양이 아니라 만남의 질이다. 당신의 외로움을 다른 사람이 느끼거나 말할 수 없다. 오직 당신만의 문제다.

그러면 나에게 어떤 친구가 필요한가. 물론 생애과정에서 생긴 퍼스낼리티 혹은 직업, 교육 수준, 재산 정도, 지역, 학교 등 사회생활 여건에 따라 친구가 달라질 것이다. 각자의 라이프스타일과 욕망에 따라서도 차이가 날 것이다. 그러나 삶의 방식과 생각이 다른 '차이'를 인정하고 존재론적으로 받아들이는 것이 만남의 기술이다. "누가 저런 사람에게 친구가 되어 주겠어!" 하며 구별 짓기를 한다면 좋은 친구를 만들기가 어려울 것이다. 우리는 경험하는 것이지만 한평생 살아오면서 만나는 사람들은 많았지만 그들이 모두 친구가 되지 않는 것이다.

지속적인 우정을 육성하기 위해서는 시간을 내서 자주 만나고 대화하는 일이다. 대화에는 끊임없이 움직이는 것이다. 이동이 없으면 사람을 만날 수 없다. '안'으로 도주하는 것이 아니라 '밖'으로 내달려야 한다. 마당발로 불리는 사람들이 정신적으로 건강하다고 하지 않는가. 그런 점에서 인간이 살아가는데 의미를 갖는 것은 타인과의 관계뿐이다. 일방통행식이 아니라 상생가능한 쌍방향관계로 만들어 가는 일이다. 즉 주고받는 관계, 시간과 노력의 투자, 가치 투자가 전제되어야 한다. 자기중심적인 사람은 실제로 친구 만들기가 어렵다.

따라서 낯선 사람을 단순히 '타자'로 인식하는 것은 이 시대를 살아가는 덕목이 아니다. 어떤 선입관, 혹은 사회적 '벽'을 넘어야 하는 관계능력이 필요하다. 여기서 말하는 '관계능력'은 ▶긍정적인 관계를 개념화하는 개인의 능력, ▶만족스러운 관계구축, ▶관계에 접속할 수 있는 사람의 수, ▶지속적인 관심과 접근이다. 이러한 요소는 무엇보다 자기 확인, 사회적 관심, 의사소통능력, 감정개입, 말하기보다 듣기, 유연성이 많이 좌우한다.(Hanson and Carpenter, 1994)

결론적으로 친구가 없는 경우 새롭게 친구를 만들어라. 이들과 '절친한 친구'(confidante relationship)로 발전시켜라. 절친한 친구로부터 정서적 지원을 받을 수 있기 때문이다. 이런 사람이 없으면 신체적 · 심리적 우울증상을 보인다.(Bookwala, 2014) 사회적 접촉의 부족은 신체건강에 대한 위험요소다. 그러니 당신은 지금 나이에 더 많은 사람들과 함께 할 시간을 만들라. 예를 들어 만남의 기술로 사교 클럽, 시민단체, 자원봉사단체, 지역사회 행사, 교회활동 등을 통해 좋은 관계를 구축하는 것이다. 사회적 접근은 노인들의 생산성과 활동은 물론 정서감을 충족시켜준다고 했다. 친구에 대한 대중음악 내지 소설 문학이 많다. 뮤지컬 '위키드'(Wicked)에서 길을 가는 두 소녀는 "네가 있었기에 내 삶은 나아졌어."라고 노래한다.

노인이라고 해서 연기처럼 사라질 수는 없지 않은가. 마음 맞는 친구들을 만들어 즐겁게 보낼 수 있는 삶의 기술이 필요하다. 꽃가루는 바람을 타고 누구를 만나러 갈까? 상상해 보라. 아름다운 만남이 아닐까? 아무 때나 친구 집에 가서 "들어가도 되니? 문을 열어줘." 할 수 있는 관계 말이다. 그럴 때 우리 인생에서 즐기고 풍요로운 삶을 만들 수 있을 것이다. ⓒ

■ 참고 자료

Bookwala, J, and Marshall, K.(2014), Who needs a friend? Martial status transitions and physical health outcomes in late life. Health Psychology, 33(6), 505-515.

Chen, N.(2001), The Meaning of Aging, Journal of Extension, 39(6).

Hanson, R.O, and Carpenter, B. N.(1994), Relationship in Old Age: Coping with the Challenge of Transition. New York: Guilford Press.

Matthews, W.(1993), The Magic of Friendship, Northcarlina Cooperative Extension Service.

m.Helpguide.org/article/relationships(2014, 6. 28)

www.nytimes.com/..../for-older-adults.(2012. 9. 11)

> ◐ 노인문화는 개인이 늙어가면서 사회 속에서의 지위와 역할, 갈등, 재산정도, 신앙 등과 관련돼 있다. 이런 요소들은 노인 공동체 속에서 융합되고 응집되어 노인문화로 나타나게 된다. (본문 중에서...)

3

Chapter Three

우 정禹 晶의 신노년 인문학 칼럼

현대사회 신노년
일상 짚어보기

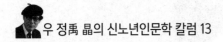

신노년시대 노인의 일상과
노년기 품격에 대하여

당신은 어떤 삶을 살아왔는가? 현재 당신의 한 평생은 피눈물, 땀, 지혜, 경험, 감성의 일상으로 이뤄진 직조(織造) 과정의 개인사를 반영한다. 부평초같이 살아온 노인들의 얼굴에는 삶의 그림자가 어른거린다. 재물, 자식, 친구, 종교, 문화 등 일상사가 빼곡하게 압축돼 있다. 꿈과 현실, 야망과 좌절의 삶이 겹쳐지는 세월이었다. 어떤 얼굴에는 비애가, 어떤 이에게는 위엄이, 아니면 가난이, 이제까지의 삶을 보여준다. 그러나 노인이라고 해서 갑자기 할아버지 흉내를 낼 필요는 없다. 당신은 당신 나이만큼 늙었을 뿐이다.

그런데 오래 살다보니 가족 또는 사회단체에서 좌장으로 여러 '의식'(儀式)을 담당하는 최고 고령의 상위계급으로 상승했다. 현재의 내가 '진정한 나'로서 과연 어른 노릇을 할 수 있는 지식과 품위를 가졌는지, 문제는 이제까지의 삶에 대해 파괴와 창조는 못하더라도 현상 유지 이상의 열정과 도전을 할 수 있는가이다. 열정적 삶이란 자신에 대한 절대적인 신뢰로써 삶에 한층 충실해지는 상태를 의미한다.

금방 알아차릴 수 없지만 무엇이 과연 노인의 품격인가? 우선 좁은 의미에서 노인들의 품격에는 외모로부터 삶의 질감 분위기 등이 포함되는 개념이다. 남성의 매력은 지덕체의 성숙도와 건강미, 풍기는 외모에 좌우된다. 여성의 아름다움은 젊음과 생식호르몬이 풍부한 것을 상징하는 신체적 특징에 있다. 포근하고 품격 있는 노인이 있는가 하면, 외모가 지저분하고 불신이 가득하며 각박한 마음상태에 빠진 노인들이 있다. 다시 말해 노인들의 품격은 마치 와인 향기처럼 가족과 사회 내에 영향을 미치는 이미지여야 하는데 그렇지 못한 사람이 우리 주위에는 너무나 많다.

그러면 노인의 품격을 만들어가는 '시니어 삶의 기술'(the art of senior life)은 무엇일까? 60~80세를 살아왔다면 자기 브랜드가 무엇인가? 브랜드는 누구나 알고 있지만 독특한 개성으로서의 내 브랜드가 있는가이다. 노인들의 인격 역시 개인화된 브랜드인데 자신의 정체성이 무엇인지도 모르는 사람들이 있다. 즉 노인들에게서 사랑의 힘이, 그리고 남에게 감명을 주는 삶의 향기가 있는지 말이다. 물론 지금의 당신 모습은 60~80년을 살아온 것만으로도 경이로운 것이다. 그러나 전혀 다른 사람이 되려는 것은 욕심일 수 있지만 좀 더 품위 있는 노인으로 살아가는 열정은 있어야 할 것이다. 분명히 노인의 아름다움이란 가족과 이웃에게 기쁨이 되어주는 그 무엇이다. 잘 늙는다는 것은 부드럽고 너그러워지는 것이다.

비판적으로 보자면 불행하게도 노인들은 본질적으로 쿨(cool, 매력)하지 않다. 분명히 스팩터클한 삶도 아닐뿐더러 늙어감은 외롭고, 힘없고, 할 일 없는 삶으로 생각하는 경향이 있다. 노인들 스스로가 어느 상태에 빠져 있는지를 실감하지 못하는 모습까지 보인다. 생활 현장에서는 어떤 주문이 많고 통솔에 잘 따르지 않으며 자기 마음대로 행동하려고 한다. 노인들은 그래도 내 판단이 옳다고 하는 선입견과 집착을 버리지 못한다. 노인들은 자주 어른스럽지 못한 모습도 자주 보인다.

필자는 어느 날 산에서 만난 80세 가까운 할아버지에게 "세상이 너무 짧지 않았어요?"라고 물었다. 그때 할아버지는 "(한숨 지며) 번개같이 지나갔어. 세상을 너무 허무하게 보냈어. 왜 살았는지 모르겠어."라며 말끝을 흐렸다. 그러나 그의 모습은 투박한 뚝배기 같은 모습이었지만 어딘가 무시할 수 없는 위엄이 있었다. 전라남도 장수에서 만난 87세의 김순이 할머니는 '된장녀' 타입의 시골노인이었지만 무력감이나 고단한 삶의 냄새가 전혀 없고 곱상한 얼굴로 당당한 모습이었다. 한국인의 원형질을 보여주는 듯했다. 가족들과 알콩달콩 살아가는 것이 건강 장수 비결이라고 했다.

이상에서 볼 때 100세 장수 시대에서 '사회적 신체'(social body)로서 노인들의 품위 내지 자신의 브랜드(이미지)를 만들어가는 사람들의 유형을 찾아보면 다음과 같다.

첫째, 개방적 사고와 근대적 가족관을 소유한 노인들이다. 설ㆍ추석 등에서도 제사 대신 여행 등을 즐기고 자녀들의 국제결혼을 부담 없이 받아들이는 편이다. 또 노후에도 연애나 결혼, 이혼을 할 수 있다는 생각 속에 늘 연애 감정을 품고 살아가는 사람들이다.

둘째, 육체의 우울증, 나이 듦의 외로움을 넘어 사회적으로 품위를 지키며 즐겁게 소비생활을 즐기는 노인들이다. 백화점이나 고급음식점에서 값이 좀 비싸더라도 소비하고, 여행이나 길거리를 거닐다가 좋은 물건이나 그림이 있으면 주저 없이 구매하는 사람들이다.

셋째, 가능한 사회참여를 확대해 가는 노인들이다. 건강과 돈도 여유가 있어서 각종 모임, 강연회, 세미나에 참여하면서 자신의 존재감을 나타내는 계층이다. 행복하고 건강을 위해서는 따뜻한 인간관계를 잘 유지하는 편이다. 사회봉사에 참여하거나 친구들과 잘 어울리며 매일 인터넷에 접속해 정보사냥을 하는 등 세상과 소통하는 노인들이다.

　이렇게 볼 때 노인의 품격은 포용력, 순수한 열정, 경험의 특별함이다. 늙어서 건강상의 불평등을 극복하고자 '처녀 피'를 수혈받으려는 노인이 아니라 좀 더 순수한, 육체적 정신적 건강이 넘치는 노인들이다. 반대로 노인이 되어서도 두꺼운 얼굴과 시커먼 뱃속을 챙기려는 욕망은 노욕이다. 돈 좀 있다고 곰쓸개를 빨아대는 정력가로 살아가는 것은 결코 노인의 품위는 아닐 것이다. 참한 혹은 우아한 이미지를 낼 때 부(富) 티를 풍기게 된다. ⓒ

❷ 노년문화를 구축하는 데는 노년층의 건강, 복지시스템의 불균형을 교정하는 것을 목표로 한다. 노인들의 건강한 문화생활에 대한 정부와 사회의 역할을 강조하고 노인들의 긍정적 정체성을 형성하기 위한 것이다.

(본문 중에서…)

신노년시대 노인의 일상과
노년기 자유에 대하여

당나라 시대의 선사(禪師) 임제의현(臨濟義玄)의 어록에 '수처 작주 입처개진(隨處作主 立處皆眞)'이라는 유명한 말이 있다. 즉 "머무는 곳마다 주인이 되고 서 있는 곳마다 진리를 깨닫는다."는 말이다.(이기영, 1999) 내 스스로 깨닫는 주체, 삶의 주인으로서 내 몸, 내 마음, 내 생명의 주인으로서 살아간다는 의미로 해석된다. 내가 내 인생의 주인으로 살아간다는 뜻이다. 어디서나 나 스스로 주인이 된다는 것은 어려운 일이지만 그것이 가능할 때 내 자유는 보장될 수 있을 것이다. 진정한 자유는 자신 안에 숨은 '나'를 찾는 것이기 때문이다. 무엇에도 구속받지 않고 자기 마음대로 할 수 있는 상태, 모든 것의 주인이 되는 주체적 인간으로 살아갈 때 적어도 자유라는 가치가 충족될 것이다.

그러나 가는 곳마다 주인이 되어 자유를 누리려 하지만 쉽지 않다. 흔한 말로 사람들은 끝없는 권력욕, 재물욕, 명예욕, 성욕 등을 채워 가려는 욕망에서는 결코 자유가 충족될 수 없는 일이다. 인간은 향락, 소비, 아름다움의 추구 등의 욕망은 끝이 없기 때문이다. 사회적 지위와 역할을 확대해 안락한 삶을 추구해 가는 것이 자유요, 세상의 행복을 다 누리려고 하지만 그것은 오지 않는다. 자유란 순간의 편안함, 욕망,

나태함, 일탈하는 것이 아니라 살아가면서 내 삶의 주인으로 살아가는 주체가 될 때 진정한 자유인일 것이다. 누구보다 자신을 사랑하고 열정적으로 살아간다는 '자의식'의 자유가 필요한 것이다. 그래서 소크라테스는 자유를 "최선의 생각으로 최선을 행하는 능력"이라고 설명했다.

더구나 장수시대 100세 시대라고 하지만 실제로 우리가 적극적이고 건강한 몸으로 지금 자유를 누리며 살아가는지 궁금하다. 단순히 햇수 나이로 더 산다고 하는 것이 행복인가. 늙었지만 잘 놀고 잘 먹고 잘 쉬는 것만이 과연 행복한 삶일까. 이런 질문에 대해 필자 역시 납득할 만한 대답을 아직 발견하지 못했다. 정량적 수명이 늘어나지만 신체적 · 정신적 · 정서적 웰빙의 관점에서, 그리고 노년기의 자유라는 관점에서 보면 삶의 질은 나이가 늘어나는 만큼 따라주지 못한다. 오히려 오래 살까 봐 걱정하는 불안감도 커진다. 수많은 아침을 만나고 오늘도 가볍게 일어나지만 그런데도 어떤 불안감, 외로움, 구속감에 억눌려 살아간다. 다양한 욕망이 엄습하면서 개인적인 지옥이 생기게 마련이다.

■ 자유의 의미

대개 추상적인 언어로 자유를 설명하고 있지만 그동안 많은 철학자와 사상가들이 정의를 내렸다. 흔히 우리는 거대한 담론으로 국가(정치) 억압으로부터의 자유, 거주 이전의 자유, 가난(결핍)으로부터의 자유를 말한다. 모두 구속 없는 자유를 말한다. 개인적으로는 "자유란 타인으로부터 어떤 침해를 받지 않는 범위에서 개인의 의지로 얻어지는 행위."라고 해석할 수 있다.(사이토 준이치, 2011) 격리사회, 통제사회에서 벗어나고자 하는 자유로움을 누구나 갈구한다. 특히 자유민주주의 사회는 공포사회와 달리 누구든지 마을 한복판에 걸어가 자신의 견해를 발표해서 체포 · 구금 · 투옥 · 협박 등의 위협을 받지 않는 것이 자유다. 만약 그런 것이 허락 안 된다면 그 사회는 공포사회이다. 반대로 아무런 위해(危害)를 받지 않는다면 자유사회다.(Sharansky, 2006)

이러한 자유는 가격이 아니라 의미(meaning)라는 사실에서 크게 두 가지로 구분해 설명할 수 있다. 하나는 내 마음(생각, 욕망, 희망)대로 선택하고 결정할 수 있는 자유다. 또 하나는 내 마음 자체를 선택할 수 있는 자유다. 전자는 하고 싶은 것, 갖고 싶은 것 등 무엇을 선택해 행동할 수 있는 자유이지만, 여기에는 일정 조건이 충족되어야 누릴 수 있는 자유다. 예를 들어 하고 싶은 욕망을 실현하려면 돈과 시간, 건강, 지위 등이 따라줘야 한다. 그래서 '제한된 자유' 혹은 '통제된 자유'라고 할 수 있는데 이에는 자기 책임 윤리 문제가 따른다.

반면에 후자는 내 마음 자체를 선택할 수 있는 자유로서 욕망자체로부터 벗어나는 자기에 대한 자유다. 내 욕망을 스스로 조절하는 자유, 즉 어떤 욕구를 충족하느냐 포기하느냐의 자기선택의 자유, 자기결정권(self-determination)이 나에게 있다. 욕망 자체를 버리거나 포기함으로써 갈등과 긴장을 없애버리는 상태, 욕망충족감 자체를 비우거나 없애는 욕망으로부터의 자유이다. 이 개념은 절대적 자유에 이르는 개념이다.

그런데 우리는 늙어가면서 독립성과 자율성 존엄성을 잃게 된다. 스스로 삶의 조건을 선택할 수 없는 근원적인 무력감에 빠진다. 당신은 하루하루 생활하는데 흥미를 잃고 살아가는 것은 아닌지. 당신은 무력감과 절망의 감정에 둘러싸여 있지는 않은지. 그래서 나 자신을 구속하던 삶과 모든 사회적 관계로부터 탈출하고 싶을 때가 있을 것이다. 노인이 되어서 '모두 다 내 마음대로' 하고 싶은 욕망이 사라지지 않는다는 얘기다.

노년기의 자유는 그람시(Gramsci, 1971)가 말하는 국가억압장치(RSA)나 국가이데올로기(ISA)로부터의 큰 자유를 말하는 것이 아니라 필자는 의식주 문제, 유행, 가족과 집단가치에 이끌려가며 소시민적 개인의 자유를 말하려는 것이다. 늙어가면서 이러한 작은 자유마저 없으면 내 삶이 자꾸 아프다고 한다. 마음이 감옥에 갇힌 삶이 되다 보니 어떤 억눌린 감정 속에 살아가는 자유의 부재를 느끼게 마련이다.

그러면 인간은 왜 남다른 기쁨과 자유를 갈구하며 힘들어 하는가? 그 답은 한마디로 현대인들이 탈진 증후군(burnout syndrome)에다가 새로운 욕구가 계속 일어나기 때문이다. 경쟁만 판치는 피로사회, 갈등사회에서 우리 삶의 밑바닥을 드러내며 신음하고 있는 것, 그리고 감각적 쾌락의 추구, 유행, 물질 욕이 강하기 때문이다. 그러다 보니 사람들은 종종 현실을 탈피하고 싶은 작은 일탈을 꿈꾸거나 막연한 '자유와 정의'를 갈망하는 것이다.

하지만 자유는 상대적이다. 원하는 대로 먹고 싶고, 입고 싶고, 연애하고 싶지만 여기에는 이를 행할 수 있는 조건이 충족되어야 누릴 수 있다. 무조건 새처럼 구름처럼 자유로워질 수 없다는 예기다. 사실 인간은 자유로운 인간이 아니라 불안한 인간, 오히려 에리히 프롬(Fromm, 1965)이 말하는 '자유로부터의 도피' 같은 감정이 나타날 수 있다. 근대사회에 들어와 자유가 신장되고 독립성과 합리성을 가져다주었지만, 한편으로 개인은 더 고립되면서 불안하고 무기력해질 수밖에 없다.

그런 점에서 이 시대는 개인 스스로 합리적으로 질문하고 답을 찾아가는 자기 고뇌의 성찰도 필요하다. 자유의지(free will)의 문제이지만 사회적 관계, 타자와의 공감과 공유의 한계 내에서의 자유다. 이 같은 논리는 '바이마르공화국'(Weimarer Republik)시대부터 내려오는 전통으로 무한적 해방구는 없다는 뜻이다. 내 안에 꿈틀대는 욕망을 충족시키기 위해 무책임하게 행동할 때는 추한 모습으로 떨어질 수 있다. 자유라는 가치에 내재돼 있는 위험과 책임을 자신이 지는 전통이다. 자유는 방종이 아니라는 뜻이다. 사적인 영역의 부부 관계에서도 마찬가지다. 아무 것도 안 하면서 밤이면 날마다 마누라의 의사와는 관계없이 잠든 마누라 배위에 올라타고 남자 행세 하려는 남편의 자세는 자유가 아니다. 분명히 열심히 일하면서 가사를 책임질 수 있는 능력, 사랑의 감정이 서로 맞을 때 자유를 누릴 수 있고 행복해지는 법이다.

사실 자유란 두려운 것이다. 현대인들은 오히려 자유를 두려워한다. 슬라보예 지젝(Zizek, 2008)은 타자에 대한 존중과 다름을 인정하는 자유를 말한다. 그러면서 우리가 자유를 필요로 하지만 쾌락을 통제하는 사회 속에서 살고 있다고 진단한다. 자유를 누리면서도 그 책임과 위험을 감당할 수 없다면 자유를 누릴 자격이 없다는 뜻이다. 예를 들어 사람들은 자기선택으로 섹스를 하면서도 겁을 낸다. 상대가 깨끗할까, 병이 옮지는 않을까 하면서 쾌락을 즐기는데 이런 것들이 스스로 통제되는 자유이다. 말인즉 공공의 질서와 안전의 범위 내에서 나름대로 합리적 사고에 공감을 일으키는 행동이 자유다. 자유가 보장된다고 해서 뻔뻔한 무교양주의(philistine)적인 행동을 말하는 것이 아니다. 이른바 제한된 '합리적 행위'라는 의식을 말하는 것이다. 여기서 합리적 행위란 이성적 행위라는 의미만이 아니라 의식적으로 명시적이고 내부적으로 일관성 있는 가치체계에 근거한 행위를 한다는 뜻이다.

물론 자기 통제(절제)와 자유 사이에서 균형을 이루기가 쉽지 않다. 자기 행동에 대한 책임과 통제가 필요하지만 진정한 자아를 깨닫기 위해서 타자들과의 안전거리의 유지 기술, 자유에 대한 성찰이 필요하다. 예로서 타자들의 자유를 해치지 않는 관용과 안전거리가 필요하다. 또 강제로서의 노동이 아닌 즐김으로서의 일을 통해 주체적인 자유를 추구하는 것이 노년기의 삶이요 모든 존재들과 소통하는 것이고 참사람으로서의 이뤄가는 자유다.

▲ 차량이 줄 지어 서 있는 길가에서 벌거벗은 채로 드러누워 자는 노인.

■ 노년기에 추구하는 자유의 전제 조건

그러면 자유를 말하는데 노년기에는 무엇을 위한 자유인가. 당신은 사회적 존재로서 모든 사물과 인간관계로부터 자유로워져 있는가. 노인이 되면 자유스러운 활동의 제약, 인간 관계의 단절, 경제사회적 손실, 지위와 역할의 변화, 외로움 등이 일상의 자유를 위협하기 때문이다. 물리적 감소로 인한 자유가 억제되는 것은 불가피한 현상이고 존재론적 결핍감을 가져온다. 그럼에도 불구하고 늙었지만 내 마음대로 하고 싶은 욕망 자체를 억제할 수는 없는 일이다. 인간이 추구하는 자유는 끝이 없어서 저승길이 얼마인지도 모르고 욕망을 채우려 한다. 결국 그 욕망 혹은 자유에 대한 욕구는 나이에 관계없이 누구나 즐거움의 실현이고 삶의 만족감과 관련된 것이다. 문제는 자유 실현의 전제 조건들인 경제력, 신체적 건강, 심리적 안녕감을 무시할 수 없는 존재론적 한계가 작용한다.

다시 말해 이런 자유와 행복은 쉽게 오지 않는다. 천사 울타리 안에 살아도 만족할 만한 자유가 없을 것이다. 그렇다고 자유를 빌려주는 상점도 없다. 마땅히 자유에는 책임과 지켜야 할 윤리가 있는 것이다. 여행을 하다 보면 어떤 사람은 공공장소, 큰길가 의자에서 간신히 팬티만 가리고 벌렁 드러누워서 잠을 청하고 있는 모습을 볼 수 있다. 지나가는 사람들에게 불쾌감을 주는 것은 물론이다. 그래서 자유의 무한 확대는 곧 사회적 비인간화를 낳게 되고 비난을 받게 된다. 조정되고 생산되는 주체성이나, 일탈적 행동이 아닌 정해진 시간과 공간에서 시민의 공감을 얻는 자유여야 한다. 나름대로 개인적 주체성과 행동의 한계를 받아들이며 질서를 잘 유지할 수 있는 범위 내에서의 자유다.

결국 늙어서는 자유보다 안정을 택하는 것이 현명한 삶이다. 자유는 시간·생각·감각·욕망을 가라앉히기부터 시작된다. 따라서 노년기에 자유가 보장되려면 몇 가지 전제조건이 있다. 그것은 세 가지로 요약된다.

첫째는, 경제적 어려움이 없어야 한다. 돈은 별로 중요한 것이 아니라는 온갖 도덕과 이데올로기를 동원하지만 정작 사람들은 돈을 벌어들이고 소비하는 동물이다. 돈이 악신(惡神)일 수 있지만 늙어서도 돈이 좋다. 노인이 되어 지나친 욕심이나 치부(致富)는 노욕이지만 자급자족 정신만은 가져야 한다. 돈이 양반을 만들 수 있고 자본주의 시대를 살아가는 맛을 느끼게 한다. 경제력이 있어야 늙더라도 자립할 수 있고 자율성이 주어진다.

둘째는, 질병과 장애가 없이 건강해야 한다. 나이가 들어가면서 육체적 기능의 감소, 수면장애, 식욕감퇴, 우울증 등이 노년기에 찾아온다. 이른바 3D현상(dementia:치매, depression:우울증, delirium:건망증)은 노화에 따른 불가피한 형상이다. 흔한 성인병이 누구에게나 생길 수 있다. 노화란 아무것도 할 수 없는 것을 의미하지만 활동의 축소, 뇌기능의 저하, 더 많은 주름살, 더 많은 약봉지, 심해지는 건망증, 걷기 어려워지는 관절염 같은 질병이 밀려오기 마련이다. 신체적 기능이 정상적일 때 노인의 이동성과 독립성은 보장되지만 그렇지 않으면 은둔의 와상(臥床) 상태로 빠져들고 결국 틈만 나면 가족을 성가시게 하는 존재가 된다.

셋째는, 심리적 · 정서적 감정의 상실감이 없어야 한다. 심리적 안녕감은 노후에 겪는 정신 및 신체적 건강, 사회적 고립감 등을 극복할 수 있는 동기를 부여하고 극복할 힘을 제공한다. 그러나 많은 노인들이 심리적 정서적 상실감과 스트레스를 받으며 슬픔의 대열에 묶여 있다. 외부 요인은 경제(수입)의 감소, 진료비 증가, 가족들의 질병과 사망, 사회에서의 고립 등이다. 내부적 요인은 생활만족과 충만함, 사랑받고 사랑하는 것, 희망과 미래에 대한 감각의 퇴화 등이다. 이러한 고령층의 심리적 노화 감정은 총체적 자아감을 압박하고 평안을 해치며 기본적 자유를 억제한다. 자신의 일상생활의 어려움, 결핍감이 쌓이면서 자아통합감이 떨어지게 되고 결국 노년의 자유는 날아가 버린다.

■ 노년기에 필요한 자유는 무엇인가?

누구에게나 참기 어려운 지옥 같은 감정에 쌓일 수 있다. 늙어가면서 많은 사람들이 죽겠다, 못 살겠다, 억울하다고 외치고 있는데 이는 상실 감정이거나 자유가 억압된 상태의 비명과 다름 아니다. 그러면 이런 상태에서 벗어나는 노년기에 추구할 자유란 무엇인가? 노인에게는 독립성과 자율성, 존엄성을 잃지 않는 것이 자유의 전제다. 다른 노인들이 누울 때 나는 일어나야 하는 것이 자율 자립과 존엄성을 지키는 것이 진정한 노인생활이다. 운명에 끌려가는 사람, 운명을 이끌고 가는 사람 사이에는 자유를 느끼는 감정이 다를 것이다. 늙었다고 운명에 끌려가게 되면 자유는 오지 않는다. 따라서 노년기에 추구할 자유에는 아래와 같은 것들이 보장되어야 한다.

첫째는, 노년기의 자유는 삶의 과정에서 스스로 결정을 내릴 수 있는 자유다. 크고 작은 '선택의 자유(freedom of choice)'와 노년 후기에 닥치는 '선택의 인지자유(perceived freedom of choice)'다. 전자는 가정 내 크고 작은 일부터 자신의 일과를 정하고 행동하는 자유다. 점심을 먹는 것, 옷을 가려 입는 일, 남의 도움을 받지 않고 스스로 생활할 수 있는 자유다.(Carter, 2004) 후자는 거동이 불편해지면서 병원을 가는 일, 의사와 간병인을 선택하는 일, 임종 시 자신의 죽음의 선택권까지 포함 하는 자유다.(The Mental Elf, 2013)

둘째는, 자신을 해치려는 범죄로부터의 자유다. 노년후기로 접어들면 내 몸은 더 이상 나만의 것이 아니다. 늙으면 아픈 것이다. 나이 들수록 남의 도움이 필요해진다. 그렇게 될 때 도덕적 분노가 있지만 사회나 가정이 내 몸을 가두고 생채기를 낸다. 육체적·정신적 학대가 가정이나 사회로부터 계속 일어나고 있다. 노인 학대나 재산 착취가 빈번히 일어나고 있다. 치매에 걸린 어머니를 마치 괴물처럼, 시어머니를 도로변에 버리는 개판도 벌어지고 있으니 말이다. 때로는 간병인으로부터의 인격적 모욕을 당하기도 한다. 신체적·언어적 연령 차별이 광범위하게 벌어지고 있다. 2011년 유엔사무총장의 제2차 고령화에 관한 세계총회 후속보고서는 노인들의 권리와 관련해 4가지 사안을 강조하고 있다. 그것은 ▶빈곤과 부적절한 생활조건, ▶나이와 관련된 차별, ▶폭력과 학대, ▶특별한 보호 장치 및 서비스의 부족 등이었다.

셋째는, 실수 혹은 실패할 수 있는 자유이다. 노년기에는 알게 모르게 실수를 할 수 있다. 실패란 항상 있는 것이고 인간은 그것을 받아들고 실패를 통해 지혜를 얻는 것이다. 노인들의 실수는 일반적이다. 노인들의 유쾌한 망가짐은 오히려 신선하다. 어쩌면 노인은 '원칙 없는 삶'도 바람직할 것이다. 사실 빈틈없이 실패 없는 노인보다 곳곳에서 구멍 난 노인이 오히려 노인답기도 하다. 명나라 말기 유학자 육상객(陸湘客)이 말한 대로 최선을 다했으나 실패하더라도 태연스럽게(失意泰然) 받아들이는 것이다. 물론 늙어가면서 실수를 줄여야 한다. 늙어서는 이기적인 것, 무엇이든지 할 수 없다는 것을 피해야 한다. 사소한 실수라도 큰 화를 입을 수 있는 것이 노인이다. 젊은 사람들은 다시 일어설 수 있지만 노인들은 그럴 만한 시간이 없기 때문이다.

넷째는, 사회로부터 노인으로서의 존중과 영광을 받을 자유다. 노인은 우리 헌법뿐만 아니라 세계인권선언, 국제인권규약이 보장하고 있는 보편적 인권의 주체이다. 노인들이 다른 연령집단과 다름없이 누려야 할 보편적 인권이 위협받아서는 안 된다고 했다. 사실 노인들은 젊은이로부터 혹은 가정으로부터 학대는 물론 무관심 대상이다. 노인에 대한 '존중문화'가 사라지는 형국이다. 그러니 노인 스스로도 품위 있게 늙어야 한다. 노인은 박수치는 소리에 취할 나이가 아니다. 박수를 원하는 것은 명성의 노예가 된 것이다. 남으로부터 존경과 영광을 받으려고 할 것이 아니라 스스로 만들어 가는 것이 인격적 품위 유지의 올바른 자세이다.

그렇게 보면 문제가 쉽게 풀린다. 젊음의 자유를 갈구하기보다는 새로운 종류의 늙어 감에서 챙겨야 할 자유를 찾는 것이 현실적 삶이다.

존 레인(Lane, 2010)은 노년기의 즐거움은 매 순간에 감사하며 자유를 누리며 사는 것이라고 했다. 도가(道家)의 사상가 장자(莊子)가 말하는 무위(無爲)라고 할 수 있다. 무위란 억지로 하는 일 없이 행하는 것이다. 그렇다고 은퇴해서 아무 일 없이 노는 것이 자유가 아니다. 남의 간섭을 받지 않으려면 자신의 자발성, 능동성, 현명함을 잃지 말아야 한다. 노인으로서의 권위만 내세우면 자신도 모르게 사회와 가족들을 피곤하게 만든다. 그러면 존경을 받지 못한다. 공자는 말했다. "남이 자신을 알아주지 못할까 걱정하지 말고 내가 남을 제대로 알지 못할 것을 걱정해야 한다."고 했다.

■ 자유에 대한 자기인식의 문제

자유를 위해서 당신은 고독해 본 적이 있는가. 사람들은 "인생을 백년도 채 살지 못하면서 천 년 어치의 근심을 한다"(人生不滿百常懷千歲憂)는데 당신은 지나친 욕망으로 인해 '욕망으로부터의 자유'가 필요하지는 않은지 성찰해 볼 일이다. 마음속으로 상상하는 욕망들이 현실적으로 실현 가능성이 없다면 욕망 자체를 버리는 훈련이 필요하다. 노인으로서 자유를 확인하고 성취하기 위해서는 자신의 문제로부터 접근해야 한다. 당신의 부자유스런 감정이 최악인가, 능동적으로 해결할 수 있는가, 아니면 타인의 도움이 필요한가? 이때 자유를 억제하는 강력한 힘이 있는데 그것은 노후생활에서 겪는 질병ㆍ가난ㆍ무지ㆍ시련ㆍ외로움과 관련된 것이다.

이것들로 인해 인간에게 천부적인 능력인 자아의식ㆍ양심ㆍ상상력ㆍ독립ㆍ자유의지가 훼손된다. 우리의 삶은 불안과 공포의 덫으로부터 벗어날 수 없는 실존적 아픔을 안고 살아간다는 사실에서 자유에 대한 욕구를 조절하고 선택할 필요가 있다. 노인이 됐다고 해서 마냥 자유의 갈구, 미래의 시간에 맡겨두고 살아 갈 일이 아니기 때문이다. 아래 내용은 당신이 자유 실현의 가능성을 검토해 보는 항목들이다.

- 현실적으로 자유를 방해 받고 있다는 느낌이 드는가?
- 나에게는 정말 자유를 누릴 수 있는 가능성이 있는가?
- 나는 억압을 피해서 진정 자유로워질 수 있는가?
- 나는 자유를 얻기 위해 무엇을, 어떤 선택을 할 수 있나?
- 순간의 선택, 일탈, 쾌락을 위한 자유는 아닌가?

그렇다면 하늘 아래 새로운 것을 찾기란 어렵고 자유의 실현이 어렵다면 여태까지 살아온 트렌드로부터 벗어나는 일이다. 노인이 되어서 자신을 구속하는 굴레들로부터 홀가분하게 초연해보자. 젊어서는 조직(직장)이 만들어 놓은 틀 속에서 사는 수동적인 인생이었다면 늙어서는 느긋함과 너그러움, 그리고 관용과 배려, 따스함이 배어 있는 능동적 자유로움이 제일이다. 지금까지 구속된 삶 속에서 살았다면 이제는 '자유'를 능력 범위 내에서 만들어 가는 삶이다. 모든 얽매임 속에서 벗어난 생활을 할 때다. 불평 없이 살아가는 노인들은 자신의 삶에서 해방된 것이요, 욕망의 울타리에서 벗어난 자유인이다. 물론 노인이 되어서는 사회적 규칙과 질서에서 벗어나 제멋대로 무책임한 행동을 말하는 것은 아니다. 자기 방식으로 살아가더라도 남으로부터의 비하 혹은 비난의 대상이 돼서는 곤란하다. 진정한 자유는 단순한 일탈적 감정이 아니라 가족과 사회에 대해 사랑과 신뢰, 열정으로 살아갈 때 행복이 오고 자유로워질 것이다.

결론적으로 노년의 자유는 다른 어떤 가치보다 새로운 의미를 지닌다. 자신의 자유와 독립은 하루생활의 질을 좌우한다. 타인의 자유를 범하지 않는 범위 안에서 자신이 가지고 있는 순수한 욕망이 원하는 대로 따라가는 길이 바로 자유다. 자유인 조르바는 60대 노인이지만 거침이 없었다. 그는 늘 "우리는 자유로움이 있는가, 당신은 자유로운가?" 하는 질문을 던지며 자유를 추구했다.(Kazantzakis, 1981) 일본의 경영의 신으로 불리는 혼다소이치로(2006)는 틀에 묶여 살아가는 만큼 재미없는 삶도 없다고 했다. 주위에 폐만 끼치지 않는다면 자기 생각대로 자유롭게 살아가는 인간의 모습을 얘기한다. 여기서 '폐만 끼치지 않는다면' 전제조건은 누구에게나 적용된다. 홀로서기와 또 함께 서기를 해 가는 것 즉, 인간관계에서 '사이'를 잘 조절하며 살아가는 것이 노년기의 자유다. ⓒ

■ 참고 자료

사이토 준이치.(2011), 『자유란 무엇인가: 벌린 아렌트 푸코의 자유개념을 넘어』, 이혜진외(역), 서울: 한울출판사.

이기영.(1999), 『임제록 강의』, 서울: 한국 불교연구원.

혼다소이치로.(2006), 『좋아하는 일에 미쳐라』, 이수진(역), 서울:부표.

Carter, I.(2004), Choice freedom, and freedom of choice. Social Choice and Welfare, 22. 61-81.

Fromm, Erich.(1965), Escape from Freedom. New York: Henry Holt.

Gramsci, Antonio.(1971), Selection from the Prison Notebook. London: NLB.

Kazantzakis, Nikos.(1981), Zorba the Greek. New York: Simon & Schuster.

Lane, John.(2010), The Art of Ageing. London: Cygnus Book.

Sharansky, Natan A.(2006), The Case for Democracy: The Power of Freedom to Overcome Tyranny and Terror. New York: Public Affairs.

Zizek, Slavoj.(2008), "Masturbation, or sexuality in the atonal world" in Lacan.com
www.egs.edu/faculty/slavoj-zizek/articles/masturbation-or-sexuality.

The Mental Elf(2013), Perceived freedom of choice and experience of cares of older adults with mental health problems,
http://www.thementalelf.net/mental-health-condition/depression/perceived.

신노년시대 노인의 일상과
노년기 쾌락에 대하여

보통 같은 또래의 친구들과 만나면 늙어감에 관해 편치 않은 소리를 한다. 그것은 "요새 살맛이 없다."는 것이다. 어쩌다가 아내에게 잠자리를 요구해도 "에이, 늙어서 뭐 그래?" 하며 핀잔을 받는다. 자주 실망감에 쌓이면서 "이게 내 마누라 맞아?" 하는 기분이 든다. 핑크빛 포옹이 언제인지도 모른다. 길거리의 여자를 보던 뜨거운 시선도 없어졌다. 사실 예쁜 여자를 보고 깜짝 놀랐던 젊은 시절이 있었지만 이제는 도끼자루가 썩어문드러진 기분이다. 조그만 즐거움도 날아가 버리니 더 이상 재미가 없어진 것이다. 하지만 숫누에가 고객숙인 남자를 살린다는 광고에 끌려가는 노인들이다. 늙은 남자가 되고 싶지 않은 것이 노인들의 솔직한 심정일 것이다.

그러면 노년기에 즐거움(쾌락)이란 무엇인가? 뭐니 뭐니 해도 쾌락의 최종심급은 이성에 대한 사랑일 것이다. 쾌락은 자연적으로 수반되는 몸의 반응이다. 감각적인 쾌락은 그 자체로 인간을 기쁘게 하는 마약과 같은 것이다. 현대 심리학은 삶의 만족도에서 건강한 몸을 즐거움의 주체로 평가한다. 현재의 높은 행복의 수준은 더 많은 부와 건강, 만족한 사랑과 깊은 관계가 있다고 했다. 행복은 즐거움에서 온다. 즐거운 일상의 활동이 삶의 만족으로 이어지고 행복의 증가로 이어진

다.(Sheldon & Lyubomisky, 2006)

그러나 끝없는 쾌락은 불가능하다. 아무리 좋아도 지속적인 만족감을 추구하기는 어렵다. 또 도덕과 명예, 정의로운 생활을 중시하는 한 즐거운(쾌락) 생활은 한계를 갖는다. 쾌락을 즐기면서 현명하고 명예롭고 바르게 살아가기는 어려운 것이다.(Epicurus Principal Doctrine) 극단적으로 말하면 쾌락은 인생의 끝(telos)이다. 즐거움은 육체적 고통과 영혼으로부터의 자유이다. 하지만 기쁨은 적지 않은 고통과 희생을 수반한다. 진정한 쾌락은 고통을 피하는 것이며 지속적인 쾌락은 없다. 그러면 이런 의문이 따른다. '쾌락, 즐거움의 반대는 고통인가?' 하는 점이다

■ 쾌락이란 무엇인가?

흔히 죽음까지 마다하지 않는 쾌락(pleasure)이란 무엇인가. 쾌락이란 감정의 상태가 기쁘거나 만족한 것, 관능적인 만족이나 환희, 자신의 취향이나 소원이 이뤄지는 상태를 의미한다. 그러나 현대적 의미에서 쾌락은 관능적인 몰입, 향락으로 연결되는 경향이 강해지면서 쾌락주의(hedonism)라는 용어로 나타난다. 쾌락주의는 쾌락이 인생의 목적이며 최고선이라고 생각하는 철학적 조류다.(Dolson, 1920) 쾌락주의는 무엇에 몰입하는 것으로서 최적의 지속적인 쾌락의 경험은 원자론적(atomist) 철학과 관련되어 있다. 특히 에피쿠로스(Epicurus)의 이름에서 유래하여 쾌락주의를 에피큐리어니즘(Epicuruean)이라고도 한다.

그래서 우리가 쾌락을 말할 때 그리스 철학자 에피쿠로스(Epicurus)를 빼놓을 수 없다. 에피쿠로스가 오랜 사유 끝에 얻어낸 결

론은 쾌락이기 때문이다. 에피쿠로스는 즐겁게 살지 못하면 지혜롭거나 바르게 살 수 없다고 외쳤다. 가장 좋은 삶이란 행복한 삶 즉, 쾌락으로 가득 찬 삶이라고 암시한다. 하지만 우리는 핵심적인 쾌락에 대한 올바른 이해가 부족한 듯하다. 인생의 목적은 쾌락추구에 있는데 그것은 자연적인 욕망의 충족이며 명예욕, 금전욕, 음욕의 노예가 되는 것이 아니라는 점에서 그렇다. 가령 비싸고 맛있는 음식을 찾아 먹는 것, 마음에 드는 이성과 불타는 하룻밤을 보내고 또 다른 여성에게 눈을 돌리는 것, 이런 식의 감각적 쾌락이 과연 에피쿠로스가 말하는 쾌락인가 하는 의문이다.

그 대답은 물론 아니다. 이런 것들은 잠시 행복감을 주는 듯하다가 고독으로 인도하는 감각일 뿐이다. 에피쿠로스가 말하는 쾌락은 자기 자족감이다. 자기가 밥을 짓는 것, 반찬을 만들고 스스로 가꾼 채소도 먹으면서 느끼는 즐거움이야 말로 에피쿠로스적 쾌락이다. 개인적으로 각자 자신의 행복을 추구하면서 자기 방식대로 즐거움을 만들어가는 것이다. 동시에 자신의 쾌락을 위해, 마음의 평화와 안정을 얻으며 살아가되 적어도 이웃에 대한 침해가 없어야 한다는 점이다.

다시 말해 즐거움, 쾌락을 육체적으로 보는가, 정신적인 것으로 보는가, 아니면 자기만의 쾌락으로 하는가 혹은 집단의 즐거움으로 보는가의 문제가 있다. 문제는 쾌락(향락)을 추구하되 그로 인한 도덕적 문제를 다루는 윤리영역이 쾌락주의의 주요 핵심이다. 욕구를 충족시키려면 결국 도덕법칙과 충돌한다는 얘기다. 개인적으로 어떤 쾌락이던 간에 즐기는 만큼 위험과 고통이 있으며 도덕윤리 문제가 따르게 마련이다. 결국 쾌락의 질은 모든 고통을 제거하는데 따라 달라진다. 쾌락이나 행복감은 경험적인 것으로써 쾌감 자체는 선한 것도 악한 것도 아니다. 적어도 쾌락을 추구하되 몸이나 마음에 또는 둘 중에 하나는 통증 내지 고통이 없어야 한다.

■ 쾌락과 도덕적 가치와의 충돌

쾌락의 논쟁은 매우 오래 전부터다. 기원전 3세기에 살았던 에피쿠로스(341~270BC)의 쾌락의 철학(Epicurus' Philosophy)적 논쟁은 지난 2000여 년 동안 계속되어 왔다. 그 이유는 쾌락이 도덕적 가치를 거부하는 경향이 강하기 때문이다. 에피쿠로스가 강조하는 '편치 않은 쾌락'이다. 그래서 쾌락과 고통은 인간의 도덕의 중심주제 중에 하나다. 사람들은 쾌락을 추구하면서 동시에 이로 인한 고통을 피하려고 한다. 쾌락은 고통 없이 우리 몸과 정신 마음에 평화를 가져다주는 것이어야 한다. 미덕의 추구 및 영혼의 평안은 개인의 즐거움 만들기에 달려 있지만 고통을 조절할 수 있어야 한다. 또 자신의 즐거움을 다른 사람에게 의존하는 즐거움은 이웃이나 가족들에 손상을 가할 수 있다는 점에서 조심하는 쾌락이다.

사실 인간의 본성은 욕망 그 자체이다. 중국 전국시대 도가(道家) 사상가 열자(列子)는 "인생 백 년에 유년기로부터 노년기까지 괴로움과 걱정으로 보내는 세월을 빼면 즐길 날이 얼마나 될까? 이 세상의 즐거움은 좋은 옷, 여색과 가무 외에 또 무엇이 있겠는가? 도덕이나 법률에 억매며 이 즐거움은 얻지 못한다면 감옥의 죄수와 무엇이 다를까?"라고 한탄한다.(열자, 2011) 열자 역시 도덕윤리와 쾌락의 충돌을 얘기하면서 쾌락의 본성을 무시할 수 없음을 암시한다.

쉬운 말로 윤리를 따르자니 쾌락이 희생되고, 쾌락을 따르자니 윤리도덕이 걸린다. 이러한 갈등은 현대인들에게는 더욱 고민거리다. 열거할 수 없는 포르노그라피, 성의 해방구 속에서는 이런 갈등은 더 깊어만 가기 때문이다. 도덕 윤리 엄격성이 강조되지만 순결이데올로기에 대한 쾌락적 괴롭힘, 강간, 편견, 성 착취가 일어나고 있다. 형식상 '합의 강간'이나 강제적 추행은 신체 강탈자들의 타인에 대한 침입으로

이 같은 성의 향연은 전 지구적으로 계속 일어나고 있다.

그런데 이런 쾌락에는 높은 쾌락(higher pleasure)과 저급한 쾌락(lower pleasure)으로 나눠진다. 전자는 마음의 즐거움, 지적, 미적의 감정이고 후자는 몸의 즐거움, 섹스, 음식 등 물질적 욕구를 충족시키는 즐거움이다.(Hales, 2007) 계산되는 의식의 쾌락보다는 감각적 무의식의 쾌락이 더 강하게 작용한다. 의식이 작용하는 쾌락은 보다 높은 쾌락으로 상승하지 못하지만 무의식적 쾌락은 두려움 없는 저급한 쾌락, 퇴폐로 빠질 수 있다. 무의식적 쾌락은 현명한 이성과 달리 감각적 쾌락을 무시하거나 통제하기 어렵다. 즐거워하는 행동은 마음을 나타내는 원초적 본능이지만, 마음의 평화와 정신적 웰빙은 철학 혹은 종교 생활을 통해 가능한 영역이다.

문제는 쾌락이 의식, 무의식적으로 고통과 불안감을 동반한다는 사실이다. 쾌락으로 인한 생활의 손실은 무엇인가 하는 점이다. 이른바 경제학에서 말하는 기회비용(opportunity cost in economics) 같은 것이다. 각자 선택에 따른 위험이 있는데 하나를 선택하면 나머지는 포기하거나 희생해야 한다. 골프 황제로 이름난 미국의 타이거 우즈는 다른 여성들과 바람을 피우다가 아내 (Nordergren, 30세)와 이혼하면서 이혼 위자료로 1억~7억5000만 달러(약 1,200~9,000억 원)를 주었다는 것이다(조선일보, 2010. 8. 25)

의심할 여지없이 당신은 자신이 원하는 즐거움을 얻을 수 있다. 이때의 즐거움(쾌락)은 어떤 '이미지'다. 즐거움은 수학 방정식이 아닌 감정의 문제다. 욕망은 끝나지 않는 감정의 기표이다. 그러나 생물학적 감정으로 자연적이고 순진한 파트너를 얻어 잠자리를 할지라도 곧 즐거움은 잠깐이고 이어 허전한 기분이 들며 '즐겁지 않은 기분'에 빠질 것이다. 그런 점에서 우리 삶의 성공을 위해서는 미래의 행복을 추구하는 현실적인 균형 감각이 필요하다. 철학 자체보다는 실제적으로 지혜를 통해 소중하게 다뤄야 할 실천적 지식, 즉 프로네시스(phronesis)다. 쾌락적 욕망을 제대로 조절하지 못할 때 오는 갈등, 스트레스는 자기가 잘 관리하지 못하기 때문이다.

그러면 쾌락에 대한 에피쿠로스의 생각이 옳은가? 누구의 생각이 옳은가? 에피쿠로스는 즐거움 자체보다는 기쁨으로부터 오는 '고통'의 문제 해결에 관심을 가졌다. 고통이 따라오는 쾌락은 기쁨이 아니라는 지적이다. 어려운 목표를 달성하고 역경을 극복하면서 오는 즐거움이 진정한 기쁨이라는 것이다. 단순히 식도락 같은 쾌락은 불완전해서 계속 보완이 필요하다. 즐거움을 추구함에 있어서 다른 사람들에 대한 배려와 이웃에 대한 공감이 있어야 한다는 점에서 에피쿠로스의 진단은 옳은 것이다.

■ 현대 성문화와 성적 쾌락

쾌락의 중심 키워드는 '성적 쾌락'인 것만은 확실하다. 일반적인 경우 감각적·육체적 쾌락을 중시하는 경향은 예술·영화 등 많은 텍스트에서 볼 수 있다. 사랑, 섹스는 우리 생활에서 영원한 관심이고 퇴폐적 성문화에 빠져들기도 한다. 이러한 쾌락주의와 비슷한 퇴폐주의 사조는 르네상스 시대 이후 예술·문학들에 큰 영향을 미치며 오늘에 이르고 있다.(Ackroyd, 2007) 쾌락을 추구하는 사람(pleasure seeker)들은 미래지향적인 것보다 현재의 현실적 쾌락으로 관능적, 찰나적 욕구를 추구하는 것이 특징이다.

대단히 시사적이지만 쾌락의 원칙은 없다. 훌륭한 사랑 방식은 존재하지 않는다. 인간의 무지와 고통을 가져 오는 것 중에 하나는 쾌락에 집착하는 태도다. 그러므로 성의 담론은 끝이 없다. 온갖 성의 생산양식들인 변태, 동성애, 복장도착증, 마조히즘 같은 타락 요소들은 사실 역겨운 짓들이지만 우리 침실생활에 깊숙이 들어와 있다. 생물은 지속적으로 교미하지 않지만 인간은 무차별적으로 역겨운 섹스를 즐기는 동물로 비춰진다. 동물들은 번식능력을 잃으면 오래 살지 못한다고 하는데 인간은 좀 다른 듯하다. 늙었어도 몸을 가꾸며 섹스를 숨김없이 즐기려 한다. 낭만적인 사랑을 지겨워한다. 커피포트 물처럼 뜨거워지지만 그러나 빨리 식어버리듯이 사랑도 이와 같은 것으로 여긴다.

다시 말해 성적인 혐오감과 정서적 로맨틱한 사랑 사이에는 경계가 없는 듯하다. 시간과 장소에 따라 성을 향한 행동은 다양하다. 밤은 욕망이 지배하고 낮은 이성이 지배한다. 허니문 여행에서 갖는 섹스는 부끄러우면서도 경이로운 감정을 느낀다. 잘 정돈된 침대, 우아한 침실에서 사랑을 나누는가 하면, 마구간이나 헛간 혹은 음침한 산골짜기에서도 짝짓기를 한다. 그런가 하면 혼자 고독해서 인터넷 포르노사이트나 섹시 걸 사진들을 들춰보며 자위행위를 한다. 사이버 공간에서는 정상적인 섹스와 달리 변태적인 구강·항문성교까지 벌린다. 프로이드는 항문 쾌감에 대하여 말한 바 있다. 인간이 최초로 느끼는 성적 쾌감은 대변 배설과 같은 저급한 활동에서 나온다고 했다.

그렇다면 저급한 퇴폐적 성행위의 해체는 어디까지일까? 이에 대한 답은 멀리 있지 않다. 일본 영화 《나라야마 부시코》(1983)에서는 욕망을 채우지 못하는 젊은이가 개와 그 짓(獸姦)을 하는 모습을 보인다. 영화 《먹고 기도하고 사랑하라》(2010)에서는 31살의 여자가 정해진 일상에서 과감히 벗어나 진정한 행복을 찾아 나선다. 이탈리아에서 잘 먹고 즐기고, 인도에서 명상 기도하고, 발리 해변에서는 멋진 남자를 만나 사랑하고 섹스 하는 것, 이런 모습들은 누구나 꿈꾸는 유토피아처럼 다뤄진다.

더구나 요새는 후기자본주의 시대로 들어와 영혼과 쾌락이, 현실과 초월성이, 즐거움과 놀이가, 쇼핑과 광고가 결합되어 인간의 모든 금기를 해체하고 윤리와 규범을 넘는 즉각적인 만족을 추구하는 시대다. 성(性)도 일종의 소비문화 속에서 하나의 상품이요, 소비품목으로 변질되어가는 시대다. 아니 근대의 생명공학, 분자생물학은 인간의 죄, 죽음, 영혼 문제 등 신(神)의 영역까지 연구 주제로 확대하고 있다. 정신과 몸의 이원론을 극복하며 하나로 통합되는 일원론적인 쾌락의 몸으로 모아가고 있다. 몸의 섹슈얼리티, 몸의 가치를 높여가는 것이 마치 영적인 완성처럼 부추긴다.

이러한 경향은 특히 사이버 공간에서 넘친다. 사이버 상에서 보이는 몸의 상품화, 성의 세속화, 폭력적 영상물들은 문명사회의 도덕, 윤리, 종교적 가치를 무색케 한다. 몸의 해체, 성기의 반응, 내장의 움직임까지 노출시키며 성적 자극을 유도하고 있다. 사이버 섹스를 통해 쾌감을 느끼는 사이버 상 절정감의 경험(experience of cyberpeak)을 유도하거나 세상의 쾌락을 경험하는 것 이상의 사이버오르가슴(cybergasm) 시대로 치닫고 있는 모습도 보인다.

말을 바꿔서 사람들은 쾌락을 추구하면서 성도덕(性道德)에 내재된 이성적 생동과 본능적 행동, 욕망/금지, 포기/실행이라는 2분법에서 혼란을 겪는다. 그리고 여성 몸 전체를 삼키려는 듯한 욕망 뒤에는 두려움이 생기면서 스스로 통제하는 섹스를 하게 된다. 그럼 점에서 도덕과 윤리 진실은 인간의 절제할 수 없는 욕망을 방해한다. 이성과 육체적 감정 간에, 그리고 즐거움과 자기 통제 간에 갈등이 생기게 마련이다.

> ◐ 정신 = 이성(理性) = 금욕 = 자기통제
> ◐ 육체(몸) = 욕망 = 성(섹스) = 즐거움(쾌락)

사실인즉 그렇다. 우리의 욕구가 충족되면 쾌락을 느끼고 행복해 한다. 문제는 인생에서 쾌락이 몇 퍼센트(%) 정도 충족돼야 좋을까? 60~70%정도? 아니 충분히 즐기려면 80~90% 쯤 되어야 할까? 그러나 이러한 욕망의 확대, 즐거움의 극대화 노력은 끝이 없는 무한적 욕구 다. 죽어야만 끝나는 기표다. 사랑이란 원래 이성으로 설명할 수 없는 논리적 오류이고 오판일 수 있다. 또 당신은 장미꽃밭에서 놀다가 개 똥 같은 존재가 될 수 있다는 사실을 잊지 말아야 한다. 원래 사랑이 아 름답지만 고통의 냄새가 늘 나게 마련이다.

그러면 쾌락을 어떻게 조절할까? 철학자 칸트(I, Kant)는 인간이 성 의 불안상태, 음란한 세상이 올 것을 걱정했다. 사회는 물론 가정의 평 화가 깨지지 않도록 하는 것이 큰 관심이었다. 도덕적 법칙을 형식상 으로 의지를 규정하는 것이어서 선천적 욕구를 이길 수 없다는 사실에 서 오직 자기 믿음, 의지의 자유에 달려 있다. 곧 칸트는 '선의지'(good will)에 달려 있다고 했다. 선의지는 어떤 상황에서는 선하고 어떤 때 는 약해진다. 선(善)을 원하면 선해지고 원하지 않으면 악한 것이다. 그러나 선의지는 늘 방해를 받는다. 선의지는 우리의 욕망과 본능적 감정에 의해 퇴색되거나 도덕적 요구에 무감각해진다. 칸트는 이 점을 경계해야 한다고 했다. 그렇다면 누구나 성의 주체성이 깨지기 쉬운 나약한 존재로서 도덕적 법칙과 욕망의 자유의 경계를 잘 확립하는 지 혜, 자기 나름의 엄격한 생활 규칙이 필요한 때이다.

■ 노년기에 쾌락을 어떻게 조절할까?

과연 어른(adults) 혹은 성인이란 누구인가? 간단히 말하면 스스로 이성적으로 선택하고 자기를 통제할 수 있고 결혼할 수 있는 것이 유일한 기준이다. 그러나 어른이 되고 나이를 더해 가도 나는 괴물(동물)인가, 아니면 인간(이성적 존재)인가 하는 혼란을 겪는다. 바보 같은 환상 혹은 영원히 철들지 않은 모습을 보인다. 여전히 아이들처럼 게임을 좋아하고 여자들을 쫓아 헤맨다. 먼저 한 사랑은 진정한 사랑이 아니라며 또 다른 파트너를 갈망한다. 관능적인 성, 나이가 들면서 몸이 늙어가지만 욕망은 여전히 살아남아 꿈틀거린다.

그 비슷함을 넘어서 남성 여성의 사랑과 섹스는 삶의 일부분이고 인생에서 열정과 행복을 주는 의미 있는 관계이다. 젊은 여성들의 초미니 노출 패션은 노인들의 속물근성을 자극한다. 애정에 대한 욕구로서 사랑받는 인생을 살고 싶다. 즐거움에 대한 욕구로서 즐겁고 편안한 인생을 살고 싶다. 70, 80, 90살을 살아도 새로운 로맨스의 진통은 끝이 없는 욕망으로 작용한다. 모든 연령층에서 아름다운 정서적 친밀감은 영원한 것이다.

그렇지만 노인이 되어 사랑에 빠지면 나이 값도 못하는 주책이라고 비난 받는다. 배우자 사별 후 재혼을 한다 하더라도 눈치를 보게 된다. 그러나 노년기 성욕의 억제 논리는 생의 기쁨을 무조건 무시하는 것이다. 성적 노화, 연령에 대한 심각한 오해가 있고 잘못된 것이다. 물론 노인들의 성적 범죄가 비인간적인 행위라고 하지만 너무 노년의 성을 간과하거나 최소화하는 것은 또한 잘못된 개념이다. 인류가 발전하고 문명의 시대에 살고 있지만 99%의 사람들은 사랑의 바보가 아닌가. 쾌락 앞에서는 사람들 거의가 눈먼 바보가 된다는 사실을 부인할 수 없다. 우리 모두가 알고 선택하고 섹스를 하지만 우리는 그것을 안 하는 것처럼 혹은 모르는 것처럼 행동할 뿐이다. 객관적 정신을 요구하면서도 감성적 행동으로 살아가는 나약한 존재들이 인간이 아닌가 싶다.

문제는 노인들의 즐거움, 쾌락의 욕구를 어떻게 추구하고 그것을 해소할 수 있는가의 문제다. 쾌락에 대해 억압도 금지도 아닌 자유와 행복을 위한 자기 사랑 자기애의 본능 말이다. 노화과정에서 오는 고정관념 혹은 종교적 신념을 벗어나 노인들은 성생활을 즐기고 있다는 사실은 여러 실증연구에서 나타나고 있다. 연령차별에서 오는 인간성을 부인하고 노화개념의 문제로서 실패 없는 성생활을 선택하고 즐기고 있다는 연구결과가 많다. 더할나위없이 성적 표현의 자유는 기본인권에 해당하는 개념이다. 노년기에도 희생될 수 없는 것이 성적 자유다. 노인들의 섹스에 대한 관심은 젊은이들과 크게 다르지 않다. 따라서 노년기 성적 즐거움, 행복감을 유지하기 위해서 몇 가지 고려할 요소가 있다.

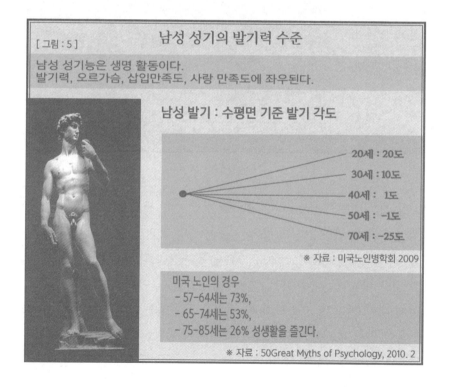

[그림 : 5]

남성 성기의 발기력 수준

남성 성기능은 생명 활동이다.
발기력, 오르가슴, 삽입만족도, 사랑 만족도에 좌우된다.

남성 발기 : 수평면 기준 발기 각도

20세 : 20도
30세 : 10도
40세 : 1도
50세 : -1도
70세 : -25도

※ 자료 : 미국노인병학회 2009

미국 노인의 경우
- 57-64세는 73%,
- 65-74세는 53%,
- 75-85세는 26% 성생활을 즐긴다.

※ 자료 : 50Great Myths of Psychology, 2010. 2

첫째, 성생활을 가능한 지속하는 것이다. 늙는다는 것은 단순히 만족할 만한 성생활의 끝을 의미하지 않는다. 다만 사람들에 따라 육체적으로 친밀도 회수 등에서 차이를 나타낸다. 건강하고 상대방을 사랑한다면 적극적으로 성생활을 즐길 수 있어야 한다. 성생활에 결정적으로 영향을 미치는 요소는 자신의 건강 상태다. 성적인 건강을 유지하는 것이 건강한 노후를 보내는 비결이다.

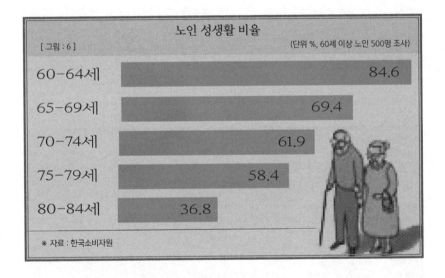

노인 성생활 비율

[그림 : 6]   (단위 %, 60세 이상 노인 500명 조사)

연령	비율
60-64세	84.6
65-69세	69.4
70-74세	61.9
75-79세	58.4
80-84세	36.8

※ 자료 : 한국소비자원

둘째, 친밀도(intimacy)를 유지하는 일이다. 성적 친밀도는 상호 정체성의 유지, 사랑 감정의 공유는 물론 생명과 건강 등 삶의 질에 영향을 미친다.(Chris Rheaume, 2008) 광폭한 속도의 사랑놀이만이 행복한 것은 아니라는 말이다. 늙어서 성교(삽입)에 어려움이 있지만 파트너에 대한 껴안기, 키스하기 등 애정을 표현하는 친밀감의 유지는 즐거움을 만들어 가는 것이고 노인들의 부부생활이다. 그리고 파트너와의 의사소통이 중요하다.

셋째, 발기부전 등 질병을 피해야 한다. 남자들은 발기부전, 조루, 낮은 리비도, 전립선염, 또는 페로니(peyronie) 질병들을 앓는다. 특히 발기부전은 40세의 남성은 약 5%, 65세 이상은 15~25%이 고통을 받는다. 뿐만 아니라 발기부전은 사정(射精)에 문제를 일으킨다. 남성들의 사정(ejaculate)에서 보면 청년기의 사정거리는 50~60cm에 이르지만 노년기는 10cm에도 이르지 못한다. 그렇다고 노화에 따른 불가피한 현상은 아니다.(helpguide.org)

넷째, 성적 감정을 잘 유지하는 일이다. 남성들의 성적 욕망을 방해하는 것은 낮은 테스토스테론(testosterone)으로서 노인들에는 일반적인 현상이다. 원인은 피로감 신체적인 노쇠 성욕의 감소와 관련된 것이다. 여성들은 섹스에 대한 무관심, 성적 흥분의 불감증, 질의 건조증, 오르가슴의 느낌 부족, 성교 시 통증 등이 좌우한다. 하지만 사랑의 행위는 성공적 노화, 건강 유지에 도움이 된다. 성생활 부재는 근원적 상실감을 가져다준다는 점에서 노년기에도 성적 감정을 잘 만들어가는 것이 행복의 지름길이다.

다섯째, 파트너와의 성관계가 어렵다면 자위행위도 가능할 것이다. 자위행위(masturbation)는 혼자 하는 섹스 행위다. 자위행위는 때로는 성적 욕구를 해소할 수 있는 방법이다. 더구나 배우자를 잃었다면 애정 결핍은 큰 고통이라는 점에서 자위행위는 필요하다. 그 이유는 ▶성적 쾌락은 사람마다 타고난 권리이기 때문이다. ▶자위행위는 최고의 안전한 섹스 때문이다. ▶자위는 자기 사랑의 즐거운 표현이기 때문이다. ▶자위는 생리적 욕구의 완화, 스트레스 감소, 엔돌핀 증가, 강한 골반근육 전립선, 간염의 위험을 감소시키는 의료적 이점이 있기 때문이다. ▶자위는 심장, 혈관 운동을 돕기 때문이다. ▶자위는 성적 반응을 증가시키기 때문이다.(Zizek, 2008) 말인즉 쾌락의 자기관리는 물론 아무리 성욕이 강하더라도 파트너가 없으면 할 수 없는 일이다. 궁한 나머지 창녀를 찾아갈 수 없는 일이니 그렇다.

결론적으로 완벽한 솔루션은 어렵지만 즐거움은 창조적인 삶의 원천이다. 혹자는 이 글을 읽으면서 "에이 뭐 그걸 모르는 사람이 어디 있어. 뻔한 소리로 말장난이냐?" 하는 비난이 있을 수 있다. 그러나 성공적인 노화는 건강, 욕망과 쾌락, 일상생활의 조화를 위해 다시 한 번 깊은 성찰이 요구 된다. 늙어가면서 사랑의 신경생리 기능을 활성화시키기 위해서다. 늙었지만 무심하듯 시크릿하게 즐기기 위해서 말이다. 말년의 사랑이 곧 창백한 불꽃만은 아닐 것이다.

그러나 조심할 것이 있다. 쾌락의 근원인 성욕은 알코올, 게임, 식욕, 쇼핑 등과 동원동색이다. 여기서의 공통점은 즐거움, 쾌락이다. 늙어서는 신체적 · 경제적 고려 없이 쾌락의 추구는 오 · 남용이 될 수 있다. 쾌락과 윤리가 분리가 없이 하나로 묶이는 현실에서 저급한 쾌락을 구분하는 지혜가 요구된다. 쾌락과 윤리적 관계는 자기 책임의 문제다. 사랑은 애착을 가져오지만 지나친 쾌락에 빠지면 그 상대를 사랑의 대상이 되기보다는 착취의 대상이 된다. 사랑을 만들어가되 구속하지 않는 사랑이 바람직 할 것이다. ⓒ

■ 참고 자료

열자.(2011)『열자 – 列子』, 김학주(역) 서울:연암서가.
Ackroyd, Peter.(2006), 1001 Books You Must Read Before You Die.
London: Octopus Pub. Walter Pater(1986), Marius the Epicurean: His Sensation and Ideas. London: Macmillans Co.
Chris Rheaume, R N.(2008), Sexuality and Intimacy in Adults. Geriatric Nursing, 20(5), 342-349.
Hales, Steven D.(2007), Beer and Philosophy Oxford: Blackwell.
Lane, John.(2010), The Art of Ageing. London: Cygnus Book.

Dolson, Grace Neal.(1920), Hedonism, in Encyclopedia Americana.,
and Wikipedia, ‹Hedonism›.

Sheldon, K. M., Lyubomisky, Sonja.(2006), How to increase and sustain positive
emotion: The effect of expressing gratitude visualizing best possible selves.
The Journal of Positive Psychology, 1(2), 73-82.

Zizek, Slavoj.(2008), ≪Masturbation, or sexuality in the atonal world≫ in Lacan.
com

www.egs.edu/faculty/slavoj-zizek/articles/masturbation-or-sexuality.
www.helpguide.org/elder/sexuality
http://www.epicurus.net/en/principal.html.
http://philosophy.lander.edu/ethics/epicurus.html.
www.epicuruean.org/into.html/08/04/98

◐ 노인문화는 노인집단의 정체성에 따라 나타나는 구성원들의 생각,
행동, 존재감을 의미한다. 노인문화는 자신들 문화에 대한 헌신,
이해, 도전, 정신적 유대감 등을 포함한다. 그래서 노년문화는 젊은
시절부터 노인에 이르는 전 과정을 통해 개발되고 평가되어야 할
영역이다. (본문 중에서…)

신노년시대 노인의 일상과
노년기 달력나이에 대하여

우 리는 어떻게 나이가 드는가. 한 해 두 해 더해가는 세월이 즐겁지 않을 것이다. 할아버지라고 부를 때 어떤 생각이 들었는지 생각해 보라. 나이 때문에 무엇을 할 수도 있고 못할 수도 있는 것이 우리들의 삶이다. 생각하기 나름이지만 우리 사회에서 어른의 개념이 무엇인가? 그리고 노년기 나이에 대해 정형화된 시각으로 나이를 구분하는 것이 옳은 것인가 하는 논쟁도 벌린다.(Small, 2011) 혹시 당신이 늙어가면서 '나는 늙었다.' 아니면 '나는 아직 젊다.'고 생각하는가? 꽃다운 10대의 순수함, 청년기에 격렬함, 중년기의 중후함, 노년기에 원숙함이라는 표현이 있지만 과연 언제쯤부터 노인이라고 할까? 60, 70대부터일까? 이와 관련해 햇수 나이로만 성인을 평가하는 것이 옳지 않다는 시각이 지배적이다.

나이에 따라 인간 발달과정이 형성되고 순간순간 꿈을 향한 열정과 도전 의식이 변한다. 플라톤은 여든 한 살까지 저술활동을 했다. 모짜르트는 8살에 교향곡을 썼다고 하고, 빌게이츠는 마이크로소프트(MS) 회사를 창립할 때 나이가 19살이었다고 한다. 리바이던(Leviathan)을 쓴 홉스(T, Hobbes)는 63세에 중풍 증세가 심해지면서 손으로 글을 쓸 수가 없어서 필경사를 고용해 글을 썼다. 뉴욕필하모니 음악감독을 지낸 로린 마젤(Lorin Maazel)은 80세에 2012년 뮌헨 필하모닉의 상임지휘자로 취임한 영원한 현역이다. 그밖에 80세 노인이 20대 여인과 결혼하는 것이 더 이상 충격적이지 않다. 오히려 질투를 불러일으키는 사건이 되고 있다.

문제는 은퇴 후 남은 시간, 늙어가면서 보낼 10만 여 시간을 어떻게 생산적으로 보내느냐이다. 남은 인생을 어디로 안내할까 하는 불안감이 누구에게나 다가온다. 내 나이 70, 80, 90살을 살지만 언제까지 살수 있는지 아는 방법은 없으니 말이다. 생명의 길이는 내가 정하는 것이 아닌 신의 영역이다. 다만 내가 분명히 알 수 있는 것은 생존할 시간이 많지 않다는 사실이다. 이런 미지의 시간은 노년기의 정신상태, 인지능력, 사회적 관계 등에서 그리고 장애에 따라 좌우된다.(www.apa.org) 성공적 노화조건들이 충족될 때 자연스럽게, 편안하게, 즐겁게, 후회없이 살아 갈 수 있다.

그런데 고령의 시기에는 기본적으로 ▶의학적 관점에서 고령을 병리학적 장애 시기, 노쇠의 시기로 본다. ▶고령의 나이까지 살아 있다는 것이 복(福)이라거나 신의 사랑의 징표로 생각하지 않고 단순히 정신적 육체적 능력이 쇠퇴한 것으로 인식한다. ▶평균수명 증가 속에 노인들은 사회적으로 부적합한 사람들일 뿐이다. 말인즉 노년기에는 신체적·정신적 고통으로 인해 그림 같은 미소로 세상을 볼 수 없는 외로움, 마음의 병(심통)이 찾아오게 마련이다.

■ 진짜 나이란 무엇인가?

혹시 "내 나이가 진짜일까?" 하고 의심해 보지는 않았는가. 사실 우리는 매일 내 나이를 헤아려 보면서 육체의 변화를 느낀다. 어떤 이는

60살을 넘겼지만 40대 청년 같은 모습을 유지한다. 그래서 요새 환갑잔치를 하는 가정이 없을 정도다. 음식점에서는 환갑잔치 예약을 받는 일이 거의 없어졌다. 노인정에서 커피 끓이는 막내가 70살쯤 된 젊은 노인들이다. 보통 75세가 돼야 경로당에서 노인 취급을 해준다. 전에는 노인들이 어른 대접을 받으려 했지만 요즘은 노티는 질색이고 심지어 할머니, 할아버지 호칭조차 싫어하는 분위기다. 이쯤 되니 노인의 기준을 65세 혹은 70세로 올려놓는 것을 고려해 볼 때가 되었다.

그런데 나이는 개인의 생애과정 및 건강상태, 사회활동 여부에 따라 나이를 나눠보기도 한다. 습관적으로 달력 나이(출생이후 햇수)를 비롯해 육체적 나이, 건강 나이, 정신적 나이, 사회적 나이 등 4가지가 그것이다. 즉 ▶햇수 나이는 출생이후 살아온 햇수(달력)의 나이다. ▶육체적 건강 나이는 늙었어도 육체적으로 모두 건강한가의 척도이다. ▶정신적 나이는 늙었지만 꿈과 열정, 비전을 가지고 있는지 여부에 따라 판단한다. ▶사회적 나이는 늙었지만 사회적 지위와 역할을 잘 유지하고 있는가를 보는 것이다. 다시 말해 장수 사회에서 생물학적 나이(육체적 나이) 만으로 판단할 수 없다는 주장이다. 나이를 먹어도 육체적으로 정신적으로 건강한가(건강수명)를 중시하는 것이 노년학계의 대세다.

■ 나이에 대한 감정 · 부정적 감정

화려한 정원에서 주목ㅈ 받던 꽃의 시절이 지나갔다. 80, 90년 써먹은 몸이 자꾸만 아프다고 한다. 시간은 멈추지 않고 간다. 우리는 매일 매시간 매 분 매 초 늙어간다. 60대는 60km로, 70대는 70km 속도로 빨리 지나가는 듯하다. 무심히 흐르는 세월을 두고 어떤 이는 빠르다 하고 어떤 이는 느리다고 느낀다. 때로는 속도를 느낄 수 없이 느리게 오는 듯했는데 '벌써 70대네.' 하며 늙음을 한탄한다. 세월의 흐름이 달라서가 아니라 서로의 삶이 다르기 때문이다.

그런데 노년(older age)의 삶에 대해 추상적 부정적 개념이 작용한다.(Biggs, 1999) 흔히 '나는 늙지 않았다.'고 외치지만 나이는 속일 수 없는 현실에서 나이 때문에 부정적인 인상을 받는다. 장자(莊子)에서 보면 노화의 긍정과 부정을 볼 수 있다. 육체적 노쇠와 죽음에 이른 것은 부정성이요, 도(道)를 체득하고 만물과 소통할 수 있는 능력을 확대할 수 있는 시기로 보는 것이 노년기의 긍정성이다. 그러나 늙어가면서 삶의 선택 여지가 줄어드는 것을 인정하지 않을 수 없다. 아니 노인을 증오하는 세상이다. 더 이상 노인을 위한 찬가는 없는 듯하다.

프랑스 역사학자 조르주 미누어(Minois, 1989)가 쓴 《노년의 역사》에서 신(神)은 노인을 좋아하지 않는다고 했다. 사람들은 노인을 향해 여러 가지 의문의 시선을 보낸다. 노년은 신체의 둔감성, 타성적 활동, 자유의 제한, 희망의 부재, 기억의 상실, 질병과 관련돼 해석한다. 사람들이 나이가 들어가면서 걸음걸이가 느려지고 밥맛도 없어지고 조금만 움직여도 피로해지고 기억도 가물가물해진다. 나이는 못 속인다는 말이 있듯이 눈에 띄게 얼굴에는 검버섯과 잔주름이 늘어나게 된다. 정신적 · 감성적 미숙아요 영적인 성장이 멈춘 상태다.

■ 나이를 정의하기 어렵다

흔히 말하는 '할아버지'라는 네 글자의 의미는 무엇일까? 손자를 봤다고 해서 할아버지인가? 아니면 환갑이 지났다고 해서 노인인가?. 그러나 이제는 60회갑이 곧 늙음의 문이 아니라는 인식이 강하다. 요새는 노인 같은 젊은이, 젊은이 같은 노인들의 모습을 자주 볼 수 있다. 20살의 청년보다 60살의 노인이 더 청춘일 수 있다. 80살이지만 사지 육신이 강건하니 폭발하는 화산처럼 어디든지 뛰어들 마음이다. 50~60대도 동안(童顔)의 얼굴이 인기다. 날씬하지만 피부가 탱탱해서 볼륨감이 넘치는 중년의 여자들도 많다. 물론 단순히 주름이 없다고 해서 젊어 보이는 것도 아니다. 나이에 비해 표정이 맑고 활기가 있는 사람이 더 젊어 보인다. 그래서 나이라는 의미는 점차 정의하기 어려워지고 있다. 나이에 맞게 행동한다는 규범이 점차 없어지고 있다.(Mayer, 2011) 늙음과 젊음이라는 이분법적인 도식도 사라지고 있다. 수명 연장으로 노인이라고 결정 짓는 영역이 애매해진 것이 오늘날의 분위기다.

다만 늙으면 정신적 노화, 사회적 나이가 문제다. 정신이 냉소주의와 비관주의, 패배주의에 빠져 있는 한 당신은 20살이라도 늙은이다. 30살이 되었어도 능력이 없으면 어딜 가도 환영을 받지 못한다. 그러므로 당신이 남다른 의지와 낙관주의적 감정을 가지고 있다면 당신은 80살이라도 청춘의 이름으로 죽을 수 있다는 것이 시인의 메시지다. 즉 사무엘 울만(Samuel, Ullman)의 시(詩) '청춘'에서 "청춘이란 단어는 기간을 말하는 것이 아니라 마음의 상태를 말한다. 그것은 장밋빛 뺨, 앵두 같은 입술, 하늘거리는 자태가 아니라 강한 의지, 풍부한 상상력, 불타는 정열을 말한다."고 했다. 사실이 그렇다. 환갑이 되었다고 여덟팔자 걸으며 어른행사 할 것도 아니다. 60~70대라는 물리적 나이는 산책이나 즐기며 쉬라는 나이가 아니다. 나이 70살이 되면서 묏자리 보러 다니는 것도 못난 사람이 아닐까 쉽다.

여기서 우리는 내 나이를 다시 본다. 내 운명이 어떻게 살았고, 어떻게 늙어왔는지, 그것은 자신이 만든 것이니 이를 안고 살아가야 한다는 사실이다. 또 퇴직을 했지만 일하는 매력은 없어지지 않는다. 누구나 늙었지만 할 일 없이 뒷방에 들어 앉아 있거나 백수로 지내는 것을 원치 않을 것이다. 80살이 되었지만 젊은이들처럼 일하는 노인들이 얼마나 많은가. 늙어서도 뛰지 않고 날고 싶은 심정이 노인들의 열정이다. "나는 늙은 노인이 되고 싶지 않아." 하며 적극적인 생각을 하며 살아간다. 이때 조심할 것은 개인을 둘러싸고 있는 각종 위험을 잘 피하면서 삶의 선택과 현재의 주어진 여건과의 균형을 이뤄가는 삶이 필요하다.

■ 나이를 차별하는 인사로 '연세가 많으시네요.'

사실 외모보다 나이 차별이 심한 것이 오늘의 현실이다. 오래 전부터 유행하고 있는 '나이는 숫자에 불과하다.'는 말은 나이에서 오는 차별을 해소하려는 용어로 이해된다. 나이만으로 늙었다고 치부하는 것을 바람직하지 않다는 뜻이다. 100세 시대가 되면서 시니어 계층도 분명히 신세대임을 반영한다. 늙어가지만 사회 일원으로 젊은이 못지않게 일하고 싶어한다. 각종 취업박람회와 지역 축제에 참가하며 일자리를 구하거나 사회적 참여를 통해 자신들의 존재감을 드러내기도 한다.

물론 나이차별주의(ageism)가 사회적으로 광범위하다. 나이라는 폭력성이 작용하고 있다. 심지어 의사들조차 사회생활을 떠난 상태의 노인들에게 나이차별적이다. 노인들을 건강이 좋지 않은 환자처럼 취급을 하면서 신체적 능력을 과소평가하거나 병이 들어 찾아왔어도 치료조차 관심을 두지 않는 식의 "연세가 많으시네요." 하며 부정적인 늙은이로 보고 있다.(Brossoie, 2010) 우리말로는 한물간 늙은이로 비유하는 꼰대, 영감태기, 할멈 등의 용어로 노인들을 폄하하고 있다. 단순한 노인취급은 개인의 존엄성을 낮게 평가하거나 독립적인 존재가 아닌 의존적인 노인으로 보는 태도에 다름 아니다.

영화《은교》(정지우 감독, 2012)에서 "젊음은 너희가 노력해서 얻은 상이 아니듯 늙음도 내가 잘못해서 받은 벌이 아니다." 했다. 서구사회에서는 남의 나이에 관심을 크게 두지 않는다. 채용면접에서도 나이를 묻지 않는다. 직장에서는 나이가 개인정보로 취급되어 동료들의 나이를 정확히 알 수 없다. 나이로 인한 선입관을 줄여가려는 배려이다. 분명히 연령차별주의는 인간관계 및 사회활동에 제한을 가져 오는 배경이 된다. 사회적으로 연장자들을 다른 집단의 사람들처럼 취급하게 된다. 젊은 사람들로 하여금 노인들을 멸시하거나 냉대하는 결과를 가져온다. 그야말로 노인이 되면서 '연령에 갇힌 사회'(age-locked society)에 살아가는 형국이 된다. 이 같은 연령차별주의는 노화에 대한 잘못된 편견과 고정관념에 기인한다.

■ 나이에 따른 현실적 대응 방향

인간의 생명이 우주적 운명에 비하면 얼마나 보잘 것 없는 존재인가? 늙는 것은 자연섭리요 정한 길이 아닌가? 나이 들어가면서 나이 이상 늙어 보이거나, 아니면 젊고 건강하게 보이는 것은 전적으로 자신들이 만들어낸 인과(因果)일 것이다. 그러니 늙음을 긍정적 자세로 받아들이는 것이 잘 늙어가는 태도이다. 흔히 사람들은 60세를 지나면서 70세 혹은 80, 90세로 밀려간다는 감정에 휩싸인다. 사실 인생이 살아가는 길에는 올라가는 길이 있고 내려가는 길이 있다. 올라가는 시간이 있고 내려가는 길이 있다. 브레이크를 잡아도 세월은 간다. 비탈길을 빠르게 미끄러져 내려간다는 기분만이 든다.

물론 노인들이 20대의 능력을 기대하는 것은 비현실적이다. '머릿

발'도 자연히 떨어지게 마련이다. 늙어서는 '간 큰 짓'도 하기 어렵다. 하이킥 하기란 이미 늙었다고 생각할 수 있다. 또 노인들에게 압박감으로 다가오는 말이 있는데 그것은 "그 나이라면 버릴 때도 되었다. 그 나이라면 힘들 때도 되었다. 그 나이라면 그만 둘 때도 되었다. 그 나이라면 죽을 때도 되었다."라는 말이다. 세월이 지날수록 나잇값을 해야 한다든지 뒷방으로 물러나야 한다는 사회적 요구가 거세다. 게다가 사람들은 흔히 '노인은 어린애와 같다.'는 말을 한다. 노년기는 '제2의 유년기'로 불리기도 한다. 늙었어도 철이 안 들었다고 핀잔 받기 일쑤다. 사실 80세를 넘으면 다시 애기로 변해 가는 모습이 노화 과정이다.

하지만 중요한 것은 여전히 지적 능력을 갖고 있다는 사실이다. 문제는 은퇴 이후 노년기에 접어들면서 시간을 어떻게 보낼 것인가? 자율성의 손실을 어떻게 방지할 것인가의 문제다. 그리고 나를 위해 내 몸을 관리할 수 있느냐의 문제, 죽을 때까지 내 정신세계를 잘 지배할 것인가 하는 문제가 생긴다. 어디에도 오류가 있게 마련이지만 노인들은 뭐가 되고자 하는 인생이 아니라 뭐를 위한 삶이 되어야 한다. 노년기의 부정성을 극복하기 위해서는 인위적인 건강수명 요구보다는 긍정의 길을 확대하는 것이 노년기의 가치를 높이는 실제적 방법이다. 덧셈이 아니라 뺄셈의 지혜로 살아갈 때 긍정의 심리가 생긴다.

그러므로 이렇게 말 할 수 있다. 나이의 의미가 긍정 혹은 부정적으로 생각되지만 세월의 흐름에 따라 폐기되어가는 삶을 재구성하는 것이다. 진화생물학에서는 정신적으로 활력을 잃지 않으면 늙어서도 유연하고 민감한 상태를 유지하는데 도움이 된다는 이른바 '신경가소성'(neuroplasticity) 이론이 있다.(Jarrett, 2011) 또 박완서의 소설 《노란집》에서는 "노년기에 아무것도 일어날 수 없다면 그건 삶에 대한 모독"이라고 말한다. 미국의 최고령 연방법원 판사인 웨슬리 브라운(1907년생)은 103세 나이에도 "나는 목숨을 다할 때까지 또 정신이 온전할 때까지 하라고 임명한 공직을 수행할 수 있다."고 했다. 그는 산소튜브를 꽂고 휠체어에 탄 채 재판을 한다.(조선일보 2011, 4. 23일 인터뷰)

결론적으로 살만한 세상만 있는 것이 아닌 상실감에서 천국의 우편배달부를 기다리는 사람도 있다. 가진 것 많고 성공한 사람만이 있는 것이 아니라 가난한 사람도 한 배 안에 있다. 노인들이지만 감성도 감정도 경이로움도 날아간 것이 아니다. 팔자타령이나 할 시간은 없다. 그러니 늙었지만 경험을 가지고 있고 정신작용이 활발하다는 사실에서 매우 낙관적인 비전을 가질 수 있다. 다만 낮아지는 생활이다. 늙으면 소박해지는 법이다. 그리고 노년기에는 젊은이들의 도움이 필요하다. 희망과 평안을 주는 이웃들과 잘 지내는 일이다. 결국 당신은 자신으로부터 도망칠 수 없다. 늙었지만 냉정과 열정 사이에서 균형을 이뤄가며 살아가는 것이 성공적 노화일 것이다. ⓒ

■ 참고 자료

Brossoie, Nancy.(2010), "Social Gerontology", in Regular H. Robnett and Walter C. Chop., Gerontology: For the Health Care Professional(2 eds), Ontario: Jones and Bartlett Pub.

Biggs, A.(1999), Choosing not to be old? Masks, bodies and identity management in later life, Ageing and Society, 17: 553-570.

Jarrett, Christian.(2011), 30 Second Psychology. London: Ivy Press Limited.

Mayer, Catherine.(2011), Amortality: The Pleasures and Perils of Living Agelessly London: Vermilion.

Minois, Georges.(1989), History of Old Age: From Antiquity to the Renaissance. (trans, Sarah, Hanbury), Chicago: The University of Chicago.

Small, Helen.(2011), What is old age. What is the role of the humanities in the interdisciplinary endevour of gerontology.

whatisoldage.wordpress.com(2013.2. 23)

www.apa.org

신노년시대 노인의 일상과
노년기 구걸근성에 대하여

우 리 주변에는 견딜 수 없는 가벼운 노인들이 많다. 노인들의 외모가 민망하고 안쓰러운 때가 있다. 길거리에서 만난 어느 노인은 '알츠하이머 병에 걸린 건가?' 하고 의심스러울 때가 있다. 늙으면 뭔가 생각과 행동에서 맛이 간 사람처럼 보인다. 필자는 가끔 종로 3가 탑골공원을 지나갈 때가 있었다. 경찰들에 의하면 하루 20여만 명의 노인들이 이곳을 왔다 갔다 한다고 한다. 지방자치단체가 운영하는 실버센터에 가보면 아직 무거운 삶의 짐을 벗지 못하고 있는 노인들 모습을 볼 수 있다. 무료급식소 앞에서 줄지어 한 끼 밥을 기다리고 있는 모습에서 노인들을 위한 해방구는 없는 듯하다.

노인들의 생활문화는 생애과정에서 누적적으로 쌓인 경험과 가치이며 그들이 지켜야 할 규범, 그리고 그들이 창조한 물질적 재화(財貨)들에 영향을 받는다.(Giddens, 2006) 노인세대는 젊었을 때의 지식과 돈이 노후의 삶을 결정하게 된다. 또 반대로 소득의 변화와 삶의 만족도가 관계가 없다는 연구도 있다.(Bradburn, 1969) 그러나 문제는 돈과 건강이 노년기의 자율적 행동(act autonomously)을 좌우한다. 사실 노인들의 독립적, 자율적 문제는 현대 노인들 사이에서 심각한 사회 문제들이 아닐 수 없다.

모양새가 어떠하든 노년기로 접어들면서 남에게 의존하는 생활로 변하게 된다. 배우자와 가족들, 아니면 사회에 기대며 살아가게 된다. 더구나 나이가 들어가면서 노화와 장애, 그리고 경제력 여부에 따라 높은 의존성(higher dependency), 아니면 낮은 의존성을 보인다. 심한 말로 공짜심리 구걸근성까지 나타나게 된다. 노년에 대한 사회적 인식은 편견과 차별과 함께 노년층을 죽음에 가까이 있는 사람, 부자연스러운 의존상태의 인간으로 보는 것도 같은 맥락이다. 실제로 늙어가면서 노인증후군(신체적, 인지적 장애)로 인해 이동성과 인지능력이 저하되고 결국 남의 손을 빌려서 살아가는 경우가 생긴다. 또 경제력(생활비) 결핍은 노후생활을 비참하게 만드는 배경이 된다.

■ 독립성과 자율성 상실에 따른 자기태만의 문제

이런 연유로 인해 노인들은 노화정도에 따라 대개 독립성, 자율성, 존엄성을 잃게 된다. 자율성(autonomy)이라는 말은 그리스어의 Autonomia로서 자율(auto)과 nomos(rule, 규칙)의 합성어로서 '자기규칙'이다. 이는 자기관리, 독립적인 의사결정, 선택의 자유가 포함된다. 자율은 개인 차원의 선택이 아닌 지켜야 할 의무에 속한다. 자율성은 일시적인 것이 아니라 한평생 일관성 있게 유지되어야 할 생존의 조건이다.(Welford, 2010) 이런 자율성이 약해지면 자연히 자기 태만 혹은 자기 방임 상태에 빠지게 마련이다. 인간의 고유가치인 존엄성 그리고 인간에 대한 존중심을 잃게 됨은 물론이다. 사회적 서비스 비용을 부담하지 않으려는 윤리적 의무까지 등한시하는 경향까지 보인다는 사실에서 자기 태만은 자율성이 결코 아니다.(Mauk, 2011)

구체적으로 노인의 상징은 경제력 등 어떤 것의 '증가'가 아닌 사회적 지위와 역할의 축소, 물질과 건강에너지 등의 '감소'(reduce)로 나타난다. 그래서 노인들이 건강상의 이유로 혹은 경제적 결핍감을 겪으면서 나타나는 세 가지 행동 패턴은 자기태만(self-neglect), 자기공짜구걸(self-beggars)심리, 존엄성(dignity)의 상실 문제들이 생겨난다. 그 내용을 자세히 살펴보면 다음과 같다.

첫째, '자기태만'은 기본적인 욕구(의식주 생활)를 스스로 해결하지 못하고 남에게 의존하는 행동이다. 자기태만은 일종의 자기방임으로서 자신의 무능력을 나타내는 것이고 존엄성을 잃는 것이다. 그 원인은 다름 아닌 게으름이다. 게으름은 단지 일을 열심히 하지 않는 것뿐 아니라 무엇을 위해 움직이지 않는 것이다. 게으름의 주된 형태는 도전감 없이 방구석 혹은 주변 벤치에서 빈둥빈둥 하루를 보내는 사람들이다. 각종 사회적 비용을 지불하지 않고 살아가려는 '태만의식'이 생기면서 사회적 고립 또는 빈약한 사회적 약자로 떨어지게 된다.

둘째, '공짜, 구걸' 심리로서 자신의 처신을 스스로 해결하지 못하고 남에게 의존해가면서 구걸의식 공짜 심리가 작용하는 형태다. 노인이 돼서 경제력이 미치지 못하면 공짜근성이 생겨나기 쉽다. 늙으면 자신도 모르게 뻔뻔해지고 우연한 행운이나 바라고 누군가에 기대려 한다. 지하철 공짜, 영화관 할인료, 공원 입장료, 심지어 점심식사도 공짜로 먹으려 한다. 전철에서 누군가 자리를 양보해주기를 바라며 두리번거리기도 한다. 노인이 되면 자기 중심적으로 생각하고 남에게 의존하며 대인관계도 위축되어 사회적 죽음 상태에 이르게 된다.

셋째, '자기 존엄성'의 상실을 마다하지 않는다. 존엄은 자기 자신에 대한 가치와 신체적 · 정서적 · 정신적 평안함을 의미하는 말로서 품위 유지와 맥을 같이 한다.(Fenton & Mitchell, 2002) 노인의 품격은 전 생애를 거쳐 구축되지만 늙어가면서 염치가 없어지고 분수를 잊고 살아가는 경우가 생긴다. 그렇게 되면 일생 동안 지켜온 자기 존엄성은 훼손되기 마련이다. 또 존엄성은 자율성이 뒷받침되어야 가능하다. 자율성이 주어진다는 것은 개인의 자유, 자치, 자기결정, 자기의지, 개성의 자유, 독립생활, 책임과 의무감, 자기지식의 함양 등이 가능해지는 상태다.(Agich, 2004)

■ 공짜 심리, 구걸근성을 어떻게 극복할까?

세상에는 무수한 어른이 있다. 몸은 어른이지만 마음은 아이 같은 사람이 있다. 또 주위에서 만나는 노인들을 보면 세상에서 가장 고달픈 얼굴처럼 보인다. 게다가 어느 순간에 사고 혹은 실수로 장애를 입을 수 있는 것이 노년기다. 그렇게 되면 어린 꼬마처럼 되어 가족들을 성가시게 한다. 남에게 의존하는 생활을 하게 되거나 자칫 도움만 바라는 구걸 심리가 자리 잡게 된다. 나아가 규칙적인 생활과 질서, 사회계약으로부터 벗어나는 일이 생긴다. 일종의 사회적 일탈(逸脫)이다. 노인이라도 결정적인 순간에는 비겁해지고 나약한 존재가 된다. 물론 살다보면 막힐 때도 있다. 노인들 스스로도 가족과 친지, 사회에 대한 의존을 부담스럽게 생각한다. 그래서 노인들은 아픈 신체를 숨기며 고통을 참는 경우가 많다. 그러나 노년의 삶은 서서히 훼손되기 쉽다.

여하간 이 글의 주제는 늙어가면서 생기기 쉬운 구걸 공짜심리를 멀리하자는 것이다. 늙었다고 남의 도움을 당연시 하는 태도는 버려야 한다는 말이다. 노년기의 의존상태로서는 독립성에 대한 욕구를 실현할 수 없다. 그러니 부부 자식 간에도 서로 폐 끼치지 말고 자율적·독립적 욕구를 조절하는 법을 배우는 일이다. 경제력이 허락된다면 정상적인 지불을 하고 살겠다는 자립의지가 필요하다. 가능하면 가족들에게도 피해를 주지 않는 자기 스스로 삶을 해결해 가는 일이다.

이와 관련해 크게 두 가지 측면에서 검토할 수 있는데 하나는 독립성과 자율성을 지키기 위해 '어떻게 노력하느냐?' 하는 것이고, 또 하나는 일상생활에서의 실천 여부이다. 노인들의 구걸 공짜심리를 극복하고 자율성을 확보하기 위해서는 무엇보다 신체 기능적 자율성(독립성), 사회적 자원에 대한 자율성(지원단체, 인간 관계), 개인의 자율성(자기결정)이 확보돼야 한다.(McCormack, 2001)

진정한 해법은 아니지만 노년기는 공짜심리, 구걸근성을 멀리하되 남의 도움 없이 행동하는 자율·자립적인 생활이 가능해야 한다. 노년기에는 길을 걷거나 일어서서 활동을 할 때 지팡이에 의존하는 노인이 많지만 나의 고통이 가족들뿐만 아니라 나와 상관없는 타자들에게 고통이 된다는 사실을 잊어서는 안 된다. 이를 위해서는 아래와 같은 배려와 관심이 있어야 할 것이다.

(1) 자기생활의 자기책임 의식이다.

여기에는 개인의 위생뿐만 아니라 경제·사회·문화적으로 자기 자신의 일상생활을 잘 관리하는 일이다. 개인이 불안정한 생활을 할 때는 의존할 수 있는 곳을 찾게 마련이다. 그렇다고 자식들에게 무작정 의지하기도 쉽지 않은데 이는 사회구조가 그렇게 많이 변했기 때문이다. 그런 점에서 현대는 노인이 노인을 돌보는 노노(老老)케어 시대로 접어들었다. 노인들 스스로 문제를 해결해 가는 것을 말한다. 물론 어려운 일이다. 하지만 괴로움은 절대적인 것도 아니고 구체적으로 존재하는 것도 아니다. 게으름은 인간을 퇴행으로 이끈다는 자기 성찰이 있어야 할 것이다.

(2) 일할 수 있을 때까지 일하며 움직여야 한다.

칸트(I, Kant)의 실천철학에서는 "노년에 행복해지기를 원한다면 젊어서 근면하게 살아라." 하는 조건적 명령을 하고 있다. 늙었지만 생업에 대한 소명의식(work as calling)을 갖고 힘이 닿는 대로 부지런히 일하는 것이다. 물론 일자리 얻기가 쉽지 않지만 사람들이 자율자립에 필요한 일자리는 시장, 정부, 비공식경제 부문, 시민사회 등일 것이다. 아니면 노인들로서 일자리를 구하고자 할 때는 눈높이를 낮추고 3D(힘들고, 더럽고, 위험한 일) 업종이라도 마다하지 않는 의식이 필요하다. 일에 대한 사랑은 자신이 천해지고 약해지는 것을 막는 최선의 행동이다.

(3) 자기 행태 변화이다.

신념, 가치, 취향, 열망과 행동, 개인적 자유를 위해서는 독립과 선택이 중요하다. 독립은 개인이 스스로 작동하는 능력이고, 선택은 실행적인 기능적 목표이다. 이런 독립과 선택을 위해서는 사회변화에 잘 적응하며 도전할 수 있는 과거와 다른 '행태변화'가 있어야 한다. 변화를 위한 싸움 말이다. 지금 같은 고령화 사회에서는 능력 없는 사람들의 소원을 들어줄 만한 여력이 없기 때문이다. 또 옛날과 달리 자식에게 내 맡기는 삶이 아니라 자신을 직접 부양해야 하는 시대가 되었다는 사실이다.

결론적으로 수천만 명이 살아간다면 수천만 가지의 삶이 있고 자유의지가 있을 것이다. 스스로 자신의 삶을 방치하지 않는 자기 책임의 의지가 필요하다. 남에게 폐를 끼치지 않는 자신으로부터의 탈피, 의존성을 낮춰가는 것은 개인의 노력 여하에 달려 있다. 선진국 사람들은 남에게 폐를 끼치지 않는 방법을 어려서부터 배우고 실천해 가고 있다. 물론 마음이 늙으면 몸도 빨리 늙기 마련이다. 내가 병들고 힘이 약해서 누군가에게 괴롭힘을 주는 것, 받는 것, 끔찍한 일이 아닌가. 노년이 되어 빈궁하면 사람들이 가볍게 본다. 그러므로 자기 태만의 생활을 청산하는 일이다. 단순히 '홀로된 가난한 노인'이라는 이미지를 탈피해, 건강과 경제력을 바탕으로 당당하게 자율적 독립적인 삶을 만들어가는 것이 성공적인 노화의 길이다. ⓒ

■ 참고 자료

Agich, G.(2004), Dependence and Autonomy in Old Age. Cambridge: Cambridge University Press.

Bradburn, N. M.(1969), The Structure of Psychological Well-Being. New York: Aldine Pub Co.

Fenton, E., Mitchell, T.(2002), Growing old with dignity: A concept analysis. Nursing Older People, 14(4), 19-21.

Giddens, Anthony.(2006), Sociology.(5th ed), Cambridge: Polity Press.

Mauk, K. L.(2011), Ethical perspectives on self-neglect among older adults. Rehabilitation Nursing, 36(2), 60-65.

McCormack, B.(2001), Autonomy and the relationship between nurses and older people. Ageing and Society, 21, 417-446.

Welford, C., Murphy, K.(2010), A concept analysis of autonomy for older people. Journal of Clinical Nursing, 19, 1226-1235.

신노년시대 노인의 일상과
노년기 고독감에 대하여

우리 인간은 모든 것을 잃을 수 있는 위기 속에서 살아오면서도 나 자신의 퍼스낼리티를 동시에 형성하며 살아간다. 물론 내 인생이 멋지고 아름답다는 자부심도 있었을 것이다. 그러나 고독감 혹은 외로움을 많이 느끼며 살아왔거나 만성적 고독감을 안고 살아가는 사람들이 많다. 노년기에 들어와서도 예외는 아니어서 많은 노인들이 알 수 없는 고독감, 우울증, 물질적 결핍감, 사회적 지위 상실 등에 마음 아파한다. 우리는 일상생활 속에서 흥분과 기대의 감정뿐만 아니라 고독감을 느끼는 순간들이 많다는 얘기다. 고독이 반드시 혼자 있다고 해서 오는 것은 아니지만 군중 속에서도 고독감을 여전히 느끼며 살아간다. 하루하루 변하는 생활환경 변화 속에서도 고독은 계속되게 마련이다. 더구나 무엇인가 할 수 없다고 느껴질 때 고독감은 우리를 괴롭히는 괴물이 아닐 수 없다.

■ 고독감의 이해

고독(loneliness, 외로움)은 한 마디로 사회적 관계의 감소를 의미한다. 사회적 권력 거리와 멀어지거나 부족한 인간관계로 인해 삶의 만족감 대신에 공허한 고독감이 찾아온다. 고독은 복합적으로 불쾌한 감정 또는 인간관계의 결핍에서 오는 불안의 감정이 내포되어 있다.(McCullers and Capote, 2008) 고독은 현대화 · 산업화 · 도시화되면서 모든 사회에서 강하게 나타나는 현상이다. 고독감을 느끼는 대부분의 사람들은 한적한 농촌지역 혹은 도시 외곽에 거주하는 사람들 중에 많이 나타나고 있다. 또한 도시 내에 거주하는 사람들의 경우 주로 경쟁사회에서의 상실감, 배우자 사별 등 사회적 고립감이 가중되면서 고독감을 더 느낀다. 많은 사람들이 일시적이거나 만성적인 고독감을 느끼며 살아가고 있는 것이다.

사실 우리의 삶이 수채화처럼 아름답고 맑은 것만은 아니다. 악한 사람이나 선한 사람에게 비는 똑같이 내리지만 그 비를 느끼는 감정은 각자의 환경에 따라 다를 것이다. 이를테면 당신 얼굴에 내리는 비가 어떻게 느껴지는지 헤아려 보라. 거리의 철학자처럼 빗속에 산책하는 기분인가, 아니면 낙오자 같은 기분인가? 비슷한 의미에서 당신은 후회 없는 삶을 살아가고 있는가, 아니면 비참한 노후를 살아가고 있는가를 살펴보라. 이러한 모든 감정이 고독감과 관련돼 있다는 말이다. 특히 인간관계에서 원만치 못한 상호작용, 공동체 내에서 존재감을 느끼지 못할 때 고독감은 심화된다.

그런 식으로 생각하면 인간관계에서의 고립은 외로움-친밀성에 따라 달라진다. 그것은 무엇보다 ▶살아가면서 나는 누구인가 하는 자기확인의 문제, ▶내 주위에는 누가 있는가 하는 인간관계, ▶사회적 분리 혹은 격리감에 따라 좌우된다. 말인즉 당신의 희망의 실마리가 잡히지 않거나 주어진 삶에 만족하지 못하는 경우, 모두가 당신 마음속에 혹은 당신 곁에 있지만 그것을 잘 알지 못할 때 느끼는 감정이다. 그런 점에서 고독의 원인은 매우 복합적일 수밖에 없다. 지금 당신이 느끼는 고독감은 그동안 살아온 신념체계와 가치, 삶의 현실, 누적적 경험의 산물일 수 있다. 그것은 당신의 생각과 경험의 조합이라는 사실에서 아래와 같은 요소들과 관련돼 있을 것이다.

첫째, 고독감은 주관적인 경험들, 즉 정신적 또는 정서적 요인 등에 따른 것이다. 개인적으로 각자의 라이프스타일과 스트레스로 인해 사회적 고립과 심리적 소외감정을 느끼게 된다. 예를 들어 파트너 또는 가까운 사람을 잃었을 때, 인간관계의 단절 등과 관련되어 나타난다. 우리의 삶이 온갖 쓰레기와 수많은 질병이 우리 삶의 일부분이듯이 고독감과 상실감은 우리 심리상태의 일부분이다.

둘째, 외부의 객관적인 조건이 작용한다. 예를 들어 경제적 결핍감, 은퇴이후의 역할 상실, 새로운 지역으로 이사했을 때, 배타적 차별과 어떤 좋지 않은 낙인, 성적갈등 혹은 신체적 학대 등이 있을 때 심한 고독감을 느낀다. 또 미혼남성이 미혼 여성보다 더 고독감을 느끼고, 여성이 남성보다 더 외로워지고, 실업자/은퇴자가 고용자보다 더 고독감을 느낀다. 이들 모두가 고독감에 미치는 객관적 실체들이다.

셋째, 고독은 생물학적 현상이다. 요새는 생물학적 관점에서 고독 문제를 취급하고 있다. 고독은 몸과 심리 정신 상태에 '쓸쓸함'(lonesomeness)을 가져오고 결국 육체적 사회적 고통을 초래한다고 본다. 또 외롭다는 감정은 심리적 통증을 가져와 무력감 내지 낙오자라는 압박감에 시달리게 된다. 최근 진화심리학(evolutionary psychology) 혹은 신경과학(neuroscience)에서는 우리 두뇌로 하여금 인간의 생존을 돕기 위해 다른 사람과의 친밀도를 잘 유지시켜가도록 작용한다고 말한다.

넷째, 고독의 긍정성으로 '고독의 즐기기'(enjoying solitude)가 있다. 고독 속에서 인생을 즐기자는 뜻이다, 예를 들어 고독은 창의적인 예술적 감각활동에 영향을 미친다는 것, 고독한 만큼 나 자신을 알게 된다는 긍정성이다. 더구나 침묵의 힘은 매우 크다는 사실에서 고독은 창의성의 열쇠이기도 하다. 사실 우리가 경험하는 것이지만 바쁜 생활 가운데서도 나 홀로 보낼 수 있는 시간이 필요할 때가 있다. 고독은 새로운 무엇인가를 시도하거나 휴식할 수 있는 기회로서 남다른 창조력을 키워 나갈 수 있는 기회이기 때문이다. 많은 업적을 낸 유명인들은 대개 혼자 많은 시간을 보내는 사색가들이었다. 그런 점에서 '고독은 비옥한 땅이다.'(loneliness is fertile ground)라는 말이 있다.

■ 고독감은 어떻게 오는가?

왜 우리는 고독감을 자주 느끼는가? 사람들이 골방에서 홀로 보내면서 가끔 "오늘은 어떻게 보내지, 누구를 만나 볼까?"하며 외로움을 느끼게 된다. 하루 종일 스마트 폰으로 문자질을 해도 답이 없다는 고립감마저 들 때가 있다. 동녘의 아침은 누구에게나 오지만 모두에게 찬란한 것은 아니듯이 우울한 아침을 맞이할 때도 많다. 주위에서 보면 노인 방에는 8시도 안 되어 불이 꺼지는 것을 볼 수 있다. 젊어서는 황소처럼 일만 했지만 늙어서는 별일이 없기 때문이다. 많은 노인들이 고독감 속에 힘겹게 무력하게 살아가고 있다는 말이다.

문제는 고독은 불안하고 감정적인 반응이라는 사실이다. 고독은 사회적 고립감이고 인간관계의 모순에서 주로 온다. 복잡한 세상을 살아가지만 모래알과도 같은 존재들이니 그렇다. 미국의 사회학자 데이비드 리스먼(Riseman, 2001)이 《고독한 군중》에서 말하듯이 우리는 피로사회, 경쟁사회 속에서 유래 없는 '고독한 군중'으로 살아가고 있다. 풍요 속에 다중인간 속에서 고독감과 소외감은 더 깊어만 가는 것이다. 아무리 집이 아름답고 정원에는 많은 꽃이 피어나지만 외롭기는 마찬가지다. 꽃들이 피어나도 아무 일도 없었던 것처럼 사람들은 그 꽃잎을 보면서도 아름다움을 느끼지 못하는 고독감에 쌓여 살아가는 모습이다.

그러니 '우리 육체는 슬프구나!' 하는 허무한 생각이 든다. 성인들 대부분이 4분마다 고독감을 느낀다고 하는데 이런 상태가 몇 주 이상 계속되면 고통스러운 만성고독으로 이어질 수 있다. 물론 고독은 영구적인 상태의 나쁜 것도 아니지만 무엇이 충족되지 못하는 어떤 욕구의 신호로 볼 수 있다. 예를 들어 자기 자신의 멸시(self-estrangement)와 좌절에 의한 고독감 같은 것이다. 사회적 소외에 따라 자기 마음이 외로워지는 상태 그리고 자신의 이익을 침해 받을 때 오는 심리적 분노, 본질적으로 욕구가 충족되지 않을 때 오는 감정이다. 또한 애정 결핍으로 인한 고독일 수 있다. 애정은 인간의 기

[그림:7] Vincent Van Gogh 의 < Sadness>

본인 요구 중에 하나여서 더욱 그렇다. 이혼 시 혹은 사별 후에 오는 고독감은 더 크다. 사랑, 애정 또는 친밀성의 결핍은 결국 고독감 내지 불안감을 불러일으키는 원인이 된다.

매우 시사적이지만 미국은 지난 30년간 외로움을 느끼는 사람이 두 배로 증가했다. 미국인 약 40%가 외로움을 느끼는데 이는 1980년 20%에서 증가한 것이다. 그 중에서도 12%는 홀로 보내거나 중요한 문제를 논의할 상대가 없다고 했다.(Cacioppo and Patrick, 2008) 게다가 미국이 외에 대부분의 나라에서 인구의 약 20%가 외로움에 지쳐서 살아간다. 어느 사회에서든 약 10% 이상의 사람들이 혼자 살아가고 있는데 이로 인한 고독감은 더욱 커져만 간다. 게다가 노후에는 훨씬 적은 수의 가까운 친구들과만 절친하게 지낼 뿐이어서 외로움은 더해만 간다. 또 인간접촉이 지속적으로 유지되는 것이 아니라 단순하게 순간적으로 비즈니스적 만남의 관계가 있을 뿐이어서 진정한 우정을 나누기가 어렵다.

이런 맥락에서 시카고 대학의 인지사회신경과학센터Cacioppo & Patrick(2008) 교수는 외로움은 단순히 우울증과 같은 감정 상태와는 다른 '만성적 외로움 증후군'(syndrom of chronic loneliness)이라고 진단한다. 또 외로움은 유전적 영향을 받거나 생애 과정의 후천적 요소들의 종합적 반응이라고 말한다. 부연하자면 인간 관계 및 사회적 단절에 따른 고독감의 배경은 ▶유전적 요소(내향성)에 의한 사회적 단절, ▶감정의 조절 기능 결려, ▶사회적 존재로서의 자기역할 및 이익의 축소, ▶정신적 기대감의 좌절 등의 영향을 받는다. 삶의 의미를 상실했다는 느낌 속에 이성적 자기 결정을 할 수 없을 때 공허감 속에 빠지게 되고 결국 고독감은 사람들의 정신건강에 상당한 영향을 미치게 된다. 따라서 고독감에 따른 불안과 우울증은 정신건강을 해칠 수 있다는 사실에서 그 원인을 살펴보면 아래와 같다.

- 고독은 사람들과의 접촉 상호소통의 부족에서 온다
- 고독은 일시적 혹은 만성적 상태로 이어진다
- 고독은 우울증과 스트레스를 가중시킨다.
- 실질적 욕망의 결핍에서 온다.

결국 고독 내지 소외 문제는 고도의 산업사회로의 발전과 경쟁적 갈등사회에서 많이 경험하게 된다. 고독감은 시대에 따라 변하고 자신의 능력이 감소하거나 삶의 자체가 불안해질 때 확대된다.(Marono, 2003) 말인즉 세월이 변하고 있지만 사회불안과 소외는 현대인들이 경험하는 질병이 아닐 수 없다. 고독 속에 오는 걱정과 근심은 끝이 없이 계속되는데 이런 근심 걱정은 소유와 외부와의 부조화에서 비롯된다. 그런 점에서 고독과 물리적인 신체는 둘이 아니라 하나다. 또 남자와 여자가 거의 비슷하게 고독감을 느낀다. 노년기는 삶을 즐길 수 있는 시간이 많지만 외롭게 보내는 노후 생활도 마찬가지다. 그러니 지금 주어진 현실에서 참 나, 사랑을 찾고 이룰 수 없는 욕망을 조절하는 것이 노후의 진정한 삶이요 고독감을 해소하는 길이다.

■ 노년기의 고독감이 미치는 영향

고독은 전염된다는 말이 있다. 고독은 정신적 사회적 불행을 자초한다. 홀로 있다는 것은 고독 속으로 들어가는 것이나 다름없다. 뿐만 아니라 외로움은 당신의 성공을 방해한다. 사회적 고립과 외로운 감정은 병적 상태로 이어지는 생물학적 위험요인이 될 수 있다. 외로움은 노화를 촉진하게 되는데 장기간 지속될수록 신경 내 분비, 스트레스 등 나쁜 감정으로 인해 건강이 나빠진다. 고독은 우리 마음을 황폐화시킬 뿐만 아니라 몸과 정신에 영향을 미친다는 것이 정신심리학자들의 일치된 견해다.

따라서 이 말을 주목하자. 외로움은 우울증, 질병을 초래한다는 사실. 외로움을 많이 느낄 때는 죽음까지 생각하게 된다는 점이다. 그렇지 않아도 외로움이 조기 사망의 강력한 변수라는 것이 밝혀졌다. 미국 유타 주 브리검영대학교(BrighamYoung University)의 연구 논문의 결과다.

외로움은 알코올 중독이나 흡연, 게으른 생활방식으로 조기 사망률이 높아지는 변수로 나타났다.(WSJ, 2013, 11. 12) 고독은 전반적인 웰빙에 해로울 수 있다는 얘기다. 신뢰와 애정을 느낄 수 있는 능력이 상실될 뿐만 아니라 정서적 친밀감이 부족한 사람은 심장질환을 일으킬 수 있다고 했다. 의심의 여지없이 고독은 스트레스 호르몬인 코르티솔(cortisol), 면역력저하 등으로 이어진다. 만성적인 외로움은 흡연 · 음주 · 비만 또는 운동부족과 함께 건강을 위협하게 된다는 것이다.

더 심각한 것은 고독이 우울증으로 이어지면서 무능력감이나 허무함에 빠지게 되고 결국 자살로 이어질 수 있다는 진단이다. 에밀 뒤르껭(E, Durkheim)은 인간은 누구나 고독을 경험하게 된다면서 사회로부터 격리 또는 의도적 회피 등을 하게 된다고 했다. 때로는 다양한 이유로 고독을 경험하게 되면서 경우에 따라 자살에 이른다고 했다. 고독감을 심각하게 느끼는 사람은 그렇지 않은 사람들보다 바이러스에 감염되거나 급성 스트레스에 걸릴 위험이 높다는 것이다.(Jeremka, et al, 2013)

■ 고독감의 해소 방향

우선 당신 자신이 "왜 사람이 싫어질까?" 하는 생각은 안 해보았는지? 당신 스스로 왜 고독감을 느끼는지 헤아려 보았는가? 아니면 무엇이 내 인생을 행복하게 해줄까? 내가 진짜 원하는 것이 뭔지 곰곰이 생각해 보았는가? 그것이 흔히 사람들이 생각하는 명례와 재물 등 부귀영화일까? 아니면 톨스토이의 단편소설《사람은 무엇으로 사는가?》(2009)에서 볼 수 있는 넓은 땅을 갖고 싶은 탐욕에서일까? 필자가 이렇게 묻는 것은 바로 당신이 무엇 때문에 삶에 대한 회의와 부정적인 생각을 하는지, 아니면 만성적 고독감을 이해하고 이에 대처하기 위해서다.

그런데 우리는 불행하게도 고독이 무엇을 의미하는지 잘 알지 못한다. 단순히 경제사회적 요인들, 혹은 생애과정에서 누적되어 온 경험적 산물일까, 아니면 선천적 유전적 영향일까 하는 등의 여러 요인들을 생각할 수 있을 것이다. 심지어 즐거움이 있지만 곧 고독감을 느끼거나 섹스를 벌린 후에도 사람들은 우울함과 허무함을 보이기 때문이다. 물론 복합적인 반응이지만 이와 관련해 우선 우리가 자주 느끼는 고독과 관련해 생각 해볼 것은 ▶당신 자신의 정신적 약점은 아닌지, ▶내가 느끼는 고독감이 과연 위험한지, ▶당신만이 고독감을 느끼는지를 성찰해 보는 일이다.

여기에 대한 대답이 물론 쉽지 않지만 분명히 대부분의 사람들은 생애 과정에서 심리적 고독감, 사회적 고독감을 겪으면서도 정상적인 상태로 돌아가려는 욕구를 가지고 살아가고 있다. 또 사람들은 혼자 집에 있거나 하루 종일 아무것도 하지 않고 시간을 보내는 경우가 있지만 곧 생산적 활동을 해 간다는 점이다. 따라서 고독과 번뇌의 치유방법으로는 무엇보다 사람들과의 상호작용, 교제가 효과적이다. 생의 어느 순간에서도 쉬지 않고 인연의 천을 짜는 자세 말이다. 또 자주 찾아오는 고독감을 극복하기 위해서는 신체적 운동, 사회 참여를 확대 하는 일, 예로서 종교생활, 봉사활동을 하거나 가사일 하기 등을 하는 것이다.

기타 애완동물을 기르거나 산보, 여행을 하면 외로움을 이겨내는데 도 큰 도움이 된다. 고립이 심화될수록 사람을 자주 만나거나 스마트 폰으로 문자 메시지를 보내는 등 상호소통 능력을 확대해 가는 것이 효과적이다.(Christakis & Fowler, 2009) 외로움에 대한 심리치료, 긍 정적인 생각으로 신체적 정신적 상실감을 극복하는 것이다. 아니면 심 할 경우 전문의사의 도움을 받아 항우울제를 사용할 수도 있다. 이와 관련해 몇 가지 대처 방향을 구체적으로 제시하면 다음과 같다.

첫째, 자신의 개발(developing your self)이다.
여기서는 균형적인 식사, 규칙적인 운동, 적절한 수면시간, 당신만 의 시간 만들기 등 내적 감정을 조절하는 일이다. 특히 노인들의 정신 적 허기, 신체적 질병에 따른 고독감을 극복하는 데는 아래 요소들을 참고할 수 있다.

(1) 새로운 취미를 만들라.
그림을 그리거나 악기 배우기, 사교댄스, 수영 등을 통해 창조적인 감성을 개발하는 삶으로 바꿔라. 온몸으로 크게 길게 웃으며 몸과 생 각, 마음이 화들짝 놀라 깨어나도록 놀이를 개발하고 즐기는 일이다. 사람이 고독감에 빠지거나 마음이 지치는 것은 부지런히 움직일 때가 아니라 아무것도 하지 않고 혼자 번뇌의 늪에 빠질 때이니 그렇다.

(2) 가족들과 가능한 많은 시간을 보내라.
가족들이 당신에게 다가오기를 기다리지 말고 당신이 먼저 주도적 으로 식구들을 만나고 친밀도를 유지하는 것이다. 흔히 상대방을 배려하고 사랑의 언어로서 남을 인정하는 말, 함께 하는 시간, 선물나누기, 가정일 돕기, 스킨십이 중요하다. 또 노년기지만 가정문제 결정에 참여하거나 평생의 경험과 직관이 가족들에게 힘이 될 수 있다는 사실에서 가족들과 잘 보내는 일이다.

(3) 종교생활을 하라.

종교에 깊이 들어가 본질을 보면 결국 자신이 보인다, 종교는 언제나 외로운 이들에게 다정한 친구가 된다. 종교는 영혼으로 하여금 모든 속박에서 벗어나 절대자유의 경지에 이르는 상태를 강조한다. 신앙생활을 통해 ▶지혜를 쌓고, ▶행위의 수련으로, ▶헌신을 통해서, ▶기도를 통해서 영성이 밝아질 수 있다. 신은 스스로 돕는 자를 돕는다고 했다. 고독한 사람들이 신에게 더 가까이 가게 마련이다.

둘째, 인간관계 확대를 위해 사회활동을 강화하는 일이다.

외로움은 사회적 유대관계를 복구하는 것으로 유전적으로 진화되어 온 감정이다. 가능한 틈을 내서 친구를 만나고 경우에 따라서는 특별한 사람들을 만나서 교제하며 사회활동을 확대하는 일이다. 사랑을 가지고 살아가는 사람은 가는 곳마다 친구가 있게 마련이다. 좋은 친구가 있으면 신체의 면역시스템을 잘 유지하며 질병을 방지할 수 있다는 보고가 있다. 그러니 가능한 혼자 있는 시간을 줄여나가야 한다. 만남의 관계가 훼손되었더라도 근본적으로 사랑이 있기에 미래가 열리는 법이다. 특히 깊은 우정을 나누고 서로를 소중하게 감싸주는 데는 자주 만나기, 전화하기, 카드보내기, 편지쓰기, 선물교환 등이 필요하다. 나아가 고독을 이기고 삶의 질을 높이기 위해서는 아래와 같은 요소들을 참고할 필요가 있다.

(1) 밖으로 나가 사람을 만나라.

당신 스스로 사람을 찾아가 만나고 대화하라. 한 밤 중의 대화는 영혼을 나누는 일이다. 멀리 사는 손자의 생일잔치도 찾아가 사랑을 전해줘라.

(2) 온라인 커뮤니티에 가입해 소통하라.

고독감을 느끼는 것은 소셜 네트워크에서 실패한 사람이나 다름없다. 요새는 온라인상에서 친구를 만나거나 문자 메시지, 블로그 등을 통해 고독감을 극복하는 사람들이 늘어나고 있다.

(3) 남에게 도움을 구하라.

고독감은 중요한 요구사항이 충족되지 않을 때 일어나는 감정으로 그 누군가가 옆에서 도와주어야 한다. 가족과 친구의 도움이 필요하다.

셋째, 나이 들어갈수록 정서적 친밀감이 중요하다.

상대방과 사교성을 발휘할수록 사회적 자본도 증가한다. 사회적 관계는 정서적 성취감, 행동조절 및 인지 기능에 필수적이다. 살가운 바람 한 점, 따뜻한 햇살, 친구의 말 한마디가 당신 마음을 울릴 수 있다. 인간은 살아남기 위해 자녀를 양육하는 사랑을 주었고, 번영 발전하기 위해 이타심을 주었다. 이기심을 넘어 이웃과 협력해가는 진화론적 적응을 해나가는 것이 인간의 속성이니 말이다. 작은 변화로 인한 정서적이며 활발한 사회활동은 심리적 스트레스를 줄일 수 있다. 행복감과 낙관적으로 삶을 이어갈 때 신체상의 스트레스를 경감시키는데 도움이 된다.

결론적으로 당신은 군중 속에 외로운 사람이다. 당신의 가족, 친구, 이웃이 있지만 여전히 고독한 삶을 살아갈 것이다. 때로는 늙어가면서 심한 고립감 혹은 주위로부터 외톨이가 된 기분도 들 것이다. 물론 경우에 따라서는 누구와도 접촉 없는 홀로의 시간도 보낼 것이다. 다시 말해 당신 자신이 바쁘거나 혹은 반대로 일상이 무력해질 때 자신을 위해서 홀로 하고 싶은 것을 하는 시간도 있어야 한다. 홀로 있는 시간은 무엇인가 할 수 있는 좋은 기회이고 당신의 행복을 증진시킬 수 있기 때문이다.

그러나 고독은 죽음에 이르게 하는 질병이라고 말한다. 우리가 가끔 혼자 있는 시간을 갈망하지만 그것이 지나치면 삶의 격리 또는 손실을 가져올 가능성이 높아진다. 사실 10년 외로움보다는 사람들의 무관심이 더 무섭고 상처 받을 수 있다. 문제는 만성적 고독감이 지속될 때는 향수병, 왕따. 빈둥지 같은 공허감, 사랑의 상실감을 가져오게 된다. 성인들이 고독을 심하게 느낄 경우 우울증과 함께 알코올 중독, 흡연, 비만 등 사망의 길로 들어서게 된다. 이러한 고독은 거의 정신적 질환에 다름 아니다. 그 본질로 볼 때 고독은 오직 자신만이 치유 가능한 질병 중의 하나다. ⓒ

■ 참고 자료

톨스토이(2009), 『사람은 무엇으로 사는가』, 박형규(역), 서울: 푸른숲.

Cacioppo, John, Patrick, William.(2008), Loneliness: Human Nature and the Need for Social Connection. New York: W.W.Norton & Company.

Christakis, N. A, & Fowler, J. H.(2009), Connected the Surprising Power of Our Social Network and How they Shape Our Lives. New York: Little, Brown and Company.

Jeremka, Lisa M., Fagundes, C.P., Peng, J. (2013), Loneliness Promotes Inflammation During Acute Stress. Psychological Science, 24(7), 1089-97.

Marono, Hara E.(2003), "What is Solitude?".
www.psychologytoday.com/article/200308.

McCullers, Carson, and Truman Capote.(2008), Alienation and Loneliness: Symptons of Adolescent Chronic Depression in the Novels of J.D. Salinger. VDM Verlag.

Riseman, D.(2001), The Lonely Crowed: A Study of the Changing American Charecter, New York: Yale Nota Bene Book.

The Wall Street Journal.(2013. 11. 12), "When Being Alone Turns into Loneliness, There are Ways to Fight Back".

신노년시대 노인의 일상과 노년기 만성질환에 대하여

노화과정에서 각종 질병으로 인한 고통은 인류의 가장 큰 문제다. 기아, 폭력, 전염병, 환경오염 등 각종 사고가 있지만 거역할 수 없는 노화는 개인 생명에 결정적 영향을 미친다. 요새 우리가 의료 덕분에 오래 살아가는 세상이 되었지만 만성질환 질병의 확산과 낮은 삶의 질은 여전하다. 암과 심혈관 질환에 의한 사망은 다소 감소하는 추세지만 심각한 질병에 시달리다가 죽어가는 사람은 여전하다. 말인즉 인간은 노화를 극복하지 못하고 누구나 죽어가는 피조물이다. 사실 노화에 따라 사망하는 사람의 수는 다른 사망원인보다 훨씬 많다. 세계적으로 약 15만 명이 매일 죽는데 이중 3분의 2인 100,000명이 노화로 인해 죽는다. 선진국에서는 노화로 인해 사망하는 사람은 전체 사망자 중에 90%를 차지한다. 10명 중 9명이 노화로 죽는 셈이다. 또한 해에 죽는 사람 3,600만 명 중에 1,800만 명이 노화로 죽는다.

또 간과하지 말아야 할 것이 하나 있는데 그것은 만성질환을 가진 노인들의 면역력은 젊은 사람의 절반 수준밖에 되지 않아서 각종 바이러스에 감염돼 사망할 수 있다는 점이다. 우리가 경험을 하는 것이지만 독감을 일으키는 인플루엔자 바이러스는 노인들에게 위협적이어서 노인 사망률이 높아지는 원인이 되고 있다. 기타 질병의 위험 요인

173

은 미국 85세 이상 노인들의 경우 다양한 정신적 질병상태로 인한 약물복용, 인지 또는 기능장애, 그리고 급성질환(패혈증, 폐부종) 악성종양(유방, 종괴) 등 다양하다. 노인들은 암 · 당뇨병 · 심장질환 · 알츠하이머 병 · 파킨슨병 등 노화로 인한 질병으로 죽어간다는 뜻이다.

● 65~69세 사이의 사람들 중에 74%가 적어도 하나의 질병을 앓고 있다.
● 85세 이상 나이의 사람들 중에 86%는 적어도 하나의 만성질환을 갖고 있다.
● 85세 이상 나이의 사람들 중에 28%는 다섯 개 이상의 만성질환으로 고통 받는다.
● 85세 중 40%는 걷기가 불편하고 걸을 수 없게 된다.
● 85세 중 50%는 알츠하이머 질환과 같은 치매를 앓고 있다.

※ 출처 : CAA, 2014.

대부분의 사람들은 노화에 따라 생명을 유지하면서도 만성노쇠, 나이와 관련된 질병으로 수년간 고통을 겪는다. 특히 허약한 노인들은 급성질환에 걸리는 경우가 많다. 환자가 일상생활 활동(ADL)의 곤란, 식욕감소 등을 일으킨다. 이렇게 되면 환자는 물론 가족들이 상당한 혼란에 빠지게 된다. 미국 사람들의 경우 건강이 개선되지 않는 이유로는 대개 ▶전체 인구의 26.2%가 운동을 하지 않고, ▶성인의 36%가 운동을 하지 않고, ▶21%가 여전히 담배를 피우고 있다. 여기다 비만 관련 질병이 늘어남으로써 2013년에만 비만 관련 치료비는 660억 달러에 이르렀다.

그러면 노년기 질병을 피할 수 있는 진정한 해법은 무엇일까? 그것은 모두가 강조하는 것이지만 꾸준한 운동과 질병에 대한 예방적 접근이다. 우선 스트레칭, 근육운동, 걷기 등 때와 장소를 가리지 않고 운동 습관을 기르는 것이 중요하다. 계속 움직일 때 질병을 예방하고 건강하게 보낼 수 있다. 운동을 하면 몸매는 물론 피부 또한 탄력이 생긴다. 운동을 해서 땀을 흘리면 땀과 함께 몸속 노폐물이 배출된다. 사실 하루 1시간 정도를 걷는 것만으로 수명이 2년 이상 늘어난다고 한다. 그러니 썩지 않고 늙지 않으려거든 움직여라. 움직이지 않으면 건강도 없다는 말이다. 누구나 건강을 꿈꾼다면 꿈으로 끝나지 말고 그것을 쟁취하기 위해 운동하기 등 계속 움직여야 한다.

사실 우리가 늘 경험하는 것이지만 건강장수는 결코 쉬운 일은 아니다. 이와 관련해 하버드대학 의대 토마스 펄(Perls, 1999) 교수의 <100세까지 살기>에서 그 짧은 대답을 찾아볼 수 있다. 건강하게 장수하는 사람들은 공통적으로 △소식과 운동으로 20대의 체중을 유지했다. 몸매는 '날씬함'으로써 체질적으로 많이 먹어도 나이가 들어도 체중은 20대 초반 그대로였다. ▶정상 혈압을 유지하고 있는데 약을 먹으면서 정상 혈압을 유지하고 있다. 운동을 싫어하는 100세인조차 혈압은 언제나 120/80mmHg 정도를 유지하고 있었다. ▶지나칠 정도의 낙천성으로 매사를 긍정적으로 생각하고 있었다. 100세를 넘어 살다보면 마음이 약해지기 마련이지만 사랑하던 이의 죽음조차도 잘 극복하는 것이었다. 극단적 고통의 순간조차 '내가 따라갈 영생의 길'이라는 식의 긍정적 사고를 지니고 있었다는 얘기다.

그러나 누구나 알다시피 사망의 주요 원인은 생물학적 노화와 함께 감정의 노화로 진행된다. 인간이 노년기에 큰 고통을 겪다가 결국 죽는다는 애기다. 다만 건강하게 노화를 억제할 수 있다면 몇 년 더 생명을 연장할 수 있을 뿐이다. 노년학자들은 우리가 생활습관을 바꾸고 운동을 적당히 하면 노화를 지연시키면서 현재의 건강상태를 어느 정도 지속시킬 수 있다고 강조한다. 최근의 연구 결과이지만 생활습관을 대폭적으로 개선하면 세포의 노화를 억제하는 텔로머라제(telomerase)라는 효소의 수치가 향상(29%)되는 반면에 악성 콜레스테롤(LDL)이 감소하는 것으로 나타났다. 텔로머라제는 텔로메아(telomeres)를 회복해 길게 늘어나는 작용을 한다는 세포이다. 인간의 수명과 관련해 텔로메아 길이가 짧아지는 것은 그만큼 세포 차원뿐만 아니라 장기 및 인체 등 노화의 주된 결정요인이라는 것이다.(Stibich. 2009) 텔로메아 길이가 짧아지면 각종 질환 이외에도 전립선암 · 폐암 · 유방암 · 대장암 등의 많은 암으로 인한 조기 사망 지표가 되는 것으로 알려져 왔다.

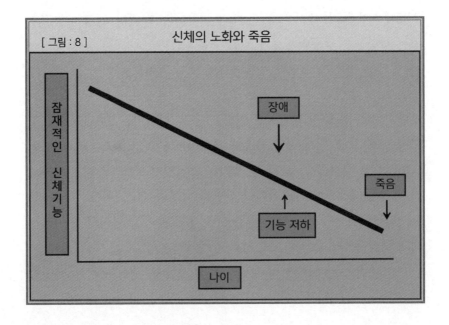

또 인류는 헬라세포(HeLa)로 인해 죽지 않는 제2의 불멸의 삶이 온다는 소식이 들려온다. 1951년 자궁경부암으로 사망한 헨리에타 랙스(Henrietta Lacks)의 세포를 배양시킨 세포가 아직도 수천수만 번의 분열을 거듭하며 살고 있다는 불멸의 세포(細胞株)가 바로 헬라세포이다. 끝없는 배양과 분열 증식하는 세포로서 불멸의 생명을 이어 살 수 있다는 진단이다.(Skloot, 2010)

그러나 문제는 현재 자신의 건강관리다. 평생 동안 꾸준히 소식을 하고 운동을 통해 정상 체중과 정상 혈압을 유지하는 일이다. 생활 스트레스를 관리하며 금연과 절주를 일상화하는 것은 각자 자신의 의지 문제다. 특히 남보다 병약하다면 '내 몸 사용설명서'도 작성해 가정 병력이 있는지, 자신의 콜레스테롤은 어느 정도인지, 당뇨수치는 어떻게 변하는지를 적어놓는 것이다. 이와 같은 노력은 자신의 약점을 알고 이에 대처하기 위해서다. 건강이 최고라는 말은 아파본 사람만이 알 수 있지 않은가? 돈이 많든 적든 건강이 나빠지면 삶의 질은 떨어질 수밖에 없으니 말이다. 노년기에 성공적 노화는 '건강만사성'(健康萬事成)이다. 늙음을 준비하지 못하는 바보는 되지 말아야 할 것이다. ⓒ

■ 참고 자료

Perls, Thomas T.(1999), Living to 100: Lesson in Living to Your Maximum Potential at Any Age. New York: Basic Books.

Skloot, Rebecca.(2010), The Immortal Life of Henrietta Lacks. New York: Crown Publishing Group.

Stibich, Mark.(2009), http://longevity.about.com/od/whyweage/a/telomere_shorteni g.htm. about.com(2012. 6.8)

http://www.campaignaginstaging.org/aging.

http://healthfreedoms.org/2012/12/11.

신노년시대 노인의 일상과
자녀의 효도문제에 대하여

현 대 사회에서 사실 젊은이들과 자식들에게 대놓고 '효도하라' 하는 말이 자칫 강압적이고 부담스럽게 들릴 수 있어 조심스럽기만 하다. 효와 예의를 말하기가 어렵고 어떤 것이 과연 효(孝)이고 예(禮)인지 혼란스럽기만 하다. 필자 역시 내 부모에 대한 효도를 소홀히 했기 때문이다. 하지만 효도 문제는 노년사회학 혹은 노년인문학 차원에서 그냥 지나칠 수 없는 주제이고 당연히 강조해야 할 자연적 윤리다. 효도는 자기 생명의 시작인 수태(受胎) 시부터 죽어서 땅에 묻힐 때까지 계속되는 혈연적 관계이니 그렇다. 부모가 사망하면 애도 속에 향촉(香燭)을 피우고 제례(祭禮)를 올리고 공경하는 것이 자손으로서의 제일 큰 덕목이다.

그러나 우리가 느끼는 것이지만 2000년대 들어와 노인비율이 증가하면서 부모에 대한 효도 문제가 개인은 물론 새로운 사회문제가 되고 있다. 급격한 사회변동과 함께 나타나는 생활구조의 변화, 고령사회화, 가치관의 변화, 경제적 빈곤 등으로 가족 내 보호기능이 떨어지면서 전통적 효도관도 변하는 듯하다. 또 핵가족의 확산과 함께 부모/자식의 수직적 전통가족구조에서 부부중심 가족으로 변하는 것도 또 다른 원인이다. 부모에 대한 무조건적인 순종, 부양의식이 약화되고 '경노효친'사상도 크게 떨어지고 있는 것이다. 이 세상의 모든 부모는 자녀들이 잘 성장해서 책임 있는 시민으로 성장하도록 혼신의 힘을 기우려 양육해 왔지만 노인들을 보호할 생활대책이나 전통적 효도관이 흔들리고 있다는 사실에서 부모/자녀 모두의 상호 이해가 필요한 부분이 아닐 수 없다.

더구나 문제는 노인학대와 노인자살, 독거노인 문제 등 어두운 그림자가 우리 사회에 넓게 퍼져 있다는 사실이다. 가족 해체와 이기주의, 평균수명이 길어지는 등 사회구조적의 문제가 극심한 경제 불황과 맞물리면서 자식이 병원이나 외딴집에 부모를 방치하는 '현대판 고려장' 같은 슬픈 현상까지 빚어지고 있다. 전국 각지의 요양병원, 노인병원, 갈 곳 없는 노인 복지시설 등에 부모를 맡기고 다시 찾아오지 않는 경우도 있으니 말이다. 기타 아들/며느리와 부모(시어머니) 간의 갈등이 다양하게 표출되면서 부모 모시기의 회피 혹은 방치의 대상이 되고 있는 것이다. 한마디로 100세 장수사회로 접어들었지만 역설적으로 노인에 대한 공경심이 크게 후퇴하면서 누구나 바라는 장수가 축복이 아닌 저주가 되고 말았다.

하지만 동서양을 막론하고 부모에 대해 효도하고 공경하는 것이 '본능적 사랑'으로서 중요한 윤리 덕목이다. 부모에게 순종하고 존경해야 한다는 효도 개념은 인륜적 가치다. 부모 자식 간에는 뒤집을 수 없는 혈연관계, 서로 미워도 포기할 수 없는 사랑의 관계다. 그런 점에서 자녀들이 부모를 방치하거나 부양하지 않는 것은 부모들의 갈망과 사랑을 스스로 저버리는 것이고 부양의 의무를 부정하는 것이다. 물론 노령부모를 극진하게 효도하는 자식들도 많다. 임종 직전까지 봉양하면서 헌신적으로 모신 자녀들을 대상으로 효도상을 내리는 아름다운 모습들도 있다.

■ 효도란 의미를 어떻게 이해할까?

그러면 요새 부모에 대한 효도를 어떤 주파수에 맞춰 이해할까? 그 것은 무엇보다 부모 - 자식 - 후손으로 이어지는 영원성의 핏줄로 이 어진다는 혈연적 관계에서 이해할 수 있다. 자식에게 단순한 DNA를 물려주는 것이 아니라 부모와 자식 간의 사랑과 헌신, 보답과 사랑, 효 도로 이어지는 원초적인 혈연관계다. 그래서 부모에 대한 효도의 개념 을 어떤 문자나 말로 표현할 수 없는 부모/자식 간의 끊을 수 없는 관 계다. 부모님이 살아게실 때 효도하려 하지만, 그러나 이미 부모님은 돌아가셨다는 아쉬움으로 남는 것이 부모에 대한 애틋한 효의 감정이 다. 그런 점에서 효도는 부모가 살아 있는 동안 순종하고 공경할 수 있 는 아름다운 기회다. 부모를 공경하는 것은 신의 명령이고 그 사회가 지향하는 윤리와 규범의 근본이기도 하다.

전통적으로 우리나라는 유교 전통의 숭조사상(崇祖思想)에 따른 효 와 제례문화를 지켜왔다. 유교에서는 효(孝) 개념과 관련해 "부모와 자 식 간의 도리는 세상의 근본이다(父子之道天性也)"라고 했다. '논어 학 이편'에서는 "효도하고 공경하는 것은 인(仁)을 실천하는 근본"이라고 강조했다. 여기서 인간이기 위한 씨앗이 바로 인이고 이는 곧 효(孝)인 것이다. 모든 행동거지에 조상우선(祖先)에 가치를 두고 있는 것이다. 불교에서도 이와 크게 다르지 않다. 석가(釋迦牟尼)도 부모 섬기는 효 도를 자주 설파하였다. 불교경전에서는 효와 관련된 설화들이 많이 나 타나고 있는데 예를 들어 "아버지의 은혜는 수미산처럼 높고 어머니 은혜는 바다처럼 깊네."라고 읊었는가 하면, "부모의 은혜를 안다는 것 이 우선 사람으로서의 조건이고 은혜를 모르는 사람은 축생보다 못하 다."고 했다.(十指觀經)

또 기독교에서는 모세 10계명 중에 5번째로 부모 공경을 강조하고 있다. "네 부모를 공경하라. 그리하면 네 하나님 여호와가 네게 준 땅에서 네 생명이 길리라."(출애굽기 20:12) "너희 부모에게 순종하라. 네 아버지와 어머니를 공경하라."(에베소서 6: 1-2)고 명령한다. 다만 타 종교와 다른 점은 '오직 주 안에서'라는 단서가 붙어 있다. 이런 전통에서 서양에서는 부모에 대한 공경으로 ▶당신은 사랑(love) 없이 사람을 존경할 수 없다. ▶당신은 용서(forgiveness)하지 않고 사람을 존경할 수 없다. ▶당신은 하나님(God) 없이 사람을 존경할 수 없다고 한다. 다시 말해 하나님의 명령(commandment)은 순종(obey) · 용서(forgive) · 사랑(love) · 존경(honor)이다. 이를 널리 지키면 하느님은 당신을 축복할 것이라는 메시지가 묻어난다.

■ 왜 효도관의 변화인가?

그러나 현대사회로 접어들면서 부모에 대한 효도 개념이 변하는 듯하다. 부모들에 대한 효도, 공경심이 많이 떨어지는 듯하다. 부모들 또한 자식들의 효도를 크게 기대하지도 않는 모습이다. 사실 우리는 알게 모르게 부모에 대한 원망과 섭섭함, 분노가 있다. 그러다 보니 부모에 대한 폭행, 존속살인, 감금, 무관심 등 다양한 패륜행위가 끝이지 않고 있다. 옥이야 금이야 하며 키운 자식들로부터 정서적 · 신체적 학대를 당하는 노인들이 많다는 얘기다. 지팡이는 노인들의 살아온 일생을 상징하지만 자기 존재 자체의 기초마저 흔들리는 노인들의 모습을 발견할 수 있다. 오히려 부모들은 자식들에게 부담이 될까 봐 멍이 들고 배가 고파도 괜찮다는 식의 자기 신체 부정(physical uncleanliness)을 감수하기도 한다.

거듭 강조하지만 효도의 본질은 변하지 않는 것이다. 근본적으로 인류역사를 통해 전승 유지되어 온 효 개념은 자연적이고 본능적이며 경외감(두려운)같은 개념이다. 다만 그 효도하는 방법이 시대와 나라마다 혹은 지역문화마다 다르고 차이가 있을 뿐이다. 효도에 대한 교훈이 많지만 그 실행의 형태가 다를 수 있다는 얘기다. 다시 말해 종교적으로 혹은 각 나라마다 지향하는 효도관이 있지만 근본적으로 다를 바가 없을 것이다. 따라서 현 시대에 와서 효도관이 왜 변하는지 그 배경을 찾아보면 다음과 같다.

첫째는, 최근 고령화 및 핵가족화로 인한 가족관의 변화이다. 현대사회변화 중에서 두드러진 현상은 전통적 가족들의 해체 혹은 붕괴 과정을 겪으며 핵가족화(nuclear family)가 진행되고 있다는 사실이다. 조기 퇴직, 이혼, 가족해체, 재혼, 부모-자녀와의 관계 변화 등 일상생활 모습이 다양해지고 있기 때문이다. 핵가족화되면서 노인들의 설자리가 좁아지고 있다.

둘째는, 요새 젊은이들은 과거의 역사 전통과 단절하려는 결별의식이 강하다는 점이다. 전통적 생활양식과 색다른 새로운 자기만의 삶을 추구한다. 일단 지나가버린 것을 거부한다는 규범이 강한 가운데 새로움이라는 가치와 전통을 수립해 가고자 한다. 가령 삶의 양식 변화 모습으로 ▶유유상종(類類相從)으로 가치와 신념이 비슷한 사람끼리 어울린다. ▶작은 사치를 추구하면서 자기보상심리가 강하다. ▶마음의 안식을 얻기 위해 정신적인 안정을 염원하는 경향을 보인다는 점이다.

셋째는, 자녀들이 부모를 부양, 봉양할 수 있는 경제사회적 구조의 문제로서 경제적 부담은 물론 부모를 돌볼 기회가 쉽지 않다는 사실이다. 지속되는 경제적 어려움 속에서 자녀 양육비, 교육비, 각종 소비 패턴이 다양해지는 등 자식들로 하여금 부모를 모실 경제 사회적 여건이 어려워지는 것이 문제다. 한마디로 자식들마저 살기도 빠듯해서 세대 간 갈등은 물론 부모에 대한 부양 책임의식이 약화되는 모습이다.

넷째는, 개인주의적 평등 의식이 강하다. 개성 찾기를 중시하면서 70억 명 중에 단 하나뿐인 나를 추구하는 경향을 보인다. 인간 이해관계에서 동양은 '관계성'을 중시하지만 서양은 '개체성'(individuality)에 있다는 사실에서 우리나라 역시 서구식의 개인주의가 자리 잡으면서 혈연적 공동체 의식이 약화되는 측면을 보인다. 개인주의와 평등사상을 기본으로 하는 현대사회에서 효 사상을 지나치게 강조할 수 없는 상황이다.

한마디로 탈현대사회에서는 개인주의적 개방의식, 평등지향 자유주의적(libertarianism) 사고가 지배하고 있다. 게다가 노인들의 치료비 등 경제적 부담으로 인한 부모 모시기가 어려운 상황이다. 그런 점에서 부모/자식 간의 관계를 시대 변화에 맞도록 재구성해 효에 대한 참뜻과 실천방향을 만들어 가는 것이 필요한 시점이다. 효에 대한 도덕적 · 윤리적 원리로서 부모는 물론 사회와 국가발전에 대한 사랑과 충성으로 원초적인 인간관계를 새롭게 만들어가는 것이 곧 효 윤리의 회복이 아닐까 싶다.

■ 최근 나타나는 불효(不孝) 불경(不敬)의 모습들

내 자식에 대한 내 사랑은 본능적이다. 사람은 사랑 없이 살 수 없는 동물이다. 그러나 가정 내에서 노인들에 대한 학대와 멸시가 일어나고 있다. 또 양로원 등 사회단체에서 신체적 · 정서적 학대가 일어나지만 대부분 은폐된다. 하나님이 금지한 계명이 있지만 반인륜적 범죄가 계속 일어나고 있다는 얘기다. 자식들은 부모에 대해 방치, 학대, 냉대, 안 모시기, 신체적 격리 등이 광범위 하게 일어나는 것은 어제 오늘의 이야기가 아니다. 심지어 악(惡)은 진화하는 것인지 모르지만 부모를 죽이는 존속살인사건도 끝이지 않고 있다. 언론 보도에서 보면 부모를 죽이는 피 묻은 살인사건이 도처에서 일어나고 있음을 볼 수 있다.

한마디로 부모 자식 간에도 괴로움 · 분노 · 증오 · 불신 등 영혼을 괴롭히는 독이 작용한다. 또 물질만능시대여서 그런지 부모 자식 간에도 공짜가 없는 것 같다. 부모와 자식 간에도 돈은 따로, 재산을 구분해서 소유하는 시대가 되었다. 부모 자식 간에, 형제간에 재산 싸움이 끊이지 않고 있으니 말이다. 가까운 예로 올해 86세의 A 할머니는 장남을 상대로 소유권 이전등기 말소소송을 냈다. 유일한 땅을 물려줬는데 부양 의무를 다하지 않고 부당하게 대우한다는 이유에서다. 내리사랑은 있어도 치(손윗사람)사랑은 없다는 말이 있지만 이제는 재산을 둘러싼 소송까지 벌어지고 있다. 이른바 효도소송이 부쩍 늘고 있다는 얘긴데 효도까지 법으로 규정해야 하는 현실이 씁쓸하기만 하다. 오죽하면 부모 자식 간의 연(緣)을 끊는 법은 없을까 하고 고민하는 사람이 있을까.

극단적으로 말하면 부모에 대한 살인, 구타는 병적인 성향의 명백한 악행이다. 머릿속에 괴물(짐승)이 들어있지 않으면 일어날 수 없는 일들이 가족 내에서 벌어지고 있다. 그러나 자녀는 부모가 어떤 점에서 잘못을 하더라도 학대하거나 폭력을 행사해서는 안 된다. 물론 무례하고 무식한 부모들도 있을 것이다. 부모와 자식 간에는 '차이'가 있을 수 있다. 하지만 당신은 부모의 핏줄을 받은 자식들이다. 부모에 대하여 불순종으로 눈물 나게 하는 것은 그들의 영혼을 슬프게 하고 신을 노엽게 하는 일이다. 부모에 거역하는 것은 곧 부모를 저주하는 자들이나 다름없으니 말이다.

■ 100세 시대 효도를 어떻게 실천할까?

동양의 전통문화는 부모와 웃어른들에게 순종하라는 것이다. 부모의 자식사랑과 자식의 부모공양, 효라는 덕목은 도덕적 윤리 체계를 구성한다. 백 가지 선(善) 가운데 효도가 제일 먼저다. 부모 자식이란 인연이 모질고 끊을 수 없는 인연의 천을 짜는 관계이니 그렇다. 그러면 현대적 의미에서 부모가 살아계실 때 행복하게 만드는 일상적 효도 방법은 무엇일까?

1. 부모님과 늘 가정형편을 상의하고 가족들 관계가 좋다는 점을 알려주는 일이다.

부모님은 앞으로 생존할 기간에 관계없이 가족들에 대해서 늘 걱정하고 있다는 것을 자식들은 잊지 말고 가정의 대소사들에 대해 부모와 의논하며 공유하는 일, 부모들의 걱정과 스트레스를 줄여 주는 것 등 관심을 보여드리는 일이다. 관심은 머리가 아니라 따뜻한 가슴으로 하는 것이다.

2. 항상 부모님에 대한 공경을 표한다.

우리의 어린 시절을 잘 꾸며 주었으니 부모들의 삶과 인격을 존경하는 일이다. 부모들은 온 가족이 자신에 대한 존경을 보고 행복감을 느끼게 마련이다. 존경은 그들에게 귀중한 선물이다. 부모를 공경하는 것은 높은 존중, 존경과 지원을 하는 것이다. 여기서 지원은 의식주 문제뿐만 아니라 삶의 전체를 돌보는 일을 포함한다.

3. 항상 감사를 표한다. 부모에 대한 감사의 제목을 찾아보면 많을 것이다.

천 겹의 인연으로 짜여진 가족관계를 감사하는 일이다. 과거뿐만 아니라 현재의 자녀들을 위해 수행한 모든 것을 위한 당신의 부모에게 감사하라는 뜻이다. 크고 작은 것에 관계없이 부모에게 생명을 주시고 성장시켜 준 것에 대한 감사하는 일이 자식으로서의 도리다. 따뜻한 감사의 마음을 전하면 기적이 일어나게 마련이다. 입술의 한마디가 가정평화를 만들어간다는 점을 잊지 말자.

4. 부모님의 생신일, 중요한 기념일을 기억하고 베푸는 것이다.

특별한 날(생일, 결혼기념일) 등에 작은 선물을 마련하거나 카드보내기, 저녁식사를 마련해 부모님과 함께 시간을 보내는 일이다. 부모를 만나는 것은 자식이 바쁜 시간을 내서 부모와 같이 즐거운 대화를 하며 감사의 마음을 전하는 것이다. 그럴 때 당신의 부모들은 행복하게 보람있게 당당하게 살아갈 것이다.

5. 각종 가족 행사 파티에 부모를 초대한다.

가족들의 생일축하, 휴일이벤트 등을 개최하면서 부모를 초청한다. 이를 위해 가능한 자동차로 모셔온다. 그럴 때 부모들로서는 외롭던 마음이 사라지고 쓸데없는 오해가 풀릴 것이다. 그리고 다른 노인들이 누워 지낼 때 당신의 부모는 벌떡 일어나 마음의 보름달을 볼 것이다.

6. 부모님과 자주 연락을 유지한다.

부모님들은 늘 자식들의 온갖 소식 듣기를 원한다. 자식과 떨어져 있는 상태는 근심의 시간이 아닐 수 없기 때문이다. 살아있는 한 기다림이 없는 사람은 거의 없다. 그러니 가족 내 어떤 일이 일어나고 있는지를 챙겨서 전화로 상의하는 것이 부모에게는 기쁨이 된다. 때로는 가족사진을 보내며 생활을 공유하는 것도 필요하다. 그럴 때 노인으로서 홀로서기와 동시에 가족들과 함께 살아간다는 안정감이 생겨나게 될 것이다.

▲ 17세기 피티 루벤스의 '로마의 자비 <Roman Charity(일명, 시몬과 페로), 1612> 장면.

필자는 오래 전에 부모의 생명을 구하는 딸의 효성을 그린 17세기 피티 루벤스(P. Rubens)의 '로마의 자비'(Roman Charity, 일명 '시몬과 페로', 1612) 장면을 잊을 수가 없다. 부모에 대한 효도를 형상화한 소설, 전설들이 많이 전해져 오지만 이 그림은 너무나 놀랍고 자극적인 그림이었다.

위 그림 작품 속에 나오는 남녀는 부녀지간이다. 아버지 Cimon은 중죄를 저지른 이유로 아사형 즉, 굶어죽게 만드는 형을 받았다. 일체의 물과 음식 제공을 금지하도록 하여 죽게 만드는 무서운 형벌이었다. 이에 고심하던 딸(Pero)은 아기를 출산한지 얼마 안 되는 산모의 몸으로서 감옥의 아버지를 찾아간다. 그리고 간수의 감시를 피해 아버지에게 자신의 젖을 물린다. 며칠간 아무 것도 먹지 못하던 아버지는 그런 딸의 젖을 먹으며 생명을 연장할 수 있었다. 이런 사실을 간수로부터 전해들은 로마 법정은 딸의 헌신과 효도에 감동하여 Cimon을 석방했다는 이야기가 담겨져 있는 그림이다.

이쯤 되면 이해할 만할 것 같다. 생각해 보면 어머니는 임신하면서부터 9개월 동안 영양 · 사랑 · 보호 · 성장 과정의 태아를 안고 살다가 우리를 낳으셨다. 그런 사랑으로 우리들은 한 가문의 아들딸로 성장할 수 있었다. 그러니 성장한 자녀들은 부모를 위해 헌신하고 계속 가족과 친척 그리고 부모의 친구들까지도 잘 대접하는 것이 자식의 도리다. 혹시 부모가 도덕적 · 윤리적 인식의 부족, 인격 발달의 수준이 낮거나, 혹은 부랑자 같은 모습일지라고 '부모의 자존심'을 자극하지 않는 것이다. 10대 손자들까지도 80대의 할아버지의 권위를 무시하지 않도록 훈계하는 일이다. 부모에 대한 존경과 효도는 어떤 보상이나 칭찬을 받으려는 것이 아니다.

■ 부모들의 자녀들에 대한 바람직한 태도

한 집안의 열정과 효도, 갈등과 분노, 행복과 불행한 마음, 이 모두가 가족관계의 씨줄과 날줄로 엮이기 마련이다. 자녀들의 효도가 부족하다고 생각되더라도 참을 만큼 참고 더 참아야 하는 것이 가족 관계다. 늙어서는 덧셈이 아니고 뺄셈이라는 사실도 잊지 말자. 애정 없는 부모는 없을 것이다, 자식들이 밥을 달라고 할 때 뱀을 줄 부모는 없지 않은가.

따라서 이와 관련해 자식들에 대한 부모들의 바람직한 태도를 다음과 같이 정리해 볼 수 있을 것이다.

첫째, 자식에게 가능한 기대지 말고 스스로 자립 자활할 수 있어야 한다.

늙어서도 자식에게 의존하지 말고 자신의 일용할 양식 모두를 해결해야 하는 상황이다. 소득의 부족으로 인한 불안은 여전하지만, 그렇다고 자식들이 부모의 생계문제를 다 해결할 수 없기 때문이다. 부모를 모실 마음이 있어도 사회구조적으로 어려운 상항이니 그렇다.

둘째, 부모로서 양(羊) 같은 인내가 필요하다.

자식들이 섭섭하게 한다고 분노하기보다는 부모로서 인내와 희생만이 부모의 사랑이다. 한평생 자식들을 껴안고 살아가야 할 삶의 짐인 것이다. 어느 날 아버지가 되어 아버지의 시선으로 자식들을 보는 태도 말이다. 인내하면서 미래의 자식들을 위해 씨앗을 뿌려야 한다.

셋째, 자식의 삶과 생각은 부모가 바라는 이상과 다르다는 '차이'를 인정해야 한다.

현실을 직시하기가 어렵지만 자식들의 역할과 부모들의 바람이 일치될 수 없는 일이다. 자식을 개별적·독립적 존재로서 인정하고 각자의 생활영역을 지켜가는 일이다. 세월은 변하는데 여전히 보수적인 사고와 행동을 요구해서는 자식들로부터 외면당하기 쉽다.

넷째, 부모 자식 간에도 돈을 별개로, 재산을 구분해서 관리하는 일이다.

현자들은 돈을 놓으라고 하지만 늙어서 돈을 자식에게 모두 맡기고 의존하게 되면 돈 잃고, 자식 잃고, 자기 생활을 잃게 된다. 자식에 대한 통제 불가능한 사랑 때문에 대책 없이 몇 푼 안 되는 돈을 물려주었다가 비참해질 수 있다. 부모 자식 간에 재산싸움을 벌리는 경우가 얼마나 많은가. 한 부모는 열 자식을 거느려도 열 자식은 한 부모를 못 모신다는 말이 있다.

다섯째, 자식에 대한 소유 감정을 멀리한다.

어렸을 때는 부모가 인형처럼 사랑하고 소유해 왔다면 자식들이 성인이 된 이후는 이런 감정을 보여서는 곤란하다. 결혼까지 시켰는데도 자식을 놓지 못하는 부모들이 이외로 많기 때문이다. 아들 장가보내 놓고 "널 어떻게 키웠는데……" 하며 온갖 것 간섭하면 효도는커녕 부모를 멀리하는 법이다. 자식에 대한 사랑, 정을 끊으라는 것이 아니라 사랑하되 구속하지 않는 부모 자식 간의 관계설정 말이다.

결론적으로 사람은 동물과 달리 오성(五性: 仁義禮智信)을 갖고 있지만 부모 자식 간에 반인륜적인 천박한 행동들이 일어나고 있다. 누구나 도덕적 분노를 느끼는 일이 아닐 수 없다. 게다가 예전 같이 효도받으며 곰방대 물고 살 시대는 지나갔다. 그러나 부모로서는 한평생 자식에 대해 사랑·진심·선함·훈계·보호로 돌보는 것이다. 부모가 돼서 자식들의 미래에 대한 행복한 삶을 살도록 만들지는 못했을지라도, 또한 부모 자식 간에 불행하고 믿을 수 없는 관계로 살아왔을지라도 가족들과 화해하는 길이다. 노년의 삶이란 고단하고 힘들지만 먼 길을 걸어왔고 또 걸어야 할 길이 남아 있기 때문이다. 결국 자녀들은 부모들과의 연락과 만남, 친밀도, 책임과 의무, 대화나누기 등에 소홀함이 없어야 할 것이다. 또 부모들은 자식들에게 의존하지 말고 자기 손이 수고한 대로 먹고 노후를 만들어 가는 삶의 자세로 자녀들의 부담을 줄여주어야 할 것이다. 늙어가지만 능동적으로 아름다운 백발로 살아가야 한다는 뜻이다. ⓒ

> 🔴 노년문화는 노년기의 생활계획을 포함해 죽음에 대한 문제까지 아우르는 개념이다. 신노년문화의 개념은 새로운 관심 대상으로 떠오르고 있지만 우리나라는 아직 그 개념조차 정립되지 않은 상태이다. 2000년 초부터 성공적 노화연구가 활발하게 이뤄지기 시작했지만 '노년문화' 발전은 아직 미흡한 실정이다.
> (본문 중에서…)

신노년시대 노인의 일상과
노년기 시간과 공간에 대하여

일상적 공간은 삶을 연결시켜주는 문화적 가치를 나누며 살아가는 장소이다. 사회 속에서 살며 외부와 내부의 공간 속에서 혹은 지역사회 속에서 살아간다. 그리고 자신이 살아가는 공간은 자신의 '정체성의 지대(geography of personal identity)'이기도 하다. 또한 우리가 살아가는 삶의 장소(place)는 인간과 자연관계 속에서 맺어 지는 공간이다.(Casey, 2001) 우리 존재의 중심이고 자기 활동의 터전이다. 그리고 장소는 인간의 정서적 의미와 삶의 질을 결정하는 요소가 된다. 삶의 장소는 개인과 공동체 정체성의 근원이며, 인간 존재의 심오한 공간이다.(Heidegger, 1962) 또 장소는 정서적·심리적 관계 속에서 일상생활, 특별한 경험지대, 지속적인 행동의 추억이 담긴 곳이다. 특히 인간의 정체성에 미치는 장소 중에서 우리가 생활해 가는 집은 일상생활의 핵심적 공간이요 사랑의 보금자리다. 우리 삶의 기본터전이요 삶의 기억을 만들어 내는 곳이기도 하다.

그런데 장소의 특성은 외부와 내부 즉, 집안과 집밖에 따라 달라진다. 그것은 우리가 늘 생활하는 집(house)은 밖과 구별되는 사적 영역의 울타리 내(insideness)로서 우리 삶의 전체이자 가족공동체의 공간이다. 다시 말해 개인적 삶의 체험 장소라고 할까. 아니면 생활공간 혹은 가족들만의 1차 공간으로서 살아가는 장소이다. 또 다른 하나는 집 밖(outsideness)의 외부적 공간으로서 사회활동의 맥락을 갖는 2차 공간이다. 사람들과 더불어 상호작용하며 사회적 활동을 하는 공간이다. 문제는 은퇴이후 집밖의 공간적 생활에 잘 적응 못하는 경우가 많다는 점이다. 노인들은 집 밖을 서성거리며 하루를 힘들게 보내는 사례가 많은데 그 이유는 돈, 명예, 권력, 학력 등 세속적 가치의 상실감을 느끼기 때문이다. 심하면 자신의 운명을 봉인한 채 신체적 · 정신적 어려움을 겪으며 공간 이동능력을 상실하고 살아간다.

■ 노후생활에서의 시간과 공간이란 어떤 의미인가?

인간은 시간과 장소에 자신의 몸을 맡기고 적응해 살아간다. 몸은 시간과 장소에서 분리될 수 없다는 얘기다. 장소 없이 자기 없고 자기 없는 곳에 장소는 아무런 의미가 없다. 우리의 생명은 장소에 따른 지리적 자아(geographical self)가 성장하고 우리의 삶의 경험 · 기억 · 의미가 내재화된 습관이 형성된다.(Creswell, 2004) 프랑스 사회학자 부르디외(P. Bourdieu)가 말하는 아비투스(habitus) 같은 것이다. 아비투스는 습관(habit)에서 유래된 용어로서 인간의 행위는 사회의 객관적 구조와 내재화된 습관에 의해 이뤄진다는 설명이다. 그래서 사람들은 특정한 시간과 장소(champ)에 따라 사회화된 의식과 행동으로서 생활변화에 적응하며 살아간다는 것이다.(Maton, 2012)

이와 관련해 우리가 생각할 것은 우선 어떤 '장소(태어난 곳 혹은 생활터전)'에서 거주한다는 것은 그곳을 통해 땅을 이용하거나 머무는 행동을 의미한다.(Lefebvre, 1991) 특히 한 평생 살아가면서 생활공간을 옮겨 다닐 가능성이 높아진다. 세컨드 하우스를 마련하거나 자연과의 공감이 가능한 별장을 마련해 거처를 옮겨 다닐 수도 있다. 특히 노년 후기에는 거주지 선택단계로서 자기 집에서 계속 살거나 요양원 입소, 아니면 실버하우스로 이동해 죽음을 준비하는 단계로 들어간다. 특정한 장소와 시간 속에 존재하면서 여러 가지 생각과 행동으로 내 몸 안에 '내 마음'을 고정시키는 것이다. 내적으로 경치 좋고 따뜻한 '은퇴마을'로의 귀향을 꿈꾸는 것도 같은 맥락이다. 65세 이후부터는 '늙은이'로서 주어진 환경에 적응하며 자신의 삶을 내면화시켜 나가는 단계로 접어드는 것은 자연적인 현상이다. 이때부터 냉정과 열정이 소멸되어 가면서 은둔적이며 비유동적인 삶이 시작된다. 사회적 연결망과 단절되며 소외감과 절망감도 커져가게 마련이다.

두 번째는 누구나 '시간' 속에 존재한다는 사실이다. 어느 날 애기로 태어나 생물학적 시간(biological time)에 맞춰 성장하고 노년 후반기 어느 시점에서 사망하는 것이다. 그리고 어느 장소에서 머물고 행동한다는 것은 시간을 보낸다는 것이다. 그런 시간과 공간은 삶의 의미를 변화시키고 자기 영향의 한계를 느낀다. 삶의 순간들이 시간 속으로 미끄러져 들어간다. 알차게 보내지도 못하고 그저 견뎌낼 수밖에 없는 기분도 느낄 수 있다. 또 누구나 늙어 가는 허무감 속에 지친 영혼과 씨름하는 시간도 많아질 것이다. 그런 세월이 흐르면서 시간과 공간에 대한 경험은 하나의 '기억'으로 남고 향수의 뿌리가 된다. 그 시간은 너무나 값없이 빨리 지나갔음을 느낀다. 미국 심리학자 제임 바이렌(Jame Birren, 1985)은 시간을 "신의 메시지로서 공간 물질 에너지 그리고 마음을 통과한다."고 표현했다. 노화는 생물학적 매커니즘의 속도로 변하고 인지과정의 감퇴와 사회적 상호작용을 변화시킨다.

그런데 하루하루 살아가면서 연령증가와 함께 이런 시간과 공간을 어느 정도 확대할 수 있느냐, 아니면 시간과 공간속에 갇히느냐의 문제가 생긴다. 신체적 혹은 생활능력의 한계가 올 때는 사람들 대부분이 답답해 하거나 한 개인의 정체성이 고정된다는 사실을 경험한다. 현재의 생활이 시간과 공간에 묶이면 거의 자기소외, 사회적 연대의 상실, 내면의 동기가 떨어지게 됨은 물론이다. 동시에 그동안 살아온 시간과 공간에 대한 추억이 강해지면서 ▶사랑하던 사람을 그리워하는 것, ▶경제적 어려움에서 벗어나는 것, ▶질병을 극복하는 것, ▶죽음을 잘 맞이하는 것 등으로 생애 소망이 한데로 모아진다.

사실 살다보면 한 개인의 지리적 공간(생활공간)은 늘 변하게 된다. 유아기로부터 노년에 이르기까지 지역, 나라, 세계로 이동하여 살 수 있다는 뜻이다. 특히 성인기에는 생활공간 욕구가 최대로 확장되어 무제한으로 소유하고 싶고 욕망이 지배한다. 아니 돈지랄 혹은 귀족 취미를 흉내 내고 싶은 것이다. 즐길 수 있는 사람이 더 사치스러운 생활을 갈망하게 마련이다. 사람들은 늙어 쇠잔해가면서도 오래 살고 싶고 생산적인 질 좋은 삶을 즐기기를 원한다. 뿐만 아니라 늙었어도 사람들은 더 좋은 곳을 찾아 이동성을 높여간다. 지팡이에 의존하면서도 어딘가를 향해 여행하며 새로운 공간을 마련해 살아가고자 하는 욕망은 줄지 않는다.

그러나 대부분의 사람들이 노후에는 생활공간의 이동이 어려워지면서 가정 중심적 생활공간에 안주하며 살아가게 된다. 내부지향적으로 누적적 경험을 살려 자기 감각을 개발해 가는 생활, 즉 '개인 정체성의 지리'(geography of personal identity)를 구성하면서 하나의 '마음 – 공간 – 공간적 구조'에 적응하며 살아간다. 그리고 '개인적 지리'(personal geography)는 짧아지고 정체성은 고정된다.(Finch, 1989) 가까운 거리 내의 타운 하우스 형태의 주거 공간에서 몇 가구가 모여 오손 도손 살아가기를 원하는 것도 개인적 지리를 좁혀가려는 욕망이다. 인류학자 홀(E. Hall, 1992)이 개인 차원의 거리에서 말하는 밀접한 거리, 개인적 거리를 유지하려 한다. 하지만 반대로 사회적 거리, 공적거리는 점차 멀어지면서 사회적 상호작용도 끊어지게 된다.

■ 주관적 상상의 공간과 현실의 괴리

일반적으로 은퇴 이후 노년기에 접어든 사람들은 자신들에게 주어진 생활공간에 대해 매우 따분하게 생각한다. 집이 지긋지긋한 족쇄처럼 느껴지며 지옥이 따로 없다는 감정이 지배할 때도 있다. 집을 떠나 유목민 혹은 자유인처럼 살아볼 생각도 든다. 상상의 공간 (mindscape)을 꿈꾸면서 따뜻한 남쪽 나라를 갈망한다. 특히 현시대 노인들은 풍광이 좋은 곳에서 조용하게 건강장수를 누리며 살아가는 것을 동경한다. 취미생활과 함께 시간을 재미있게 보낼 수 있는 안락한 공간으로의 욕구가 강해진다는 의미다. 노후 생활을 멋지게 보낼 수 있는 상상의 공간은 그동안 살아온 삶의 경험과 밀접한 관계를 갖는다. 늙어가지만 지친 영혼의 안식을 찾으려 하는데 이러한 공간 범위의 확대는 인간의 실존적 존재의 욕구에 다름 아니다.

그러나 신체적 능력의 한계, 나이 증가에 따른 제한, 사회적 역할의 축소, 경제력의 약화 등으로 인해 노인들은 바람직한 생활공간의 확장이 어렵다는 사실에 안타까워한다. 공간에 대한 무제한의 욕구는 상대적으로 세월이 흐르면서 생활능력의 감소와 함께 삶의 축소로 이어지게 마련이다. 장소 기반에 의존하는 감정이 점차 변하면서 개인의 정체성 역시 생활변화에 직면해 흔들리게 된다. 개인의 물리적 이동성(생활공간)의 제한으로 생활의 타격을 입을 경우도 생기면서 종종 역할 변화가 불가피해진다. 또 신체적 약화는 사회분리(societal disengagement)를 통해서 개인적 지리적 생활공간의 축소는 불가피해진다. 결국 노인들은 나이가 더해지면서 지리적으로 '공간의 포로'

(prisoners of space)가 된다. 집 주위를 맴돌다 저녁때면 힘없이 돌아온다. 공간적으로 구속 받는 존재로 생활의 고립을 가져오게 되며 외부와 멀어지는 내부생활로 향하게 된다.(Rowles, 1978)

■ 노후생활의 정서적 자기 공간의 마련

어디서부터인가 우리는 걷기 시작해 지금까지 살아왔다. 내가 걸어온 모든 길과 한동안 머물렀던 많은 정거장들은 삶의 과정이었고 경험과 감각의 장소였다. 시간과 공간속에서 만난 모든 사람들과 경험들은 우리의 인생지도를 만드는 과거였다. 인간은 자신의 생활공간을 확장하는 욕구가 있고 새로운 거처를 향해 가려는 욕구가 작용하고, 자기 가치, 자기 생활수준에 맞는 곳을 찾아가게 된다. 목가적인 풍경을 이루는 '안락한 집'을 꿈꿔 보기도 한다. 이때는 조상의 뿌리(고향), 어린 시절, 직업, 어떤 지방의 배우자와 결혼하느냐에 따라 달라지기도 한다. 때로는 현실 도피, 노화와 질병 그리고 죽음 등을 고려하여 정해진다. 아니면 따뜻한 땅 자기고향으로의 귀환을 상상하며 거처를 옮겨 가기도 한다. 다시 말해 고향에 대한 간절한 그리움, 수많은 인연의 끈을 회상하며 마지막 생을 마감할 장소를 찾게 된다.

사실 우리는 늘 어떻게 하면 자기 운명의 리더가 될 수 있을까? 혹은 운명의 전환은 없을까 하고 고민하며 살아왔다. 노년기에 이르기까지 한평생 자신의 운명을 지고 별 사고 없이 바쁘게 살았다면 성공한 삶이라고 할 수 있다. 일본의 나카노 고지마가 쓴 수필집《행복한 노년의 삶》(2003)에서는 어떤 사고 없이 무사하게 살아온 것이 노년의 행복이라고 했다. 세상을 등지고 사는 자의 즐거움도 남 다른 노년의 즐거움이라고 했다.

그런데 대부분의 사람들은 노년의 행복을 잘 모르고 살아간다. 대개 사람들은 얼굴에 비치는 자신의 늙은 모습을 보면서도 늙음의 모습을 내면화시키지 못한다. 즉, 잘난 자존심 때문에 있는 척, 아는 척, 괜찮은 척, 기쁜 척하며 늙음을 수용하기가 싫은 심리가 작용한다. 더구나 사회적으로 노인에 대한 부정적 인식이 작용하는 가운데 기능적 상실, 제한된 일자리, 자기 가치감(self-worth)의 불안 심리가 작용한다. 남에 대한 의존 심리가 작용하는가 하면 아름다움을 보는 감각도 무뎌져 간다. (Stone, 2003) 한 마디로 자신의 참 모습을 보지 못하고 고장난 존재로 살아가는 형국이다.

그러므로 이렇게 말할 수 있다. 우리는 시간과 공간의 의미를 깨닫고 이해할 때 아름다운 삶으로 진보할 수 있다는 것. 물론 물리적 생활공간은 온전히 내 것이 된 것도 있고 놓쳐버린 것도 있었을 것이다. 그러나 늙어서는 한 뼘의 땅을 마련해 그 위에 누워보는 것, 아침저녁으로 잔디밭에 물을 주며 정원을 가꾸는 일, 밤에는 창밖으로 보이는 야경을 관조하며 고독한 밤을 즐기는 여유, 낮에는 푸른 바다가 보이는 테라스에서 친구들과 커피 한 잔을 하는 것, 이런 것들이 늙으면서 느끼는 윤택함이 아닐까 싶다. 이렇게 늙어간다면 멋진 성과이고 축복이 아닐 수 없다. 키케로가 말하는 것처럼 늙은이는 항구에 정박한 배처럼 느긋하게 행복을 즐기는 시간이다.

그렇다면 영원한 시간 속에 지금, 이곳은, 노년의 멋이 무언인가를 성찰해 보자. 늙어서는 바깥 생활이 축소되는 대신 '내부'로 자신의 자리를 구축해가는 특성이 강해진다. 그렇지만 외향적으로의 이제까지 삶을 관조하며 생애전략을 재점검하는 일이다. 자기 긍정성(affirmations of self)으로 역경을 이기는 것, 자기 인생을 사랑하고 사랑하는 것이다. 말인즉 구체적 생애전략이 마련된다면 당신은 훨씬 더 좋은 삶의 방향과 행동을 만들 수 있을 것이다. 특히 늙어서는 탐욕에서 나오는 근심이 아니라 병적인 욕망을 줄여가는 일이 성공적인 노년 생활일 것이다. 진정한 해법은 아니지만 긍정적 노화(affirmative aging)를 위해 시간과 장소에 대하여 아래와 같은 시각을 참고할 때 노후생활이 즐거울 것이다.

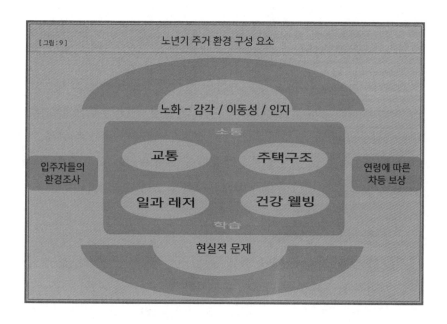

[그림 : 9] 노년기 주거 환경 구성 요소

노화 – 감각 / 이동성 / 인지
소통
입주자들의 환경조사
교통 주택구조
연령에 따른 차등 보상
일과 레저 건강 웰빙
학습
현실적 문제

1. 노후생활에 걸맞은 자신만의 공간을 마련하는 일이다.

생물학적 신체와 정서감을 통합해 가는 물리적 공간의 자기 선택으로서 자기 집, 요양원, 공동주택생활 등을 고려해 현실적 대안을 설계해 노후를 대비하는 일이다. 노인들로 하여금 자신의 생활조건과 취향에 맞는 생활공간, 즉 마음의 공간을 마련해 가는 일은 노후의 삶의 질을 결정하기 때문이다.

다짜고짜로 100년 가량 살게 해 달라고 빌 수 만은 없지만 노인의 행복한 삶, 때로는 건강한 노화, 그리고 노년생활의 의미를 되새기며 내일을 위한 시간과 공간을 잘 관리해야 할 것이다.

  2. 노인들은 자기가 살아가는 장소에 대한 친근감, 경제사회 문화적 정체성을 잃지 않도록 하는 일이다.

  다시 말해 자기가 기거하는 곳에서 최대한 잘 적응하는 일이다. 이를 위해서는 가능한 자신에 대한 자기 돌보기(self care) 자세가 요구된다. 요사이는 노노케어(老老, 노인끼리) 개념이 나올 정도로 노인들끼리 서로 돕고 살아가는 자율 자립의 정신이 요구되고 있기 때문이다. 주어진 시간과 공간을 자기 의지대로 활용할 수 있는 능력, 자신의 일상생활을 남의 도움 없이 자기가 해결해 가는 자세 말이다. 65세 이상 고령자를 돌보고 있는 동거인의 48%가 65세 이상인 것으로 집계되어 노노세대(老老世代) 문제가 심각해지고 있으니 그렇다.

  3. 늙어서 혹은 은퇴 이후 자기 생활거처를 잘 선택하는 일이다.

  특별히 살고 싶은 곳(지역, 주택)을 고려해 정하는 일이다. 평생 살아온 경험과 감정에 따라 자신의 고향보다 정서적으로 애착이 가는 땅 혹은 집도 있을 것이다. 은퇴 이후 살아갈 행복한 공간으로서 자신의 영혼을 맡길 수 있는 곳, 따뜻한 곳, 안전한 피난처가 될 마지막 휴식장소를 잘 마련하는 일이다. 사실 이런 꿈을 실현해 가는 신노인들도 많다. 그러나 빚을 내서 그토록 바라는 땅이나 집을 사지 않는 것이 노년기의 재테크일 것이다. 5년간 계속 살지 않는다면 사지 않는 것이다.(5년 규칙)

  4. 세상과 떨어져 사는 멋도 괜찮을 것이다.

  세상과 떨어져 낙향해서 시골서 한적하게 사는 즐거움도 빼놓을 수 없는 하나의 선택이다. 세상을 등지고 사는 자의 즐거움도 노인만이 즐길 수 있는 여유로움이다. 필자는 한 평생 살아온 서울 생활을 거두고 제주도에서 새로운 공간과 새로운 존재들을 발견하고 새로운 일거리를 만들어가는 중이다. 인도의 브라만 계급 귀족들은 50을 넘어 할 일을 끝내고 자식들을 다 키우면 숲으로 들어가 남은 삶을 홀로 보내는 모습도 상상해 본다. 유럽을 여행하다 보면 보이는 한 고성(古城)에서 하루 밤을 보내고 싶은 욕망을 느낄 때가 있었을 것이다.

5. 늙어서는 자신의 임박한 죽음을 예감하고 자신의 삶을 정리할 수 있는 곳, 그리고 죽어야 할 '마지막 장소'가 어딘지, 죽어서 갈 자기의 유택(幽宅)을 어떻게 마련할지 생각해 보는 일이다.

70대에 묏자리 보러 다니는 사람은 웃음거리가 되는 세상이 되었지만 따뜻한 유택을 마련해 놓는 것이 노인기의 마지막 소망일 것이다. 그렇지 않아도 양지 바른 곳에 멋진 유택을 마련하는 사람들을 주위에서 자주 볼 수 있다. 실제로 옛날 노인들은 자신이 죽어서 들어갈 가묘(假墓)를 만들어 놓고 순명을 기다렸다.

결론적으로 늙어서는 사회적 은퇴, 배우자 상실, 양로원 입소, 임박한 죽음과 같은 인생의 허무함을 느낄 때이다. 이런 과정의 시간과 장소는 우리 삶의 기억, 무거웠던 고통은 물론 우리의 웰빙과 생활 전체에 대한 의미를 제공한다. 그리고 그런 장소를 통해 추억의 고향으로 마음속에 남는다.

하지만 우리가 늙어가면서 살아갈 생활공간은 너무 빨리 줄어들고 곰팡이 냄새가 나게 마련이다. 세계가 넓다고 하지만 내 몸 하나 눕힐 곳은 방 한 칸으로 이런 공간마저 보장 받지 못하는 노인들이 많다. 죽어서 내 몸이 들어갈 공간은 한 평 남짓한 좁은 땅이지만 그런 유택을 마련하기도 쉽지 않다. 누구에게나 늙어가면서 편안히 마음 놓고 쉴만

한 자신만의 누에고치 같은 방이라도 있으면 좋을 것이다. ⓒ

■ 참고 자료

나카노 고지마.(2003),《행복한 노년의 삶》,장미화 역, 서울: 문예출판사

Birren, J. E and K.W, Schaie(eds)(1985), Handbook of the Psychology of Aging CA: Academic Press.

Casey, E.(2001), Between geography and philosophy: What dose it mean to be in the place-world?. Annals of the Association of American Geographers, 91(4), 683-693.

Creswell, T.(2004), Place: A Short Introduction. Maldan, MA: Blackwell Pub.

Finch, R., Williams T.(1989), Landscape, People and Place, in Writing Natural History: Dialogues with Authors, ed, Leuders, E., Salt Lake:UUP. 37-65.

Hall, Edward T.(1992), An Anthropology of Everyday Life: An Autobiography, New York: Doubleday.

Heidegger, M(1962), Being and Time, Trans, Macquirrie, J. and Robinson, E. New York: Harper and Row.

Lefebvre, H.(1991), The Production of Space, Oxford: Blackwell Pub.

Maton, Karl.(2012), "Habitus" in Grenfell, M(ed), Pierre Bourdieu: Key Concept. London: Acumen Press.

Rowles, G. D.(1978), Prisoners of Space?: Exploring the Geographic Experience of Older People. Boulder: Westview Press.

Stone, S. D.(2003) Disability, dependence, and old age: Problematic constructions Canadian Journal on Aging, 22(1), 59-67.

신노년시대 노인의 일상과
노년기 천당 희구 의식에 대하여

당신이 죽을 장소는 어느 땅끝이다. 늙음의 끝에 당신이 서 있다. 죽음의 중지는 없다. 삶과 죽음의 연주는 너와 나의 이별이다. 죽음의 여신은 당신을 기다려주지 않는다. 영화《그린마일》(The Green Mile, 프랭크 다라본트 감독, 1999)은 사형수가 감방에서 나와 전기의자가 놓여 있는 사형집행장까지 가는 길 위에 녹색 깔판이 깔려 있는 복도를 말한다. 이 영화는 우리 모두가 죽음으로 간다는 사실을 암시한다. 그 길을 남보다 빨리 걸을 수도 있고 천천히 걸을 수도 있으나 결국에는 누구나 그 길의 끝에 와 닿는다. 그러나 우리는 "저승길이 얼마나 먼 길인가? 천국까지 가는 거리가 100m 아니면 200m 쯤 남아 있을까?" 하고 많이 망설여진다.

어떤 사람이 죽음의 길이 험난한지를 물었다. 그러자 기원전 2세기 그리스의 목가 시인(pastoral poets) 비온(Bion)이 말했다. "아무 걱정 마시게. 저승 가는 길은 평탄하다네. 누구든지 눈을 감고도 갈 수 있는 길일세."라고 했다. 하지만 죽으면서 '지옥으로 가는가? 혹은 천당으로 가는가?' 하며 우리는 두려워한다. 우리의 영혼, 정신이 사후 세계로 이어진다는 믿음을 갖고 있기 때문이다. 어떤 교리는 인간이 죽을 때 마지막으로 생각하는 것들에 따라 다음 생(生)이 결정된다고 한다. 즉,

그의 마음이 몰두해 있는 대로 얻게 된다는 주장이다.(고대 경전, 바가바드기타, 우파니샤드) 그래서 사람들은 막연히 죽은 사람의 영혼에 대해 추측하는 버릇이 있다. 신들은 죽은 자들이 일생 동안 어떻게 살아온 지에 대해 가격을 저울질한다는 것이다.

그래서 인간이 죽어서 가는 곳을 불교는 극락세계, 도교는 통천복지, 유교는 천계(天界), 기독교는 천당에 간다고 가르친다. 또 가톨릭의 '종부성사'(終傅聖事) 즉, 종부성사를 받아야 하늘나라로 간다고 한다. 인도 사람들은 갠지스 강에서 죄를 씻어야 좋은 곳으로 간다고 믿는다. 세상에서 가장 오래된 도시 바라나시(Varanasi)에서 수많은 사람들이 화장터에서 피어오르는 연기, 백단향 냄새가 마음을 심란하게 만들지만 사람들은 강물에 뛰어들어 몸을 씻고 물을 마신다. 바라나시의 강물은 신비한 힘을 가지고 있으며 죽은 자를 축복하는 곳이다.

사실 우리는 죽은 후의 심판을 두려워한다. 누구나 "죽으면 천국으로 가는가? 지옥으로 가는가?" 하는 혼란에 빠지며 막연히 천국을 그리며 죽어간다. 죽음을 좋아할 수 없지만 신 앞에 어떻게 대답할 것인가를 놓고 고민하게 된다. 이 고민은 "죽어서 하나님의 심판대 앞에서 온전히 설 자는 누구인가?" 하는 것과 관련돼 있다. 우리는 흔히 동네에서 초상이 나면 "김 첨지가 죽었어! 그는 천당에 갔을 거야."라고 말한다. 동네 사람들 모두가 그의 올바른 삶을 보고 그렇게 생각하기 때문이다. 반대로 "박 첨지는 지옥에 갔을 거야."라고 입방아를 찧는다. 그는 세월을 악하게 살았기 때문이다. 죽어서도 좋은 소리를 들어야 한다는 얘기다.

인간은 존재론적으로 불안을 갖고 있어서 죽음에 대한 불안은 인간의 잠재의식 속에 깔려 있다. 검은 구름과 갑작스런 폭풍우가 휘몰아치면 무슨 죄라도 있나 하는 무서운 생각이 든다. 한평생 살아오면서 나쁜 죄를 지었다면 귀신이 달려드는 꿈을 꿀 것이다. 다른 교훈적인 예로 죽음 후의 상징적 모습을 명화에서 찾아볼 수 있다.

▲ 히에로니무스 보쉬의 <일곱 가지 큰 죄(The Seven Deadly Sins)>

히에로니무스 보쉬(Hieronymus Bosch, 1450~1516)가 그린 '일곱 가지 큰 죄"(The Seven Deadly Sins)라는 위 그림에서 보자. 우리가 사는 세상은 악마에 의해 움직이고 있다는 일곱 가지 죄악(교만, 인색, 음욕, 질투, 탐식, 분노, 나태)의 순환이 그려져 있다. 그리고 이승 뒤에 우리를 기다리고 있는 것 4가지가 있다. 그것은 죽음, 부활, 지옥, 낙원이다. 이것은 인간에게 있어서 정해진 운명을 상징한다. 그리고 그림 한가운데는 하나님의 눈이 너무나도 똑똑하게 빛나고 있다. 하나님 눈 위에는 우리에게 알리는 경고가 있는데 그것은 '▶주의하라, 주의하라, 하나님이 보고 계신다. ▶하나님은 악마의 길을 택한 자에게 더 이상 눈길을 주지 않는다.'이다. 이것이 그림 전체의 메시지로서 매우 극적이다. 영혼의 타락을 경고하고 있는 그림이다. 신을 향해서 내맡기는 것이 바로 영적 성숙이고 죽음을 맞이하는 태도임을 보여준다.

결론을 내는 것은 어려운 일이지만 누구나 죽음에 이르면 그 사람의 본질이 나타나게 되고 세상 사람들은 그의 생을 기억하며 죽어서 어디로 갔을 것이라고 막연히 판단한다. 아마도 세상에 대한 집착, 처자식, 재물, 명예에 강했다면 영혼이 육체를 떠날 때도 고통스러울 것이다. 성품이 맑고 깨끗하고 죄가 없으면 옷을 벗듯이 훌훌 떠나갈 수 있지 않을까. 자기 죄업(罪業) 대로 응보(應報)를 받는다는 개념에서 보듯이 선하게 살아가야 한다는 것이 성인들의 교훈이다.

요새는 보기 드문 일이지만 한국인들이 전통적으로 사용해 온 '상여'는 곧 이별과 슬픔을 아우르는 애도의 행렬이었다. 아름다운 배웅의 미학으로 승화시키는 한국인들의 극락왕생을 기리는 장례행사였다. 결국 세상에서 잊혀진 사람으로 사라지는 것이다. 만나면 반드시 이별하기 마련이다(會者定離).

그러니 죽어가면서 뜨겁게 껴안았던 세상을 놓아야 한다. 죽음 앞에서 과거와 미래를 볼 수 있어야 한다. 가족도 놓아야 하고 재물과 명예도 내려놓아야 한다. 부부관계도 마찬가지다. 부부는 함께 살다가 둘 중에 하나는 먼저 죽어야 하는 관계다. 가족 등 모든 친지들에게 고맙다, 미안하다, 사랑한다는 말을 남기고 홀로 떠나가는 것이 다름 아닌 죽음이다.

요약하면 어머니의 젖가슴 같은 무덤 옆을 지나가면서 죽음의 그림자를 느끼게 된다. 노인 생활이 어렵지만 미래의 죽음으로부터 해방된 자에게는 지금 아무것도 겁날 것이 없지 않은가.

노자(老子)는 죽음에 대해 인간의 목숨은 하늘로부터 부여받은 것이며 삶과 죽음은 자연에서 나온다고 했다.

　장자(莊子) 역시 '생과 사는 운명이다. 시기가 되면 가는 것'이라고
했다.

　사람이 태어나 성장하고 늙고 죽어 없어질 때 비로소 한 사람의 값
이 매겨지는 것이고 인생이 완성되는 것이다. ⓒ

> ◑ 노년층이 증가하면서 특유의 노인문화 형성 필요성이 제기되고
> 있다. 노년문화는 그동안 살아온 지혜와 경험, 연륜이 묻어나는
> 노인풍의 만들기와 맥을 같이한다. (본문 중에서…)

4

Chapter Four

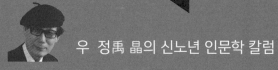

우 정禹 晶의 신노년 인문학 칼럼

행복한 신노년 만들기

제 1 절
노년기 성공적인 노화를 위한
< 잘 늙기 : well-aging > 실천 훈련

신노년시대 노인들이 안고 있는
10가지 문제 점검해보기

오늘날 노인들이 안고 있는 문제는 과연 무엇일까? 노인들이 단순히 걷지 못하고, 보지 못하고, 듣지 못한다고 해서 생기는 불가피한 문제들인가. 노인들이 길거리를 지나다가 약방에 들러서 혈압이나 한번 재보고 나가는 모습이 전부일까? 심하게 말해 당신 몸에서는 가끔 치즈 썩은 냄새가 나지 않는가? 젊은이들로부터 풍기는 향기로운 냄새가 아니라 게으름의 악취, 지저분한 몸매 그리고 당신의 똥을 가족들이나 간병인이 치울 정도로 건강이 나쁘지는 않은가? 이런 모든 것들이 노인들이 겪는 문제들이다.

늙으니 신체적으로 키도 점점 작아진다. 척추가 구부러진다. 당신의 몸은 처자식 부양하느라 애쓰고 사회적 요구를 채우느라고 허리와 등이 굽었다. 몸의 균형도 잡기가 어려워 완벽한 자세를 취할 수 없다. 또 당신은 기억력이 떨어진다. 꼭 그런 것은 아니지만 대개 정신이 오락가락 한다. 정신적 건강(우울증, 치매, 인지장애)과 신체적 반응 능력이 떨어지게 마련이다. 늙으면 낙상하기도 쉽다. 낙상은 병적 상태로써 사망률과 관계가 크다. 아무리 조심하고 예방하더라도 자주 일어나는 사고이니 말이다.

어디 그뿐인가. 늙으면 당신의 손은 가죽 소파처럼 늘어질 것이다. 목과 얼굴의 주름은 SF 영화 ET(The Extra Terrestrial, 1982)에 나오는 외계인처럼 흉측하게 변할 것이다. 당신의 치아가 하나 둘씩 빠져나가면서 틀니, 아니면 임플란트를 해야 할 처지다. 음식을 먹어도 맛이 없고 음식을 씹으면 입 밖으로 밥풀이 흘러내린다. 뒤척뒤척하다가 잠을 들지만 하루 밤에도 몇 차례씩 화장실을 오고 간다. 가늘고 작은 양의 소변을 보자니 시원치가 않다. 심지어 성인 포르노물을 보더라도 아무런 섹스 감각을 느끼지 못할 것이다. 이 모두가 늙어가는 징조인 것이다.

게다가 건강하더라도 85세가 넘으면 자율 · 자립 의지가 저하된다. 남에게 혹은 요양원에 의존하는 삶이 되면서 그들에게 잔인하고 못된 심부름을 시키며 살아가는 처지가 된다. 노년 후기에는 전적으로 자녀에게 의존하게 되지만 경제적으로 어렵기는 마찬가지다. 평생 모아 마련한 집이라도 팔아서 생활하여야 할 판이다. 이렇게 되면 점차 가난해지고 자식대로 이어지면서 대를 이은 가난이 계속된다. 결국 가족 간에 애정과 사랑의 정서가 메말라지고 노후생활이 불행해진다.

그리고 당신은 사회적 차별을 받을 수 있다. 젊은 사람들로부터 '늙은이는 꺼져!' 하는 눈초리를 느끼게 된다. 정년퇴직 문제는 곧바로 노후문제로 이어지면서 노인을 비생산적이라는 인식과 함께 사회 경제적 부담이 된다. 게다가 도시화 · 산업화 되면서 노인들은 전적으로 젊은이들의 부양대상이 된다. 하지만 젊은 사람들은 밥벌이 하기에 바쁘고 육아 문제로 인해 노인들을 돌볼 여유가 없다. 테크노시대에 노인들은 일자리 구하기가 쉽지 않을 뿐더러 심한 노동도 할 수 없다. 사회적 불평등은 경제수준 · 직업 · 건강 등 3가지 영역에 따라 차이가 나게 마련인데 노인기에도 이 같은 원리가 그대로 작용하게 된다.

한마디로 노년기에 이르러서는 개인적으로 '파란만장'이라는 성공 실패의 개인사가 형성된다. 각자 전 생애 과정에 따라 노후생활이 결정된다. 개인사가 순탄하지 않은 삶이었다면 노인기에도 불행해질 수 있다. 개인사에 따라 축복일 수도 있고 저주일 수도 있다는 말이다. 한 많은 세월을 살아가면서 마지막 도착지인 죽음에 이르기까지 생기는 다양한 문제를 어떻게 대처 하느냐에 따라 노후 생활이 달라진다. 또 늙어간다는 것은 정신적 나이와 육체적 나이에 따라 차이가 나게 마련인데 이 두 나이를 어떻게 관리하느냐에 따라 성공적 노화가 판가름 날 것이다. 최근 장수연구가들은 나이가 크게 문제 되지 않는다고 말하지만 다만 늦게 노화 정도가 나타날 뿐이다.

사실 노인기에는 신체적 · 정신적 문제를 안고 살아가는 '병동' 상태에 빠지게 된다. 보통 65~74세 사이의 사람들은 한두 가지의 질병을 가지고 있다. 미국인의 경우 3분의 1이 크고 작은 문제를 가지고 있다. 하나의 예로 85세 이상의 절반은 노인성 난청(Prez)으로 청력을 상실하고 있다. 청력을 잃는다는 것은 가족과 친구와의 대화가 어려워지고 자신의 감정을 표현할 수 없다는 것을 의미한다. 더 큰 문제는 남의 말을 잘 들을 수 없다는 사실에서 주위로부터 무관심 혹은 소외의 대상이 된다.

19세기에 들어오면서 나타난 사회문제는 실업 · 노령화 · 질병 · 빈곤이었다. 옛날의 대가족제에서는 노인문제가 그렇게 복잡하지 않았다. 그러나 지금의 장수사회에서는 가족은 물론 사회에서 노인 문제가 중요한 이슈가 아닐 수 없다. 현시대에서 나타나는 다양한 노인 문제들이 있지만 대부분의 노인들은 자기사랑(self-love)이 깨진 상태에서 모질게 살아가는 모습이다. 그들의 얼굴에는 가난과 노동, 질병, 자신의 슬픔 등이 내재돼 있다. 구체적으로 이 시대 노인들이 겪는 문제는 건강의 실패(질병), 경제적 빈곤, 격리와 고립감, 상실감과 창조성의 상실, 학대와 무시, 두려움과 불안감, 지루함과 게으름, 낮은 자존감, 자기통제력 상실, 노후대비 부족 등 10가지를 꼽을 수 있다. 이들 모두가 경제력과 깊은 관련성을 갖는다는 점도 간과할 수 없다. www.webcrawler.com)

1. 건강 관리 실패(질병)

사람은 나이 들수록 피부색이 변하면서 팔자주름 · 미간주름 · 이마주름 · 목주름 · 눈 꼬리 주름이 늘어난다. 대부분의 노인들이 관절염 · 당뇨병 · 천식 · 백내장 · 고혈압 같은 건강문제를 가지고 있다. 65세 이상 노인들에게 영향을 미치는 건강에는 뇌졸중 · 암 · 폐렴과 독감 · 관상동맥 · 심장질환 · 골다공증 그리고 낙상으로 인한 고관절 골절을 당하기 쉽다. 그래서 의료 분야에서는 암 · 심장 · 뇌혈관 · 희귀난치성 질환 등 4대 중증질환을 집중 관리하고 있는 것이다.

사실 우리 몸은 노화과정을 겪으면서 물리적 해체과정을 겪는다. 병들어 눕게 되면서 남에게 의존하는 삶으로 변한다. 힘든 투병생활이 시작되면서 본인은 물론 가족들에게도 고통을 준다. 대부분의 사람들이 겪는 현상이지만 자식들이나 아내가 당신의 똥오줌을 받아 낸다고 상상해 보라. 얼마나 끔찍한 일인가. 2~3일은 의무적으로 돌보겠지만 한 달, 두 달 계속된다면 참을 수 없는 고통이 아닐 수 없다. 장수시대를 살아가는 노인들의 최대의 관심사는 건강의 지속 가능성(sustain ability)을 잘 유지해 가는 일이다.

2. 경제적 빈곤

노인기에 떠오르는 이미지는 존재론적인 결핍감과 불안정서 그리고 경제생활의 불균형이 아닐까 싶다. 대부분의 노인들이 건강악화보다 더 무거운 근심거리는 다름 아닌 경제적 빈곤, 물질적 문제라는 사실이다. 사람들이 늙어가는 것, 생명유지에 투자되는 개인의 생활비는 얼마나 되는지, 다시 말해 돈이 없으면 아름다운 몸을 지킬 수 없다는 말이다. 특히 돈이란 삶의 독립성과 자율성을 획득하기 위한 수단이다. 기꺼이 건강에 돈을 투자해야 보다 나은 건강을 만들어 갈 수 있다. 그러나 대부분의 노인들이 경제적 빈곤 상태에 쌓여 있다. 복건복지부 조사에 따르면 경제적 어려움을 가장 큰 고민으로 꼽은 노인이 전체의 40% 정도로 나타나고 있다. 월 100만 원 이하의 생활비로 살아가는 사람들도 많다. 경제적 빈곤이 노인들의 삶을 앗아가는 것이다.

3. 사회적 고립과 격리

노인들은 사회와 가정으로부터 '관심'의 대상에서 멀리 떨어져 있다. 가족 해체와 이기주의, 평균수명이 길어지는 등 사회구조적 문제와 무관치 않다. 게다가 극심한 경제 불황과 맞물리면서 노인들은 심한 고립감과 외로움을 느끼며 살아가고 있다. 고독과 고립감은 세 사람 중에 한 명이 느낄 정도다. 사회적 자본인 사회적 네트워크와의 단절, 사회신뢰와 규범, 의사소통 능력을 상실하면서 감정의 충돌이 일어난다. 고독은 건강과 웰빙에 악영향을 미친다. 소셜라이프(social life)인 인간 관계, 만남의 활동성이 줄어든다. 노인들이 자기 집단 속에 살지 못하고 격리된 공간 혹은 요양원에 맡겨져 살아가는 형국이다. 사람들에게 가장 무서운 벌은 무관심이고 폭력보다 무서운 것은 '고립감'이다. 이 같은 심리적 감정 상실감이 계속되면 개인 정체성의 문제를 야기한다. 실존적인 물음 – 자신의 정체성이다. 20세기는 '자기실현'에 방점이 있었다면 21세기는 '정체성' 인식이 중요해지는 시대다. 고독상태 혹은 외롭다는 감정은 일종의 현대병이니 그렇다. 이런 사람들은 주위로부터 늘 관심의 대상이 되며 본질적으로 예방대상이다.

4. 상실감과 창조성의 상실

노년기에는 행복의 원천인 적극적이고 긍정적 사고가 줄어든다는 사실이다. 노년기에 접어들면 시장원리와 능력주의 사회(meritcracy)가 지배하는 삶의 현장에서 견디기가 어려워진다. 늙어가면서 허망함을 넘어 때로는 누추하기만 하다. 바라던 사회적 지위와 역할이 어려워질 때 상실감과 창조성을 잃게 된다. 특히 노후생활이 비참해지면서 삶을 쉽게 포기하는 사람도 많아지고 있다. 젊은 시절에 가졌던 유토피아적 환상과 낭만적인 꿈을 포기하는 것이다. 다시 말해 노인으로서 살아가는 특별한 삶의 가치가 흔들릴 수밖에 없다. 자신의 생존력을 보장받는 일, 삶의 의미를 깨닫고 이를 개발하는 능력, 자신의 현재 위치와 역할에 대한 재정립 등 질적 변화로의 용기가 나지 않는다.

5. 가족, 사회로부터 학대와 무시

노년기는 가족 혹은 사회로부터 불평등한 대우를 받게 마련이다. 노인들의 사회에 대한 공헌과 인간자본으로서의 잠재력이 무시된다. 젊은이들에게 있어서 노인은 쓸모없는 늙은이에 지나지 않고 배려와 존경심도 사라지게 된다. 삶의 여건들이 사회적으로 어려워지면서 자식들로부터 야만적인 멸시와 학대를 당할 수 있다. 실제로 자식들은 부모들에 대해 직간접적으로 학대와 무시 등의 치명적인 해를 끼치는 일이 발생하고 있다. 노인이지만 100세 장수 시대에서 '사회적 신체(social body)'로서 정당한 대우를 받지 못하는 상태가 되는 것이다.

학대는 '인간의 얼굴'을 한 야만의 폭력이다. 보이지 않는 학대와 노인자살, 독거노인 문제 등 어두운 그림자가 사회와 가정에 퍼져 있다. 가정에서는 노인들의 목소리가 들리지 않고 사회적으로는 불평등한 처우를 받는다. 극단적으로 보자면 노인은 애완견보다 못한 취급을 받는 듯하다. 그러니 노인들은 자연히 정신적 고립감을 느끼며 심리적으로 감정이 메말라질 수밖에 없다. 심지어 노인들은 자아 실현욕구가 불가능하다는 사실에 절망하며 자포자기 상태에서 자신을 학대(자살, 음주)하는 현상도 나타나고 있다.

6. 앞으로 살아갈 날에 대한 두려움과 공포심

노년기에는 앞으로 살아갈 날에 대한 걱정과 늙음에 대한 두려움이 다가온다. 늙는다는 것 자체가 환상의 상실은 물론 망가져 가는 육체임을 느끼게 된다. 늙음에 따른 각종 질병에 대한 두려움이 많아지는 가운데 호르몬의 변화로 인한 우울증의 증가, 죽음에 대한 불안감이 나타나기 시작한다. 인생 100세 시대에 경제적 부담은 물론 적당한 일거리도 마땅치 않아 불편한 감정은 계속된다. 가정적으로 노인들에 대한 수발, 병원치료 등 모두가 걱정거리다. 그리고 가족들 곁을 떠나 요양원에 맡겨지는 것도 두려워진다. 노인들은 압도적 절망에 사로잡힌 채 불안의 삶을 지나 '우울한 삶'으로 변해가고 있는 것이다.

7. 하루하루 보내기의 지루함과 게으름

게으름은 몸의 이름이 결코 아니다. 하루 보내기가 어려워지거나 게을러지는 습관이 생긴다. 반복되는 하루 생활에 몸이 지치고 무거워지면서 지루함을 느낀다. 정신은 어둡고 몸은 쇠하고 주머니는 텅 빈 삶에서 하루하루가 길고 괴롭다고 느껴질 수 있다. 아무것도 할 수 없는 무력감에 빠지기도 한다. 사람의 가장 큰 죄는 아침에 일어나 밤에 잠자리 들 때까지 하루 종일 아무것도 하지 않는 일이라는 사실을 알지만 할 일을 찾지 못하는 경우가 많다. 권태로운 일상과 두근거리는 기다림이 있지만 노년기는 미망(迷妄)에 빠지기 쉽다. 늙어가면서 오후 반나절도 매우 길게 느껴지면서 방황하게 된다.

8. 자기 자신에 대한 낮은 자존감

자기 존중감은 한 개인이 스스로 얼마나 가치 있는 존재로 생각하느냐 하는 개인적인 판단이다. 이런 자존감은 자기 성취감을 느끼지 못할 때 느끼는 감정이다. 성취감은 자신이 생각하는 만큼, 원하는 만큼의 그 무엇을 이루었을 때 느끼는 만족감으로 이어지게 된다. 그러나 노인들의 경우 낮은 자존감(low esteem)에 쉽게 빠지는 경향을 보인다. 예를 들어 ▶남들로부터 인정받지 못할 때, ▶늙어감을 두려워할 때, ▶행복한 열정을 잃어버렸을 때, ▶남의 성공을 깎아내리는 경우, ▶남의 탓만 하는 경우들이 그것이다. 삶의 시궁창에 빠져 있다는 생각을 많이 하는 사람들이 자존감이 낮은 상태다. 그렇게 되면 복되게, 빛나게, 기쁘게 '마음의 집'을 마련하기가 어려워진다.

9. 자기 통제력의 상실

자기 모순적 갈망에 사로잡혀 거침없는 행동을 보이는 것이 통제력 상실이다. 노년기는 인내심이 부족해지면서 파괴적인 관계, 아니면 관계의 파괴자가 되는 통제력 상실에 빠지기 쉽다. 이른바 '안정적인 심리구조'를 형성할 수 없다. 특별히 치명적인 가난 혹은 병에 걸린 사람은 자신의 삶에 대한 적응과 화해보다는 부정, 분노, 자기 파괴의 심리가 더 지배하게 된다. 반항적 쾌락에 빠지는 경우도 있다. 파우스트처럼 더 많은 즐거움, 더 높은 지위를 얻기 위해 기존의 규범과 도덕에서 벗어난 노인답지 못한 행동을 할 때가 있다. 일이 잘 풀리지 않은 때는 시한폭탄과 같은 화를 내는 자기 통제력 상실 모습도 보인다. 누구나 지켜야 하는 사회윤리, 규범, 규칙을 무시하는 와해성(discruptive)의 폭력이 나타나는 것이다. 우리가 일상생활에서 화를 자주 내는 것은 그 이유가 많겠지만 특히 우리 무의식 속에 '아픈 상처'가 있기 때문이다. 신의 목소리는 "유익하고 조화롭고 창조적으로 살라."는 것이지만 인생 목표를 달성하지 못한 것을 비통해 하며 자신의 늙음과 역할 상실을 받아들이지 못하는 경우가 생긴다.

10. 노후대비 부족

노년기 삶은 심리적이고 사회적인 성장과정으로서 결혼, 자녀출생, 취업, 빈 둥지 같은 전 생애 과정과 깊은 관련성을 갖는다. 사오정 시대에 노후를 스스로 준비하는 지혜, 노후설계도 어려운 시기다. 사실인즉 인구 통계학적으로 60세 이상 노년기에 접어든 사람은 대부분 노후준비가 안 된 상태다. 실제로 '건강한 노화' 생활을 유지하기가 어렵다. 일할 기회나 생산적인 사회 활동도 하기 곤란하다. 개체로서의 삶, 공동체로서의 삶을 조화 있게 만들어 갈 여유조차 없다. 그렇다 보니 자연히 노후의 생활이 행복할 리가 없다. 미국인들의 경우 60~69세 연령그룹에 속하는 사람의 약 48%가 행복하지 않다는 보고가 있다. 우리나라 노인들 역시 이와 비슷하다. 선진 복지 국가들보다 노후준비가 매우 부족한 상태다. 설사 몇 푼 안 되는 돈마저 자식들에게 이런 일 저런 일로 보태주다가 노후 생활이 비참해지는 경우도 생긴다. 말인즉 노년 후기로 접어드는 70세 이상 시기는 삶의 통합기(age of integrity)로서 철저한 노후대비 준비가 없으면 실패한 인생이다.

결론적으로 인류는 질병과의 싸움이 수천 년 동안 계속되면서 인간의 수명은 점차 길어지고 있다. 새로운 의학기술과 다양한 약물 덕분에 우리들은 오래 살게 되었다. 그러나 위에서 열거한 노년 문제의 해결은 쉽지 않은 일이다. 오히려 100세 시대 '복지딜레마'는 심각해지고 있다. 정부와 사회단체는 100세 시대를 준비하는 일은 출생기로부터 사망 직전까지 전 세대를 아우르는 종합적이고 체계적으로 접근해야 할 것이다. 복지정책의 초점도 고령화사회에 걸맞은 건강(의료)과 경제적 안정(소득 보장) 그리고 심리적 평안, 활발한 사회활동(사회적 건강)을 보장하는데 맞춰져야 할 것이다. 복지문제는 '부유한 삶'이 아니라 '좋은 삶'을 만들어가는 일이니 그렇다.

한편, 현시대 노인들로서 남다른 삶의 동기가 있어야 한다. 이 시대를 살아가는 노인들이 골프의 '마지막 라운드' 같은 시기에 접어들었더라도 생활동기의 개발, 자기 책임, 자기 결정의 논리가 있어야 한다. 특히 질병 없이 건강하게, 생활비를 자기가 해결하는 것이 곧 가정과 사회에 대한 책임을 다하는 것이다. 노인인구집단에 모두 적용되는 것은 아니지만 일차적으로 노인 자신의 생애 과정을 통해 스스로 문제를 해결할 책임을 진다. 성숙한 사람은 자기 인생에서 직면한 여러 문제를 해결할 수 있는 의지가 있는 사람이다. 우리가 정부의 복지비 혹은 사회적 지원에 의존해 가는 의타심으로는 행복한 삶을 만들 수 없지 않은가? 노년의 바람은 나이와 함께 좋은 선택과 건전한 판단을 스스로 할 수 있는 능력을 갖는 것이다. ⓒ

> ⊙ 고통을 이긴 나무일수록 아름다운 품격을 지니고 있다는 말처럼 노년이 건강하고 행복해야 인생을 제대로 사는 것이다.
> (본문 중에서…)

나에게 남아 있는 시간과
행복하게 보낼 시간 계산해보기

시간은 태초부터 있었다. 시간의 창조는 창조 신화에서 비롯된다. 시간의 측정을 위해 시간계를 체계화하고 이를 우리 삶에 적용한 것이 오늘날의 달력과 시계이다.(Lippincott et al, 2003) 우리는 길게는 세월, 짧게는 시간 단위로 소비한다. 시간은 역사를 만들며 모든 것을 죽인다. 시간 속에서 대부분의 꽃은 보름이면 떨어져 버린다. 새순이 나오고 열매를 맺기 위해서다. 모두 자연의 사이클이요 시간의 결과다. 시간은 유일한 희귀재여서 아무도 시간을 생산할 수 없으며 누구도 자기가 가진 시간을 팔아버릴 수도 없다. 누구에게나 하루 24시간이 평등하게 주어져 있지만 주어진 환경과 시간을 어떻게 활용하느냐에 따라 그 시간의 효용가치는 달라진다. 다시 말해 어느 사람은 1분 1초라도 값있게 살아가고 어떤 사람은 하루 24시간을 무의미하게 날려 보내고 있는 것이다.

미국 과학저널지 《사이언스》보도(2004. 12. 3)에서 보면 하루의 재구성에서 하루 중 행복하게(긍정적) 보낸 때와 불편하게(부정적) 보낸 때를 구분해서 계산했다. 행복하게 보낸 시간은 단지 2시간 42분, 불편하게 보낸 시간은 9시간 36분이었다. 그러면 무엇이 즐거운 시간이었나 하는 물음에는 많은 사람들이 친한 동료 만나기, 사교모임, 휴식, 기

221

도, 명상, 식사 등이었다. 불편하게 보낸 시간은 직장생활, 아이 돌보기, 출퇴근 시간, 전화통화, 컴퓨터 하기 등으로 답했다.

사람들은 기념일과 축제일을 넘어 수많은 업적과 사건을 기록하며 영원한 생을 남길 수 있다는 확신을 갖게 되었다. '시간생물학' 발전으로 생체리듬을 조절하며 24시간 사회를 운영하는 정도에 따라 삶의 형태가 변하기도 한다. 그러니 100세를 살아가도 유일한 시간은 지금뿐이다. 살면서 한 번 놓치면 다시 돌아오지 않는 것이 시간이다. 그러니 노인으로서는 덧없이 흘러가는 시간이 너무나 안타까운 순간이 아니던가. 현재를 살아가는 지금 이 순간이 내가 즐길 수 있는 시간이라는 뜻이다. 때로는 세월은 우리 삶을 흔들고 우리에게 늙음의 흉터만 남긴다. 인간은 노년·중년·청년이라는 시기로 인생의 단계를 구분하였는데 노년기는 해골을 연상케 하는 시기다.

누구나 경험한 것이지만 직장에서 일할 때는 "어떻게 하면 나만의 시간을 보낼까?"하고 생각했을 것이다. 아니 은퇴 이후의 꿈을 아름답게 그려보기도 했을 것이다. 그래서 은퇴한지 3년이 지난 사람에게 "은퇴 후 좋은 점이 무엇이냐?"라고 물었다. 그의 대답은 명쾌했다. "아침에 일어나면서 무슨 일인가 해야 한다는 부담감에서 해방된 것." 이라고 대답했다. 그러나 지금은 하루 보내기가 두렵다고 했다. 할일이 없어서 오는 절망감이다. 그렇다고 은퇴 후 해방감에 젖어 TV 앞에서 넋을 놓고 있지 말라. 최선을 다해 생의 순간을 맞이하는 노력이 필요하다. TV를 보는 시간이 많아질수록 우울증에 빠지거나 게을러진다. 이는 미국 코네티컷 대학 철학교수인 조엘 쿠퍼먼(Kupperman, 2006)이 쓴 '훌륭한 인생에 관한 여섯 개의 신화'에서 말하는 '고차원적인 만족이 아니라 평범한 수동적 쾌락'을 살아갈 뿐이라는 노화 감정 같은 것을 경계하는 일이다.

우리 삶은 머무름 없는 움직임이요 여행이다. 60~70대 이후는 인생의 오후 시간이다. 퇴직하면서 가정 내에서 많은 시간을 보내게 된다. 시공 속에서 "우리가 어디에 있는가?"가 우리 삶을 결정한다. 그러므로 지난 삶에서 느껴온 자책감이나 걱정, 미래에 사로잡힌 행동을 접어두고 현재의 순간을 직시하자. 가정에서 쓰레기 버리는 일, 공과금을 내는 일, 청소를 하는 일, 손자를 돌보는 일 등을 기쁘게 받아들이며 가정에 충실해지는 일이다. 사실 가정 일을 피하려고 하지만 어쩔 수 없이 해야 할 때가 많아지는 것이 어쩔 수 없는 노년기다. 이러한 일상생활은 피할 수 없는 우리 '삶의 과정'이니 그렇다.

산에서 만난 노인은 "80년 살아온 시간 여행은 이제 서산에 오른 듯하다."고 했다. 그러면서 어떻게 죽을지가 걱정된다며 말끝을 흐렸다. 우리가 살아가면서 느끼는 생존에 대한 공포를 말하는 것이다. 은퇴후 80세 이상까지 산다고 할 때 약 공포의 10만 시간이 존재하는 셈이다. 일어나면서 '어떤 일을 하느냐, 마느냐?'를 놓고 갈등하며 방황한다. 직장에 다닐 때는 기다리던 주말이었지만 은퇴한 이후는 이런 기다림이 없어진다. 가슴에 돌담을 쌓고 살아가는 시간이 길어진다. 반드시 소유해야 할 건강, 재산, 친구 관계도 달아났다는 아쉬움이 다가온다. 살만큼 산 사람들이 자주 후회하는 말로 "즐길 걸, 참을 걸, 베풀걸" 하는 식의 '옛날 타령'도 해본다. 그러나 부질없는 일이다. 희로애락을 이겨내야 한다. 호기심이 있으면 시간을 즐겁게 소비할 수 있다. 저기 가는 세월이 아닌 지금 여기의 내 시간 속에서 순간순간 사랑하면서 또 다른 순간순간에 '익숙함'을 내려놓아야 한다.

분명히 늙었다고 만사태평한 것만은 아니다. 시간을 지배해야 건강과 행복을 잡을 수 있다. 시간 관리의 핵심은 목표와 비전 실행이다. 필자가 만난 건강한 노인들의 공통점은 철저한 시간 관리였다. 그러니 은퇴 이후는 인생은 10년이 아닌 1년 혹은 5년 단위로 쪼개어 계획을 세우는 것이 필요하다. 은퇴하면 하루 일과가 '자유 일정'으로 바뀌지만 특별한 일을 하지 않으면서도 주어진 시간을 잘 보낼 수 있어야 한다. 성경은 "세월을 아끼라."고 명령하고 있다.

미국의 정신과 의사인 엘리자베스 퀴블러로스(Elisabeth Kübler-Ross, 2000)의 '인생수업'에서 죽음에 직면한 사람들을 만나서 들은 이야기를 소개한다. 그들 중에는 가방끈이 짧다고, 돈을 많이 벌지 못했다고, 일을 많이 하지 못했다고 후회하는 사람은 없었다고 했다. 그 대신 그들의 한결같은 고백은 이제까지 살아온 삶이 우리가 생각하는 것보다는 훨씬 짧았다는 것이었다. 그래서 그녀는 우리 삶 자체가 한 번의 기회이고 아름다움이며 놀이라고 했다. 그러면서 내 삶을 끝까지 붙잡고 감상하고 누리라고 권한다. 또 삶을 위해 <4L>을 제시하고 있는데 그것은 시간을 아껴 후회 없이 살고(Live), 사랑하고(Love), 웃고(Laugh), 배우라(Learn)는 말이었다. ⓒ

■ 참고 자료

Lippincott, K., Umberto, Eco.(2003), The Story of Time. New York: Merrell Pub.

Kupperman, Joel J.(2006), Six Myths about the Good Life: Thinking about What Has Value. New York: Hackett Pub Co.

Kübler-Ross, Elisabeth.(2000), Life Lesson: Two Experts on Death and Dying Teach Us About the Mysteries of Life and Living. New York: Scribner.

Schwarz, Nobert.(2004), Day Reconstruction Method, Time Use, & Well-being. Science, 306. Dec 2004, 1776-1780.

신노년의 다운에이징 현상과
노모족 신드롬 살펴보기

'나 할배(할멈) 아니거든(No More Older)' 신드롬.

요새 노인들은 할아버지, 할머니라는 호칭을 반가워하지 않는다. 지하철 안에서나 공공장소에서 할아버지, 할머니 하며 특별한 관심을 보여주는 것도 부담스럽게 생각한다. 중장년의 사람들은 늙어 보이는 모습이 싫어서 나이보다 어리게 입고 가꾸는 다운에이징 (down aging) 현상이 두드러지고 있다.(Biggs, 1999)

흔한 말로 '에이징 웰'(aging well) 붐 같은 것으로서 노인들이지만 연령에 갇힌 사회에 벗어나려는 몸짓이다. 육체적으로 정신적으로 아직 젊다는 감정으로 사회활동을 활발히 하면서 '나이 없는 자아' (ageless self)감으로서의 자신의 존재감을 나타내려 한다.(Hepworth, 1995)) 꽃할배들의 유쾌한 반란 모습도 마찬가지다. 늙어 가지만 영원히 사춘기 때처럼 살고 싶은 욕망이 작용한다.

사실 100세 시대를 살아가는 현대 노인들은 예전 노인들과 많이 다른 삶을 만들어가고 있다. 이를 놓고 노년학자들은 '신인류의 출현'이라고 하거나 나이를 잊고 살아가는 '무연령사회'(age-less society)가 오고 있다고 진단한다.(Young and Schuller, 1991) 신인류의 출현은 경제사회적 의미에서 예전 세대와 많이 다르다. 요새 신노인들은 나이와

225

관계없이 열정과 건강 그리고 막강한 경제력과 사회활동을 해가며 살아가는 모습이 과거 노인들과 많이 다르다. 그래서 영국이나 미국에서는 실버(silver)라는 단어 대신에 뉴실버(new silver) 혹은 뉴그레이(new gray) 등 과거의 수식어에 <new>자를 붙여 호칭하고 있다.

비슷한 용어로 뉴시니어 세대(new senior-generation)라는 말도 오고 간다. 경제적 여유와 육체적·정신적 건강을 갖춘 은퇴자들을 의미한다. 노인들이 보다 행복하고 가치 있는 삶을 추구하며 생겨난 풍조이다. 아니면 '신세대 장년층(new-age elderly)'이란 개념이나 '영올드(Young Old, YO)'란 개념도 마찬가지다. YO는 55~75세까지의 '신 중년'을 지칭하는 말이다. 그밖에 일본에서는 실버세대를 오팔족(OPAL: Old People with Active Life)이라는 말도 쓴다. 70~80세를 넘어도 일하기를 원하고 즐기겠다는 현상을 대변하는 용어들이다.

특히 요즘에는 액티브 시니어(active senior)라는 말이 자주 나온다. 액티브 시니어란 의미는 원래 55세를 넘은 중년퇴직자 가운데 취업을 원하는 사람들이다. 또 이와 비슷한 예로서 미국에서는 스트롱 시니어(strong senior)들이 부상하고 있는데 이들은 육체적 건강에 대해서 낙관적이다. 이들은 심리적으로 자신감에 차 있는데 그 바탕에는 육체적 건강, 경제적 능력, 그리고 자신만의 특별한 가치관(정신력)을 갖고 있다는 점에서 다양한 삶의 양식으로 살아가는 모습을 보인다. 한마디로 늙었지만 '두 다리 멀쩡한데 놀며 뭐 하노?' 하며 열정적으로 일하고 봉사하며 소비생활을 즐기려는 사람들이다.

이러한 신노년층은 미국, 캐나다의 베이부머세대(1946~1964년생), 일본의 단카이세대(1946~1949)들의 등장과 무관치 않다. 우리나라에서도 베이비붐 세대라고 불리는 1955~1963년 사이에 태어난 중장년층들도 곧 은퇴를 하게 된다. 이들은 이제 60세 이상의 나이로 접어들면서 남다른 신체적 건강, 경제적 여유, 적극적인 소비자 층으로 등장하고 있다. 안티에이징 열풍 속에 새로운 삶의 스타일로 신노년문화를 창조해 가고 있는 사람들이다.

이들의 삶의 특징은 이전의 노년층과는 달리 고학력, 경제력, 도시화 및 국제화, 고품격 취미, 풍부한 경험, IT기기로 소통하며 자기 삶을 즐기는 새로운 장년층이다. 이들은 '에이징 웰'(aging well) 붐을 일으키면서 몸매관리와 체력단련을 등을 통해 건강하고 날씬하게, 젊게, 유행을 따르는 젊은이들처럼 살아가는 모습을 보인다. 한마디로 연령파괴의 삶을 추구하고 있는 그들이다.

이와 관련해 기업들은 소비시장을 주도하는 주요 소비층을 장년 55세 이상으로 보고 '심리-마케팅'을 벌리고 있다. 노년들의 가치 지향적 소비패턴 즉, 패션·화장품·성형·레저·여행 등 서비스 시장에서 주요 고객으로 삼고 있다.(Sherman & Schiffman, 2001) 중장년 세대를 대상으로 한 마케팅 영역에서는 '노무족'(NOMU : No More Uncle)이라는 신조어가 유행이다.

그것은 "더 이상 아저씨가 아니다."라는 의미로 부정적 아저씨 같은 모습을 벗기 위해 외모와 건강에 신경을 쓰며 자기를 관리하는 40~50대 중년 남자를 의미한다. 소비의 주체인 꽃중년 남자들의 외모 중시 혹은 건강한 생활을 추구하는 액티브 시니어 층이다. 또 남성의 욕망과 소비심리를 자극하는 '로엘족'(LOEL)이라는 용어도 같은 의미다. 노무족과 비슷한 뜻으로 외모에 관심이 많고 자신의 가치를 높이기 위해 건강과 패션, 화장 등에 적극 투자하는 중년 남성을 의미한다. 여기서 <LOEL>은 "Life of Open-mind, Entertainment and Luxury"의 이니셜을 따서 만든 신조어로 빈티 나는 옷을 입고 털털하게 살아가는 모습이 아니라 자신만의 아이덴티, 색깔, 외모, 우아한 스타일을 유지해 가면서 살아가는 남성을 의미한다.

또 비슷한 용어로 '노마족(NOMA: No More Aunt)' 즉, "나 아줌마 아니거든." 하며 가정이나 사회에서 당당히 살아가는 여성을 지칭한다. 흔한 말로 "세상은 다 그런 거야." 하며 운명적으로 살아가는 여성이 아니라 "나 아직 늙지 않고 젊어." 하며 클레오파트라처럼 아름답게 살아가고 싶은 욕망을 드러내는 여성을 가리킨다. 그밖에 '줌마렐라(아줌마 신데릴라)'라는 단어도 있는데 이는 자신만의 품격과 삶의 역사를 만들어 가려는 아줌마이면서 동시에 아줌마 아니기를 추구하는 여성들이다.

이러한 맥락에서 필자가 처음 사용하는 '노모족(NOMO: No More Older, 나 할아버지 아니거든)'이라는 용어가 있다. 늙어가면서 사회는 물론 아내들이 남편을 조롱하는 말투로 "근심 덩어리, 짐 덩어리, 걱정 덩어리, 원수 덩어리" 소리는 듣지 말아야 한다는 자기성찰의 의미가 있다. 100세 장수시대를 살아가는 노신사의 품격을 나타내는 말로써 "나 아직 늙은이 아니야." 하며 할아버지의 티를 벗어나고 싶은 욕망의 신조어이다. 부유하고 윤택함, 생산적 활동, 독립적, 미래지향적 젊음, 건강, 적극적인 사회참여 등의 이미지를 떠올리는 개념이다. 신노년층은 나이를 잊고 건강하게 노후를 즐기고 싶다는 동기가 크게 작용하는 것이다.

이상의 표현들은 경제적 여유와 소비의 즐거움으로 모아지는 업계의 판촉활동과 무관치 않다. 은퇴로 여유로워진 시간을 새로 경험하고 감동하고 추억을 만들어가는 사람들을 자극하는 것이다. 소비생활과 여가 취미활동, 문화 활동을 활기차게 벌리며 즐기려는 노인세대의 변화를 반영하는 신조어들이다. 그만큼 중년·노년층들의 생활모습이 변하는 것이다.

사실 필자가 미국·캐나다·일본 등지를 여행하다 보면서 느낀 점은 노년기 사람들의 활기찬 생활 모습들이었다. 그들이 즐기는 스포츠·패션·여행·여가생활 모습은 나이를 잊고 살아가는 듯했다. 후기

산업사회를 살아가는 선진국 사람들은 결혼 · 교육 · 취업 · 여가 등 인생의 중요한 일들이 나이와 상관없이 가족 중심, 개인 중심의 생활로 이어지고 있었다.

그러면 노모족들은 어떤 라이프스타일과 생활의식을 가지고 있을까? 노년기에 인간의 행위, 사회구조 속에서 노인들이 어떻게 적응하고 생존해 가는가를 신노년 입장에서 찾아볼 수 있다. 이와 관련해 미국 · 영국 · 일본의 신노년 층들이 소극적 삶을 벗어나서 적극적으로 제2의 삶을 개척해가는 모습으로 노화 및 생명관, 건강한 몸 관리, 경제활동과 소비생활, 여가생활, 사회참여 양식 등 창조적 삶의 모습을 정리하면 다음 표와 같다.

구 분	구시대	노모족(할아버지이기를 거부하는 노년층)
1. 노화, 생명관	비가역적 노화, 숙명적, 운명적 수명의 제한성, 수복강령관	가역적 노화, 능동적 도전적, 웰빙, 수명의 연장 가능
2. 건강 및 몸 관리	단순한 건강, 병약, 두려움, 몸 관리 소홀	다차원적 생물심리사회-영성건강 추구, 노화감추기(성형), 힐링 열풍, 자기 치유
3. 나이(연령) 인식	햇수나이, 고정관념, 종말기, 황혼기	무연령 인식, 사회적 나이 중시, 인생 3모작 도전, 멋지게 나이 먹기
4. 경제활동 및 소비생활	일벌레, 은퇴는 끝, 경제적 빈곤, 정년제, 조기은퇴	일과 삶의 균형, 생산적 노년, 경제적 여유, 평생직장, 왕성한 소비생활
5. 노후설계 및 준비	자녀에 의존, 노후준비 부족, 노년 빈곤화	생애 주기별 노후준비, 독립세대 유지, 부동산, 금융 자산 소유
6. 생활 의식 및 태도	보수적, 검약, 의존적, 소극적	자율자립심, 자기부양, 자기만족감, 적극적, 미래지향적
7. 가족 관계	부모-자식관계, 대가족제	부부중심, 수평적 가족관계, 핵가족, 홀로 가구, 홀로 문화 형성
8. 사회 관계	작업 직장 위계 구조, 혈연 학연 지연 관계, 사회적 연대감	위계의 수평관계, 자기중심, 동호인 활동, 사회적 자본 중시, 사회적 발언 확대
9. 교육 및 문화	30대 이전교육, 제도화교육, 소극적 문화소비	평생학습, 취업, 재교육, 적극적 문화소비, 살버문화 형성
10. 레저 활동 및 취미생활	여가 취미 생활 별무, 일하는 재미, 놀이문화 미발달	왕성한 취미 여가생활, 여유와 즐김, 자기 가치 추구, 세대 차이 없는 놀이문화
11. 유행에 대한 수용정도	둔하고 관심별무, 수동적 소극적 수용	예민, 적극적 수용, 재창조, 초기수용, 자기만의 캐릭터 추구

▲ 구시대 노인들과 노모족들의 주관적 삶의 양태 비교

1. 노화 및 생명관

과거의 노년기는 노화 자체를 막을 수 없는 비가역적 대상으로 여겨왔다. 운명적 생명관 아니면 수명의 제한성(人生七十古來稀) 속에서 막연한 수복강령을 갈망하며 살아왔다. 하지만 요새 신노인들 즉, 노모족들은 노화를 가역적 혹은 억제 가능한 상태로 받아들이며 능동적이며 도전적으로 건강하게 보내고 있다. 전통적으로 강조되어온 단순한 장수가 아니라 건강하게 행복하게 사회활동을 하면서 살아가는 생명관이 자리 잡고 있다. 잘사는 것, 웰빙의 개념이 작용하면서 건강한 생명 연장의 기대감 속에 삶의 질을 추구하고 있다. 평생 늙지 않고 아름답게 살아간다는 어모털(amortality) 족으로 살아가려는 욕망을 보인다.

2. 건강 및 몸 관리

사람들은 전통적으로 건강유지에 대한 관심이 부족했거나 질병에 대한 두려움, 병약한 신체 등을 떠올리며 살아왔다. 하지만 노모족들은 다차원적인 '생물심리사회-영성(BBSS)' 차원의 건강한 노후를 추구하고 있다. 자연히 젊어지려는 욕망 속에 안티에이징(anti-aging) 혹은 노화 감추기 시장도 형성되고 있다. 즉, 자기 몸을 깎고 넣고 빼는 '내 몸 공사' 혹은 얼굴 재건 수술을 마다하지 않는다. 피부 주름을 방지하는 자외선 차단제, 스킨파워, 세포재생, 피부탄력 등의 피부 노화 방지에 온 신경을 쓰고 있다. 힐링 열풍 속에서 자기만의 건강한 신체, 몸 관리를 해가는 건강 제일주의로 살아가고 있다. 몸은 노동력으로서의 존재뿐만 아니라 자기를 평가하는 '상징적 자본'(symbolic capital)

으로 키워가고 있는 것이다.

3. 나이(연령)에 대한 인식

늙어가지만 달력(햇수) 나이가 아니라 생체나이(bio-age) 혹은 건강나이와 사회적 나이((social age)를 확대유지하려고 한다. 가능한 나이를 잊고 살려는 욕망이 강한 가운데 나이 어려보이기(younger looking), 동안(童顔)의 모습을 유지하려고 애쓴다. 동안에 열광하는 나라가 또 있을까 할 정도로 젊어 보이기 열풍은 매우 뜨겁다. 몸 관리에 따라 동갑 나이라도 30년 정도의 차이가 나는 경우가 있다면서 나이 감추기에 열중이다. 어떤 노인은 70을 넘었지만 너무나 젊어서 나이를 잃어버리고 살아가는 청년인 듯한 몸매를 자랑한다. 그 만큼 나이의 의미는 점점 정의하기가 어려워지고 있다는 사실이다. 노모족들은 단순한 연령(chronical age)은 의미가 없다면서 된장독 할배, 할매의 모습을 극복하려는 의지가 강하다.

4. 경제활동과 소비생활

과거에는 일벌레 혹은 평생직장에서 탈없이 근무하는 것이 제일의 목표이고 은퇴는 인생의 끝이라고 생각했다. 또 대부분 경제적 빈곤에 시달리는 생활이었다. 그러나 노모족은 일과 삶의 균형, 경제적 여유, 소비의 즐거움, 생산적 노년 생활을 추구하고 있는 것이 특징이다. 승자 독식사회에서는 경제력이 좌우한다는 철저한 경제관을 가지고 자급자족 정신을 가지고 있다. 또한 경제력에 따라 맛있는 음식, 옷 입는 수준이 과거 세대와 많이 다르다. 소비의 즐거움을 통해 자기 충족감, 자기 욕구의 실현 등 화끈하게 입고 먹는 것을 즐긴다. 소비주도세력으로 등장하고 있는 것이다. 서울대 김난도 교수는 노년소비층을 '네오실버 소비자'라고 말한다. 네오실버(neo silver)는 젊은 세대의 라이프스타일을 공유하며 소비에도 적극적인 신세대와 장·노년층을 일컫는 말이다. 청바지를 착용하고 입맛 살려주는 음식점도 점찍어 놓고 다니는 노년층이다. 노모족들 역시 어느 정도의 재산을 확보하고 있어 고급 브랜드와 소비생활에 대한 이해력이 높은 계층이다.

5. 노후설계 및 준비

인간의 소유욕과 물질적 욕구는 끝이 없는 일이지만 대부분의 노인들은 가족경제 한계 내에서 자녀를 부양하는 자세로 살아왔고 또 그로인해 노후 준비를 할 여유가 없었다. 그러나 노모족들은 노후 문제는 자신이 책임진다는 의식을 지니고 있다. 경제력이 사람을 움직이는 가장 큰 힘으로 여기며 노후생활에 대비하고 있다. 노후자금 준비는 물론 생애 주기별 노후설계를 게을리 하지 않으며 독립적 생활의식이 강하다. 그 예로서 자식들로부터 경제적 지원을 받아 생계를 꾸려가는 노인이 2000년대 초까지만 해도 자식들에 의존한다는 비율이 72.4% 였으나 이제는 30% 이하로 크게 줄고 있다. 이는 부모 부양 형태가 서구식으로 변해 가는 것을 의미한다. 한 마디로 돈방석 깔고 앉아 늙어가는 것보다 더 건강하게 가치 있는 삶을 어떻게 살아갈까 하는데 관심이 높은 것이다. 노인이 되어서는 지갑 속에 황금색 지폐(5만원권) 몇 장이 있어야 사람대접을 받는다는 의식이 강한 노인층이다.

6. 생활의식과 태도

구시대 노인들은 보수적인 의식과 행동, 몸에 밴 검소한 생활, 가정과 사회에 대한 의존적인 노후생활이었다. 하지만 노모족들은 적극적으로 자기 삶을 개척하는 자율 자립심이 강한 편이다. 평범한 생활 속에서도 자기 만족감 충족, 품격 있는 삶의 질을 추구하는 등 열린 시각을 가지고 있다. 노년기에 찾아오는 고독감, 외로움 그리고 슬퍼도 힘들어도 괜찮아 하는 자기 암시 속에 훈남 노인으로 살아가는 모습을 보인다. 내 취향에 맞게 슈퍼마켓, 백화점, 패밀리 레스토랑에서 자기가 원하는 것을 얻고, 먹고 또 그것을 즐기려는 욕구가 강한 사람들이다. 개인주의 경향 속에 '자기애적인 내향성보다는 '외적인 자기 역량'을 중시하는 모습이다. 그리고 자유보다 안정을 추구하는 보수적 삶의 태도를 보인다.

7. 가족관계

전통적 가족 형태는 부모-자식 간의 수직적 관계의 '경노효친' 사상이 지배해 왔다. 혈연적 · 씨족적 대가족 형태의 가정문화를 형성해 왔다. 그러나 이제는 부부 중심의 가족, 수평적 가족관계의 형성, 핵가족화되는 가정변화를 맞고 있다. 사회 문화적으로 혈연 지역 중심에서 이제는 동호회, 사교 중심으로 네트워크화되고 있으며 취미, 여가 활동은 주로 인터넷 가입 동호회원들과 즐기는 등 많은 노인들이 홀로 살아가기가 대세를 이룬다. 과거처럼 부모로서 자식에게 모든 것을 물려주고 돌봐줘야 한다는 고정관념에서 벗어나 자기 자신을 위한 투자와 소비에 관심이 많은 사람들이다. 이른바 '통큰족'(TONK: Two Only,

No Kids)이라는 말이 이를 반영한다. 통큰족은 자식들에게 기대하지 않고 부부만의 새로운 인생을 추구하려는 신세대 노인층을 의미한다. 자녀 없이 부부끼리 살거나 홀로 사는 독거노인 숫자도 계속 늘어나고 있다. 힘들 때 햇살 같은 따뜻함과 사랑을 나누는 가족관계가 요즘 들어와 크게 변하고 있음을 반영한다.

8. 사회관계

대부분의 사람들은 30대 전후로 사회생활을 시작하면서 직장 및 직업의 위계적 구조 속에서 살아왔다. 지연, 학연 등 연줄관계 속에서 사회적 파워를 유지하는 '관계지향형'으로 살아왔다. 그러나 노모족들은 은퇴 후 자연히 엄격한 지위와 역할에서 벗어나 비구속적 자유로움을 추구하고 있다. 수평적 인간관계를 중시하며 동호인 활동 등 주변 사람과 관계를 맺으며 사회적 자본을 확대해 간다. 젊어서 매진하던 '경쟁우위' 자세에서 은퇴 후는 자기중심의 '적응우위'의 삶으로 바꿔가고 있다. 또한 지금까지 살아온 생업과 경험으로 특정분야의 전문가로 활동하며 사회적 영향을 미치고 있다. 노인들 손에 우주와 연결되는 스마트 폰을 끼고 세상과 소통하거나 노인 단체들과 함께 사회적 이슈들에 대한 사회적 발언도 높여가고 있다.

9. 교육문화

일반적으로 배움에는 일정한 단계가 있어서 30대 이전까지는 공부하기를 끝내야 한다는 것이었다. 또한 문화예술에 대한 소비수준 역시 제한적이고 소극적인 입장이었다. 그리고 나이가 들면 학문적 비판의식이나 두뇌활동이 약해진다는 의식이 강하였다. 인간의 지능지수(IQ:Intelligence Quotient), 감성지수(EQ:Emotional Quotient]), 호기심지수(CQ:Curiosity Quotient)도 떨어진다는 생각이 지배적이었다. 하지만 노모족들은 공부의 신(神)이 되어 뇌가 없는(no brain) 노인은 되지 말아야 한다는 평생교육의식이 강하다. 인생의 모든 순간을 학습하는 자세로 높은 창의적인 활동을 추구하고 있다. 뇌의 노화를 방지하기 위해 외국어 배우기, 그림그리기, 강좌듣기 등 평생교육프로그램에 참여하거나 노래교실 등 다양한 문화프로그램에도 참가한다. 뇌가 건강해야 치매도 걸리지 않는다면서 컴퓨터 앞에서 자료 검색을 마다하지 않는다. 아니면 발레 '지젤'이나 '호두까기 인형'을 즐기고 아니면 헨델의 '메시아' 노래에 심취하기도 한다. 사실 뇌를 자극하는 일은 젊어지는 비결이라고 생각하는 사람들이다.

10. 레저 활동과 취미생활

과거 사람들은 여가와 취미생활이라는 것을 생각할 겨를이 없었다. 있다면 일하는 재미로 처자식을 위해 밤낮으로 일하는 생활이었다. 그러나 노모족은 노년기를 황금기로 생각하고 어디서나 살아있는 기쁨, 나만의 시간을 만들어 가는 여가와 취미생활을 추구한다. 시간을 내어 노래 배우기, 도자기 굽기, 조각, 그림그리기 등 자신의 재능을 개발하는 시간으로 활용하고 있다. 70대이지만 주어진 보너스 시간을 '나만을 위한 시간'으로 바꿀 수 있다고 믿는 노년층들이다.

11. 유행에 대한 인식

젊은이들은 눈부시게 아름답지만 늙어서는 추하게 보일 수 있다. 구시대 사람들은 유행에 둔감하거나 관심조차 두지 않았다. 아니면 유행을 수동적으로 따라가는 삶이었다. 하지만 노모족들은 늙었지만 타인의 욕망을 불러일으키며 관심을 끄는 유행에 매우 민감한 모습을 보인다. 인기 있는 패션스타일로 의류, 신발, 액세서리, 메이크업 또는 패션 스타일의 독특함을 추구한다. 특히 여성들은 루이비통 샤넬 등 명품에 마음이 쏠리기도 한다. 외양이 곧 인격이라며 작은 것 하나라도 남들과 차별화하려 예술적 감각을 보인다. 60대 노인들이지만 옛날 유행하던 20대 '후랏바(flapper)'처럼 입고 머리를 염색하고 놀기를 좋아하며 개방적인 사고로 살아가는 후랏바 같은 모습을 연출하기도 한다. 유행의 초기 수용자로서 나만의 캐릭터에 관심이 높은 사람들이다.

결론적으로 평균수명의 연장으로 기존의 생활 스타일에 변화는 물론 정치·경제·사회 모든 영역의 패러다임 전환을 필요로 하고 있다. 나이 든 신체를 극복하면서 또 다른 나를 찾아나서는 신노인들의 변신이 아름답다. 노인들 대부분이 질병·빈곤·고독과 소외 등으로 '황혼병'에 걸려 있는 상태지만 신노인들은 주어진 러닝타임 안에서 자기만의 삶을 재구성하며 참을 수 없는 무의미한 시간을 즐거운 시간으로 바꿔가고 있다. 현대를 살아가는 노모족들은 생산적 노년, 사회적 파워로서의 사회적 역할을 추구하고 있는 것이다. 사실 노년의 삶이 성공적인지 실패한 것인지의 여부는 어떻게 건강하게 즐거움을 창조해 가느냐에 달려 있을 것이다. 사람은 "생긴 대로 노는 것"이 아니라 "생각하고 노는 대로 운명이 결정된다."는 사실에서 노모족의 생활태도와 의식은 현시대를 살아가는 노인들에게 있어서 시사하는 바가 매우 크

다고 하겠다. ⓒ

■ 참고 자료

Biggs, A.(1999), Choosing not to be old? Masks, bodies and identity management in later life, Ageing and Society, 17: 553-570.

Featherstone, M.(1995), Post-Bodies, Aging and Virtual Reality, in M.Featherstone and A. Wernick(eds), Images of Aging: Cultural Representation of Later Life,

Hepworth, M.(1991), Positive ageing and the mask of age, Journal of Educational Gerontology, 6(2), 93-101.

Sherman, Elaine., Schiffman, Lean G.(2001), The influence of gender on the new-age elderly's consumption orientation. Psychology & Marketing, 18(10), 1073-1089.

Young, Michael and Tom Schuller.(1991) Life after Work: The Arrival of the Ageless-Society, London: Harper Collins Pub Inc

◎ 사람은 저마다 늙어가는 수준이 달라서 이 세상에는 수만 개의 늙음이 있다. 그런 점에서 당신은 현재 어떻게 늙어가고 있는지 성찰해 보라. 자신만의 인생 브랜드가 필요한 시점이다. (본문 중에서...)

실존적 < 잘 늙기 : well-aging > 를 위한 규칙적인 걷기운동 실천하기

걷는 것은 축복이고 걸을 수 있는 만큼 존재한다. 뛰지 말고 날지 말고 느리게 걷자, 계속 걷자.

규칙적인 운동으로 걷는 운동이 매우 효과적이다. '건활'(健活,건강을 위한 활동)은 생명유지의 필수다. 프랑스 문학가 싸르트르(Jean Paul Sartre, 1905~1980)는 '사람이 걸을 수 있는 만큼만 존재한다.'고 했다. 인류학자 마빈 해리스(Harris, 1989)는 걷기가 인간의 삶을 건강하게 만들고 주위환경과 자신과의 관계를 만들었다고 강조한다.

장자크 루소(Rousseau)는 《고백록》(2012)에서 걷기를 통해 많은 것을 이뤘다고 하면서 "나는 걸을 때만 명상을 할 수 있다. 걸음을 멈추면 생각도 멈춘다."고 했다. 사실 숲길을 걸을 때마다 숲은 반응하게 마련이다. 걷고 또 걸으며 자연과 대화할 때 남다른 감동과 건강을 안겨 준다.

필자는 늘 걷기를 생활화하고 있다. 매일 2~3시간은 기본으로 걷는다. 캐나다에 있을 때도 매일 아침저녁으로 세미아무 산책로를 걸었다. 30~40m 높이의 울창한 나무들이 하늘을 덮고 있는 아름다운 산책길이다. 요즘은 제주도로 거처를 옮겨 아침저녁으로 해변가를 걷는다. 그 잘난 권위 모두 바다에 내 던지며 넓은 바다로부터 에너지를 얻는다.

그럴 때면 물위를 나르는 바다갈매기 같은 몸의 가벼움을 느낀다. 그리고 매주 한 번꼴로 한라산(1,950m) 등반을 하거나 주위의 아름다운 '오름'들을 찾아 자연과 마주한다. 한라산 등반은 주로 어리목코스를 택해 영실 아니면 성판악에서 백록담을 거쳐 관음사 코스로 내려오는 길을 택한다. 한 번 걷는 거리는 대략 13~18km 쯤 되고 걷는 시간은 코스에 따라 5~8시간이 걸린다.

누구나 가는 길이지만 길에는 주인이 없다. 걸어가는 사람이 주인이 된다. 생각하며 명상하며 조용히 걸어가는 것은 '마음의 무게'를 내려놓고 천천히 움직이는 것과 같은 기분이다. 우리나라에서 한창 불고 있는 걷기운동은 자연과 소통하는 행위로 우리들의 생활문화영역으로 들어오고 있다. 건강전문가들에 의하면 햇볕을 많이 받으며 걷는 것이 좋다고 한다. 햇볕을 받으면서 걷고 조깅하면 세라토닌 호르몬이 많아진다고 한다. 특히 노인으로서는 자주 걸으면서 머리 들고 하늘을 보는 것도 건강의 비결이다. 서산에 지는 해를 원망하기보다 장엄한 빛을 보면서 충만한 에너지를 느껴보는 일이다.

뿐만 아니라 시간 나는 대로 걸으면서 대지로부터 전달되는 기운을 느껴보는 일이다. 걷는 것이 축복이다. 완전히 홀로 걸어보는 것도 특별한 경험이 될 수 있다. 산길을 오르다가 작은 암자를 만나거든 예불하고 마음을 다시 씻어내는 것이다. 걸으면 고요와 평화가 오고 고통을 덜어주기 때문이다. 고전이 된《월든》(Walden, 2008)의 저자 헨리 데이비드 소로(Thoreau, 1817~1862)의 '산보론'(Walking)에서는 걷는 것에 대해 성지를 찾아나서는 순례에 비유한다. 걷는다는 것은 자유롭고 독립적으로 도(道)를 찾아나서는 여정이라고 말한다.

그러니 늙어갈수록 많이 걷자. 진정한 나를 찾아 적어도 하루에 30분~1시간을 걸어보자. 장수하는 사람들의 공통점은 아침저녁마다 땀이 약간 날 정도의 속보로 걷는 운동을 한다. 노령층의 걷기는 어떤 소식을 알고 달려가는 발걸음이 아니지 않은가. 무상무념으로 걸으면 된다. 인도의 무료 요가 공부모임 <YES(Yoga Eternal Society)> 회장인 바수무클은 한국에서 '걷는 요가'를 소개하고 있다. 날씨가 좋은 한국은 걸으면서 요가하기에 최고 좋은 나라라고 말한다. 그가 걸으면서 하는 요가수행방법을 소개하면 다음과 같다.

> ● 한 번 들숨에 네 걸음 천천히 걷는다.
> ● 한 번 날 숨에 다섯 걸음을 천천히 걷는다.
> ● 두 팔을 크게 돌리며 걷는다.
> ● 엄지손가락에 힘을 주되 팔에 힘을 주지 말고 걷는다.
> ● 발가락으로 걷기, 뒤꿈치로 걷기를 해본다.
> ● 맨발로 걸으며 땅기운을 느껴본다.
>
> ※ 자료 : yoga eternal society, naver.com/unisosa.

또한 우리가 쉽게 하는 가벼운 걸음보다 높은 산을 오르는 등반은 더할 나위 없는 건강증진법이다. 산에 오르는 것은 경이로움, 아름다움, 예술에 대한 영감뿐만 아니라 영적인 초월까지도 약속하는 운동이다. 숲속으로 들어가면 인간이 보호받는 느낌이 드는 것도 같은 맥락이다.

현대문명이 아무리 발전하더라도 인류 자체가 사라지지 않는 한

산과 들을 향한 걷기는 사라지지 않을 것이다.(Amato, 2006) 물론 산에 오르면서 숨이 찰 수 있다. 심장 박동이 뛸 수 있다. 그러나 숨쉬기를 뱃속 깊이까지 하면서 걸으면 건강의 축복이 온다. 산에 가면 맨발 걷기, 나무 껴안기를 하며 스트레스를 줄일 수 있다. 산에는 피톤치드(phytoncide)와 음이온이 나와 정서적 안정감을 증가시키기 때문이다. 산에 오를 때 당신의 건강은 더 좋아지고 더 높은 봉우리에 오르려는 욕망도 생겨날 것이다.

걷기는 구도 여행을 떠나는 구도자의 길이기도 하다. 옛날 선비들에게 산은 가슴속의 티끌을 씻어내는 휴식과 풍류의 공간이었다. 심경호의 책 《산수기행-조선이 선비, 산길을 가다》(2007)에서 보면 선비들에게 있어서 산은 치열한 자기 수련의 도장이자 지혜를 구하는 장소였다. 조선시대 지식인들로 이름난 이황 · 정약용 · 허균 등의 유산기(遊山記)를 소개하고 있는데 그들은 몸이 불편해 직접 산에 오르지 못할 때도 산수화를 걸어놓고 마음을 달래는 와유(臥遊, 누워서 즐김)를 했다고 한다.

결론적으로 우리 인간은 걸으면서 존재해 왔다. 장수하는 사람들의 특징은 계속 움직이는 것이다. 썩지 않고 늙지 않으려면 되도록 많이 움직이고 걷는 것밖에 없다. 그러니 늙어 가면서도 새로운 공간을 향해 움직여라, 걸으라, 반응하라. 이것이 이 땅에 존재하면서 살아가고 있는 생명의 증거다. 즐겁게 걸을 수 있는 것만으로 행복하지 않은가.

천천히 걷는 느린 발걸음도 좋다. 우보천리(牛步千里)라는 말처럼 우직한 소 걸음이 천 리를 간다고 했지 않은가. 그러면 건강은 덤으로 오게 마련이다. 건강한 몸을 만들어야겠다는 내적강요(compulsion)와 실천 없이는 건강은 저절로 오지 않는다. 성공적인 노화를 만들지 못하는 것, 건강하지 못한 것은 모두가 자기생활의 인과(因果)로 나타나는 것이 아닌가? 누구나 지금 이 순간에 늙어가는 몸을 성찰해 보고 이

에 대처해야 할 것이다. 그러면 "산다는 것이 참 재미있구나." 하며 감사한 마음이 들 것이다. ⓒ

■ 참고 자료

심경호.(2007), 『산수기행 – 조선이 선비, 산길을 가다』, 서울: 이가서.

장자크 루소.(2012), 『고백록』, 이용철(역). 서울: 나남

Amato, Joseph A.(2004), An Foot: A History of Walking. New York: New York University.

Harris, Marvin.(1989), Cows Pigs Wars and Witches: The Riddles of Culture. New York: Vintage Book.

Perls, Thomas T.(1999), Living to 100: Lesson in Living to Your Maximum Potential at Any Age. New York: Basic Books.

Thoreau, H. D.(2008), Walden: An American Literary Classic. VA: Wilder Pub.

yoga eternal society, naver.com/unisosa.

○ 이 세상 사람 치고 아프지 않는 사람이 어디 있으랴. 누구에게나 아픔은 있지만 노인은 제 인생의 짐 보따리를 자신이 짊어지고 가야 한다. (본문 중에서···)

실존적 < 잘 늙기 > 를 위한
신노년의 자기 몸 단장하기

사회생활에서 옷발이 서야 대접받는다. 명품이 모두 옷발은 아니지만 패션파워는 중요하다. 여자들은 '머스트 해브 아이템'으로 부르는 명품 옷, 가방, 신발 등을 갖춰야 살아가는 맛을 느낀다. 현대 여성들은 패션의 포인트를 주는 보석들로 티파니·프라다·까르띠에·스와로브스키 같은 컬랙션으로 아름다움을 만들어 간다. 누구나 다른 사람들 눈에 띄고 싶어 하는 심리가 작용하는 것이다. 우리가 옷을 입는다는 것은 단순히 몸을 가리기 위해 입는 게 아니라 욕망의 실현수단이다.(Breward, 2003) 명품은 남에게 보여주기 위한 것보다는 그 옷을 통해 나만의 기쁨을 만드는 것이다. 나만의 활력주기가 바로 옷을 잘 입는 패션 감각이다.

필자는 38년 전에 미국 여성들의 패션 스타일을 보고 어리둥절한 경험이 있다. 1975년 5월 미국 휴스턴을 여행하다가 서양 여성들의 옷차림에 눈을 홀린 적이 있다. 저녁 햇볕이 반짝일 때 호텔 커피숍 의자에 앉아 있는 중년 여인의 우아한 모습에 눈이 끌리었다. 늙어서 약간 처진 피부가 드러났지만 은은한 우유 빛의 롱드레스의 모습이 아름답다. 하얀 피부에 잘 맞는 옷차림, 청초한 얼굴, S라인의 몸매 등이 날아갈 것처럼 보였다. 또 다른 의자에서 즐겁게 대화하는 여성들도 비슷

했다. 은은한 화장에 멋진 스카프에 가벼운 니트, 반짝이는 구두, 귀고리 등의 미국 남부 여성들의 모습이 예상스럽지 않았다. 보는 사람으로 하여금 좋은 느낌을 선사하는 몸매의 옷차림이었다. 동시에 내 머리에는 우리나라 여성들과 할머니들의 패션 모습이 떠올랐다. 1970년대의 일이지만 한국 여성들이 과연 육체적 보호를 넘어 기쁨을 위한 패션 유행이라는 트렌드가 있는가였다. 당시 필자로서는 매우 우울한 기분이 들면서도 한편으로는 저들 모습이 아름답기만 했다.

그러나 우리나라도 이젠 뷰티산업이 발전하면서 여성들의 아름다움 추구 또한 유별나다. 우리나라를 넘어 세계 유행을 만들어 가는 위치에 있다. 옷을 보면 삶의 질을 알 수 있다고 하는데 우리 여성들은 글로벌 멋을 창조해 가고 있다. 노인들 역시 명품 패션에 남다른 신경을 쓰고 있는 모습이다. 얼마 전 카페에서 만난 70대쯤으로 보이는 할머니가 참 예쁘게 보였다. 화장기 없는 내츄럴한 얼굴이지만 '미친 외모'를 자랑했다. 노인이지만 볼수록 애교만점이고 우아한 모습이다. 할머니에게 "어느 별나라에서 왔나요?" 하고 묻고 싶은 감정을 느꼈다. 이렇게 스타일리스트로 살아가는 노인들이 많다는 얘기다. 노인이지만 패션은 눈높이의 의사소통 수단으로 미적 감각을 드러내고 있는 것이다. 사실 복장은 무언의 메시지를 발산한다. 노인들의 옷차림이 엘레강스하고 환상적인 의상은 아닐지라도 여름에는 나비처럼 하늘거리는 밝은 옷을 입고 살아가는 모습이 아름답기만 하다. 할머니 할아버지들은 계절에 따라 새롭게 변화를 주는 분홍색, 하늘색 재킷으로 멋을 낸다.

몸치장은 문명화 과정의 중요한 코드다. 원래 옷의 1차 기능은 몸을 보호하는 것이고, 2차 기능은 멋을 창조하는 것이다. 얼마 전까지 고정수입으로 최소한의 생활복을 입었다. 그러나 이제는 멋을 내기 위해서 옷을 입는다. 몸의 보호 기능을 넘어 지구적 패션을 통한 아름다움이 강조되는 세상이다. 심지어 젊은이들은 '하의실종' 옷 모습까지 보인다. 여자들의 '가슴골 노출'의 옷차림이 눈길을 끈다. 어른들도 마찬가지로 명품 옷 사 입기 열풍이 불고 있다. 명품 옷을 입어야 백화점을 가거나 고급 음식점을 드나들 때 남다른 대접을 받을 수 있다는 심리까지 작용한다. 그래서 요새 사회활동을 하는 노인들의 몸매 가꾸기는 물론 옷을 입는 모습부터 크게 다르다. 4계절 변화에 따라 하늘색 셔츠와 청바지에 모자를 쓰고 활기 있게 생활한다. 정장뿐만 아니라 재킷, 니트 등 다양한 의상을 입는다. 또 여성들은 친구를 만나러 가면서 명품 하나 걸쳐야 안심이 된다. 할머니들도 알록달록하고 화려한 등산복 차림으로 산을 오른다. 노인들도 자외선 차단용 황사마스크를 쓰고 스포츠용 선글라스를 쓰고 활기찬 생활을 하는 모습이다.

그런가 하면 노인들 중에는 당당함이 풍기는 '멋진 노신사'들이 많다. 노인들이 아름답게 늙어가는 것이 어렵지만 건망증 할아버지도 있고 깔끔한 신사차림의 노인들도 있다. 노인이지만 남이 보기에 좋은 외모는 노력 여하에 따라 얼마든지 섹시하게 젊고 아름답게 만들어 질 수 있다.(Sohn & Swope, 1993) 그래서 마음은 항상 20대인데 나이 드는 모습이 싫어 성형을 하기도 한다. 청·장년층 남성들이 외모와 패션에 많은 신경을 쓰면서 살아가고 있는 것이다. 남성 노인들 역시 그루밍붐을 이해하며 좀 더 몸치장에 신경 쓸 때 즐겁게 바르게 살 수 있다는 인식이 작용한다.

뿐만 아니라 전통적인 '아줌마' 혹은 할머니이기를 거부하고 젊은 패션 감각을 추구하는 '나우족'(new older women)이 뜨고 있다. 아기까지 낳은 30-40대의 미시(missy)족 부인들도 있다. 동시에 요새는 패션의 리얼리티가 강조되는 트렌드를 보인다. 모델이 입는 고급 옷이 아니라 거리 패션도 아름답게, 자신만의 개성을 옷으로 표현하는 사람이 리얼리스트다. 신경 안 쓴 듯하면서 자연스럽게, 내면의 아름다움을 추구하는 모습이다. 안 꾸민 듯한 아름다움 말이다.

그런데 젊은 여성들의 패션과 액세서리는 유행을 만들어 내지만 노년시대의 옷차림 이미지는 우울한 모습을 떠올리게 된다. 젊은이들은 빈티 옷 아니면 '쓰레기 스타일'로 멋을 내지만 노인들의 옷은 생활복 차림이 주류를 이룬다. 때로는 낯설고 어설픈 옷차림도 보인다. 음식점에서 만난 어떤 60대 아주머니는 굿을 하는 무당의 옷차림으로 주위의 시선을 끌었다. 지하철에서 만난 50대 아줌마는 20대 처녀 같은 초미니 바지를 입은 모습이 눈에 걸린다. 좀 더 젊어 보이려는(look younger) 몸부림일 것이다. 그러나 억지로 변신을 위한 변신은 웃음거리가 된다. 노인으로서 억지로 '젠틀맨 흉내'를 내는 것은 격에 맞지 않는다. 늙어 가는데 어디 앞이 있고 뒤가 있겠는가. 앞뒤 모습의 늙음은 똑같다. 늙어가면서 어쩔 수 없이 나타나는 흉한 모습을 감추기보다는 자기답게 보이는 것이 더 좋다.

이제 답이 어느 정도 나올 듯하다. 늙음에도 연습이 필요하다는 사실이다. 옷차림, 얼굴 가꾸기 등을 통해 늙어가면서 나타나기 쉬운 늙은 척, 약한 척, 힘든 척하는 자신이 아닌지를 살펴보라. 자신을 기분 좋게 하고 긍정적 이미지로 남과 소통하는 기술을 읽혀라. 늙어서는 오래도록 입은 옷장 속의 옷을 과감히 버리고 새로운 옷을 마련해 입어보라. 가능한 젊게, 밝게, 깨끗하게, 단아하게, 편안하게, 순수한 패션으로 아름다움을 창조하는 일이다. 흔히 나이 들면 '늙음의 주의보'가 여러 가지로 다가오게 마련이다. 이를 극복하고 노티를 줄이기 위해 패션도 화려하게 젊게 입으라. 쇼핑을 하면서 작은 사치를 추구하는 것도 작은 즐거움이다. 줄리엣 쇼어는 사람은 '쇼핑하기 위해서 태어났다.'고 하지 않았는가.(Schor, 2004).

다시 정리하면 노인들이 TV 속의 미소년 소녀들을 보고 무작정 부러워하지 말고 자신 안에 넘치는 욕구들을 자극하라. 건강한 육체에서는 유혹의 파워가 피어나기 마련이다.(Foster, 2013) 유명가수 패티 김 (76세, 1938년생)은 채 40이 안 된 피부와 몸매 열정으로 삶의 아름다움을 보여준다. 그녀는 '죽는 날까지 아름답게 살자.'고 외친다. 인간의 자유분방한 욕망, 소비 욕망, 성적 갈망을 잃지 말자는 말이다. 누구보다 자신을 사랑하고 열정적으로 살아간다는 '자의식'이 필요한 시점이다. 삶의 연습을 통해서 아름답게, 노티를 가능한 줄이는 것부터 실천하는 것이 노년기 생활의 즐거움이다. ⓒ

■ 참고 자료

Breward, Christopher.(2003), The Culture of Fashion: A New History of Fashionable Dress. Manchester: Manchester University Press.

Foster, Olivia.(2013), You Can't Wear That, You're old. Sabotage Times, Jan 10,

Hollander, Anne.(1994), Sex and Suits: The Evolution of Modern Dress. New York: Knopf.

Sohn, M., Swope, C.(1993), Clothing Needs and Concerns of the Elderly. Urbana-Champagne: University of Illinois.

Schor, Juliet B.(2004), Born to Buy: Marketing and the Transformation of Childhood and Culture. New York: Scribner Book Co.

실존적 < 잘 늙기 : well-aging > 를 위한
신노년의 자기 얼굴 가꾸기

어떻게 하면 더 젊어 보일 수 있을까? 현대인들에게 '젊음'이라는 말은 마술적 이미지를 지닌다. 젊다는 것만으로 하나의 사회적 자본이 된다. 돈이나 명예, 지위보다 젊음 자체가 자유요, 행복이며 사회적 자본이 된다. 그런데 외모로 보아서는 늙음과 젊음의 경계가 모호해지는 듯하다. 늙어 보이면서도 젊어 보이는 것이 요즘 노인들의 이중성이다. 아니 노인들은 모두가 건강하고 아름다운 모습이다. 장수를 한다 해도 노추해지면 불행감을 느끼게 마련인데 신노년들은 여유와 즐김으로 인생 2모작 3모작을 계획한다. 곱게 늙지 못하면 부끄러운 일이라며 멀티 라이프(multi-life)의 태도를 보인다.

어떤 점에서 그것은 사실이다. 건강한 외모가 남은 인생을 좌우한다. 아름다운 얼굴을 유지하는 얼짱 · 몸짱이 되는 일은 스스로 아픈 마음을 치유하는 미적 행동이기도 하다. 그래서 현대를 살아가는 노인들은 끊임없이 진화하고 싶은 욕망으로 가득 차 있다. 그동안 살아온 고통을 잊으며 은퇴한 이후 30년 이상을 아름답게 살아갈 준비를 해가는 그들이다. 만나는 사람이 "당신 오늘 멋지네!" 하는 소리를 들으며 살아갈 때 행복감을 느낀다는 것이다. 90살 넘은 할머니가 동네 슈퍼마켓에 갈 때도 진주 목걸이를 하는 몸치장도 같은 이유다. 영원한 젊음을 그리워하는 노인들이 대리만족을 위해 스포츠카를 몰고 다니기도 한다. 그들은 살아있는 동안 행복하기를 빈다. 나이와 젊음은 별개의 것으로 받아들이며 자기 활동을 게을리 하지 않는다.

본래 아름다움은 여성들의 특권이다. 인기 있는 스타일은 의상패션, 신발, 액세서리, 메이크업, 바디피어싱의 특별함이다. 철학자 파스칼은 "클레오파트라의 코가 1cm만 낮았어도 역사는 달라졌다."고 하지 않았는가. 여자의 아름다움은 역사를 바꿀 수 있다는 비유일 것이다. 아름다움의 추구는 영혼의 감정이다. 아름다움은 하나의 사회적 자본이 된다. 잘난 외모는 모두가 우러러보지만 그렇지 않으면 까닭 없이 종종 비하의 대상이 된다는 사실을 부인할 수 없다. 그래서 사람들은 미용성형을 위해서 돈을 아끼지 않는지 모르겠다.

비슷한 맥락에서 외모와 봉급이 비례한다는 연구결과도 있다. 미국 세인트루이스 연방준비은행(FRB) 수석연구원인 크리스티 앵게만과 마이클 오양은 FRB 계간지 '리저널 이코노미스트' 2005년 4월호에서 잘 생기고 키가 크며 날씬할수록 보수를 더 많이 받는 경향(5%)이 있다고 주장했다. 또 미인들은 면접에서 더 좋은 기회를 얻고 더 많은 월급을 받는다는 것도 밝혀냈다. 외모가 뛰어난 사람이 평균보다 많은 보수를 받는다는 것이다. 사람을 평가할 때 외모가 수려하고 단정하게 보이면 다른 내면의 부분 역시 그럴 것이라고 단정해 버리는 것이다. 얼굴이 예뻐야 마음도 예쁘다는 노래가 있듯이 말이다.

아름다워지고 싶은 것은 젊고 늙음을 떠나 인간의 소망이다. 플라톤은 '아름다움은 사랑의 첫 번째 이유이자 마지막 이유'라고 했다. 독일의 의사이자 과학전문 저술가인 울리히 렌츠는 《아름다움의 과학》에서 사진 속에 얼굴이 예쁠수록 도와주고 싶어 하는 마음이 커진다고 했다. 아름다운 외모야말로 우리의 삶에서 정말 중요한 덕목이라는 것이다. 아름다움은 타인을 끌어당기고 가까워지게 하고 친밀하게 만든다. 보티첼리의 회화 '비너스의 탄생' 이후 아름다움은 S라인으로 통했다. 비너스의 탄생은 도저히 다가갈 수 없는 미의 상징이지만 모든 사람들은 이 같은 아름다움을 꿈꾼다. 잘 살아간다는 것도 더 젊게 더 예쁘게 살고자 하는 욕망이 포함된 것이다. 노인들도 여기서 크게 벗어나지 않는다.

그런 경향을 반영하듯 여성의 뷰티(beauty)에 해당하는 남성의 미용 용어로 그루밍(grooming)이 널리 쓰인다. 마부(groom)가 말을 빗질하고 목욕을 시켜주는 데서 유래한 그루밍은 남성의 피부 관리, 두발. 패션은 물론 성형수술에 아낌없이 투자하는 남성을 의미한다. 그런 점에서 요새 할아버지들 역시 곱상한 얼굴에 근육질 몸매를 자랑하는 노인들이 많다. 요즘 '꽃중년' 혹은 '미노년(美老年)'이라는 신조어가 나오고 있는 것도 같은 의미다. 불로초까지는 아니더라도 나이든 노인에게 젊음을 파는 패션과 미용 산업이 뜰 것이라는 예측도 나온다. 실제로 외모 가꾸기 열풍은 세계적이다.

반면에 최근에는 이른바 '루비(RUBY)족'이라 불리는 여성들의 욕구를 나타내는 풍자어가 있다. 루비는 Refresh(상쾌한), Uncommon(특별한), Beautiful(아름다운), Young(젊음)의 앞 글자를 따서 만든 신조어다. 루비족은 자기 스스로 건강을 만들어가는 사람들이다. 또 비슷한 말로 노년의 삶을 이뤄가는 이른바 애플(APPLE) 세대란 말도 나온다. 활동적으로(Active), 자부심(Pride)을 갖고 평안(Peace)하게 고급스럽게(Luxury), 그리고 경제력(Economy)을 갖춘 노년층을 의미한다. 특히 고급스럽게(luxury)는 경제력이 있어서 미용이나 건강에 과감하게 투자하는 노인들이다. 유명백화점에서 고급화장품이나 스포츠 웨어, 패션 등에 돈을 쓰는 큰 손님들이다.

그런데 요새 사람들은 '유별남 증후군'에 시달리는 듯하다. 젊음의 손실과 중년의 나이로(40~60) 접어들면서 '아름다움 상실증후군'에 시달리고 있다. 발랄한 외모를 가져야 한다는 강박관념이 현대사회에서 일반화되어 있다. 남보다 더 얼굴이 예뻐야 하고, 잘 입어야 하며, 잘 나가야 하는 자기 존재감 같은 것이다. 그리고 나이에 관계없이 사람들이 체중계에 매달려 산다. 예쁜 내 몸매를 어떻게 만들까 하고 다이어트를 하며 살과의 전쟁을 벌인다. 우리 사회에 만연돼 있는 '영원한 젊음' 증후군의 모습이다.

그러나 몸의 노화와 함께 아름다운 몸매는 나이를 더해 가면서 망가져만 간다. 특히 여자들의 라이프스타일의 이벤트는 사춘기 · 임신 · 장애 · 질병 · 수술 · 폐경 · 노화를 포함한다는 사실에서(WHO, 2000) 여성들의 몸매의 상실감은 클 수밖에 없다. 심지어 우울증까지 유발하게 된다. 거울에 비치는 주름살을 자주 보면서 안타까워한다. 참고로 다 아는 사실이지만 아름다움을 망치는 얼굴 주변의 변화상태는 다음과 같은 것들이다.(Demas and Braun, 2001)

- ● 이마와 눈가의 주름살
- ● 눈꺼풀의 처짐과 다크 서클
- ● 피부 색깔의 변화 – 검버섯 출현
- ● 근육의 손실로 목주름 확대
- ● 입 및 입술 부위의 주름, 팔자주름
- ● 탈모 증상

이러한 신체의 노화 상실감을 극복하기 위해 사람들은 성형수술에 매달린다. 예뻐져야 한다는 강박감에 빠진 나머지 몸에 칼을 대면서 아름다움을 추구하는 것이 유행이다. 선택적으로 얼굴 성형 및 보톡스 주사로 얼굴을 바꾸고 있다는 얘기다. 미학의 추구 속에 성형수술을 하는 사람들이 날로 증가하면서 성형수술 시장은 세계적으로 번창하고 있다. 누구나 할 수 있는 성형수술은 노화방지 맥락에서 미적수술(cosmetic surgery)의 의미가 더 크다는 해석도 내린다. 최근에 미국의 75세 할머니(Sherri Cook)는 우아하게 늙기 위해서 유방성형 수술을 받았다고 했다.(dailmail.com) 성형을 통한 신체의 복원 (rejuvenative)이고 노화의 수정이라고 할 수 있다. 미적 수술은 "노화와 관련된 신체적 정신적 노화를 지연 방지하려는 응용프로그램"인 셈이다.(Allen, 2003)

다시 말해 젊음을 복원하려는 성형수술의 동기는 나라마다 사람마다 좀 다르겠지만 일반적으로 ▶자아존중감 유지, ▶손실된 신체적 이미지 개선, ▶직장(직업)에서의 호감도 향상 등을 꼽을 수 있다.(Figueroa, 2003) 미적 수술의 표면상 목적은 신체적 이미지를 수정하여 더 예뻐지겠다는 심리적 충족감이다. 이런 신체적 이미지는 개인으로 하여금 다른 사람에게 투영되는 실체로서 자신의 마음속 그림이다.(Sarwer, et al, 1998) 신체적 이미지는 고정된 현상이 아니라 나이가 들어가면서 끊임없이 변하는(美醜)기표라고 할 수 있다.

한편, 노화와 관련된 화장품과 패션 등이 크게 발전하고 있다. 기능성 화장품이나 헤어스타일, 손톱 매니큐어, 액세서리와 장신구 등으로 몸치장을 한다. 그 중에서도 노화 감추기 미용이 대세를 이루는 가운데 안티에이징 화장품에 관심이 높다. 남녀 누구나 피부 탱탱, 몸 탱탱 피부를 원한다. 젊은이들은 영화배우 고현정의 피부 비결을 궁금해한다. 클레오파트라가 아름다운 피부를 유지하기 위해 우유목욕을 했다는 이야기도 흥미를 끈다. 여자들뿐만 아니라 남자들도 꽃훈남 열풍 속에 피부관리 및 주름살 케어 등에도 관심이 높아지고 있다. 화장은 아름다움에 대한 욕구 정체성과 자기표현을 위한 수단이 되고 있다. 아름다움은 사회적 가치의 새로운 지표가 되었다.

80세 이상의 고령 노인기(oldest-old)의 할머니들 역시 마찬가지다. 섹시한 할머니들도 많다. 할머니들이 젊은 여성들처럼 엉덩이의 언어는 없지만 섹시한 삶을 만들어간다. 건강미와 활달한 성격에다 사교적인 할머니들은 할아버지들의 '연인'이 된다. 할아버지들로부터 재미있는 질투를 불러일으키는 할머니들도 있다. 러브콜 대상이다. 의존적 감성과 부질없는 욕망을 기대하는 사랑의 감정을 나타내기도 한다. 하지만 할머니들은 일탈하는 사랑도, 동기도 느끼지 않는 커피 한 잔에 친구로 지내는 노인들 정도로 여긴다.

결론적으로 누구나 아름다움의 갈망과 나르시즘적 환상 속에서 살아간다. 늙어도 화장하는 노인이 되어야 한다. 로션 하나를 바르더라도 "내 얼굴이 예쁘지?" 하고 스스로 칭찬을 하며 몸매를 관리하는 일이다. 노인들이 우울증에 빠진 나머지 '올해도 살 수 있을까?' 한숨 짓지 말고 섹시하고 예쁜 구두를 챙겨 신는 일, 쇼핑하는 일, 그리고 긍정적 에너지를 전해주는 사람들과 잘 어울리는 일이다. 욕망이 없으면 어떤 반응도 나오지 않게 마련이니 그렇다. 건강하고 의욕이 있어야 사회적 '유통기간'(sell-by date, 사회활동 기간)을 늘릴 수 있음은 물론이다. 80, 90세 연장전까지 사회적 유통기간을 늘여야 하는 것이 진정한 노인의 삶이 아닐까 싶다. ⓒ

■ 참고 자료

Allen, D.B.(2003), Aesthetic and reconstructive surgery in the aging patient. Arch Surg, 138(10), 1099.

Demas, P. N., Braun, T.W.(2001), Esthetic Facial Surgery for Women. Dental Clinic of North America, 45(3), 555-569.

Figueroa, C.(2003), Self-esteem and cosmetic surgery: is there a relationship between the two. Plastic Surgery Nursing, 23(1), 21-24.

Renz, Ulrich(2008), The Science of Beauty, 박승재(역), 『아름다움의 과학: 미인불패, 새로운 권력의 발견』, 서울; 프로네시스.

Sarwer, D.B., Wadden, T.A., Pertschuk, M.J.(1998), The psychology of cosmetic surgery; A review and reconceptualisation. Clinical Psychology Review. 18(1), 1-22.

WHO.(2000), Women's Health Queensland 2000. Body image and self-esteem. http://www.womhealth.org.au/factshts.

www.dailymail.co.uk.(2011. 8. 24)

> ● 사람은 저마다 늙어가는 수준이 달라서 이 세상에는 수만 개의 늙음이 있다. 그런 점에서 당신은 현재 어떻게 늙어가고 있는지 성찰해 보라. 자신만의 인생 브랜드가 필요한 시점이다.
> (본문 중에서…)

실존적 < 잘 늙기 : well-aging > 를 위한
신노년의 자기 마음 다스리기

무엇이 우리들 내면의 동기를 떨어뜨릴까? 내면의 에너지는 정신력이다. 그런데 우리 삶을 돌이켜보면 인생살이가 그러하듯 노인들 역시 한평생 꾸불꾸불한 길을 걸어왔다. 남모르는 외로움 혹은 질병으로 늘 비틀댄다. 나만 알고 있는 근심이 의식적, 무의식적으로 깔려 있다. 그러면서 그럭저럭 흘러가는 시간에 자신을 맡기고 살아간다. 그러나 늙어가는 것은 연습이거나 녹화가 아니라 실제적 라이브(live)이다. 노인들의 삶은 일상적 생활에서 멀리 떨어져 있지 않다. 노인들 역시 1분당 60번을 째각거리며 흘러가는 시간 안에 있다. 장수가 축복이지만 건강이 따라주지 않으면 오히려 재앙이 될 수 있다. 얼굴에 저승꽃이 피어나게 된다. 그렇다면 이에 대한 당신만의 힐링 캠프는 마련되어 있는가를 묻고 싶다.

사실 나이가 늘어나면서 상실감은 깊어만 간다. 수많은 사건과 만나고 충돌하며 살아온 결과가 오늘을 말해 준다. 모든 것이 풍족하고 자신만만하면 자만에 빠지기 쉽다. 때로는 주색(酒色)에 젖어 건강을 망치게 할 수도 있다. 아무리 건강하고 돈이 많더라도 마음상태가 정상적이지 못하다면 삶의 중심을 잃고 넘어질 수 있다. 미국의 골프 황제 타이거 우즈(Tiger Woods)는 남다른 운동을 통해 벌어들인 부(富)의 즐거움에 빠져 '불륜황제 혹은 밤의 황제'로 비난받았다. 우즈가 골프를 잘 치고 돈을 벌었지만 올바른 생활관리 실패로 영혼이 없는 졸부 신세로 떨어지고 말았다.

그렇다면 외양간에서 소와 같이 살아도 영혼만은 아름답게 만들어야 한다. 우리 인생 왜 사는지, 어떻게 살아왔는지, 성찰하며 '저승재판소'를 생각할 때이다. 옛말에 '무신불립(無信不立)' 즉 믿음이 없으면 똑바로 설수 없다고 했다. 기독교 신자들은 하나님과 늘 기도를 통해 위로를 받는다. 기도는 현재 당하고 있는 걱정도 고통도 절망도 이길 수 있는 힘을 가져다준다. 또한 불교의 주요 교리인 '팔정도'(八正道)로서 1)옳은 견해, 2)올바른 의도, 3)옳은 말, 4)옳은 행위, 5)올바른 생명, 6)옳은 노력, 7)정당한 심정, 8)올바른 마음 유지 등의 노력이 있어야 한다. 번뇌에 빠지기 시작하면 인생을 즐길 수 없기 때문이다.

사실 주위를 돌아보면 사회가 점점 복잡해지고 경쟁적인 사회로 진전되면서 정신질환에 시달리는 사람들이 많다. 가치관의 변화, 정치 · 사회 · 문화적인 변화가 빠른 것이 문제다. 그러니 몸도 피곤한 것이다. '피로 사회' 속에서 살아가는 것이다. 급속한 변화 속에서 70~80살 살았다는 것은 그만큼 몸뚱이를 써먹으며 지내 왔다는 뜻이다. 결국 몸은 쇳덩어리가 아니어서 서서히 망가지면서 아프다는 소리를 하게 된다. 더구나 실직이나 퇴직한 후 우울증 등에 시달리고 있는 사람도 많다. 우울증은 주로 우울한 감정으로서 이것이 지나치면 신체적 증상으로 온몸 쑤심, 어깨 결림, 심장 두근거림, 설사, 어지럼증이 나타난다. 하지만 늙어가면서 아프다고 투정부릴 대상도, 받아줄 사람도 없어졌다.

오늘의 시점에서 돌아볼 때 노인들의 경우 대부분 정신적 건강이 좋지 않다. 사람이 늙으면 아픈 데가 왜 없겠는가. 원통하지 않는 삶이 어디 있겠는가. 노인 비만으로 고생하는 사람들은 몸뚱이가 뚱뚱해 물

컹거리고 영혼마저 없어 보이는 것도 같은 이유일 것이다. 세상에는 원인 없는 결과는 없다. 평생 누적되어 온 결과로 인해 병약한 노인들이 많다. 노인들은 평생 동안 사회적 행동을 많이 했지만 마음의 평안함을 찾는 성찰, 사유(思惟)를 할 만한 여유도 없었을 것이다. 지는 해처럼 살아가지만 나이와 건강 때문에 평온함을 찾지 못하고 살아가는 것이 오늘의 노인들이다. 그것이 사실이면 노인 스스로가 그동안 조화롭지 못했고 적지 않았던 긴장ㆍ분노 등을 내려놓는 성찰이 필요하다. 위빠사나 즉, 마음 챙김으로 상처받은 내면을 치유해야 한다. 마음 챙김은 어려움이나 괴로움에 대한 저항과 분노가 아니라 긍정적이며 아픔을 근본적으로 받아들이는 것이다. 그럴 때 몸의 치유가 가능해진다.(Tara Brach, 2003)

사실인즉 정서적인 회복이 어려운 상태에 빠져 있는 사람들이 많다. 의사들에 의하면 노인의 25~40%는 정신장애가 있는 것으로 추정한다. 정신질환은 우울증과 치매가 대표적이다. 1968년 180개쯤 되었던 정신질환은 종류가 계속 늘어나고 있는 가운데 정신질환자는 2007년 257만 명에 이르고 현재는 이보다 훨씬 많은 수로 증가하고 있다. 이 같은 노인 우울증은 배우자 건강ㆍ돈ㆍ친구ㆍ자식들을 잃어버릴 경우에 발병하는 경우가 많다. 정신이상자라는 사실조차 모를 뿐만 아니라 알고 있어도 정신과 치료를 받을 경우는 극히 드물다.

태국의 정신적 멘토로 활동하는 바지라메디가 쓴 책《아프지 않는 마음이 어디 있으랴》(2012)에서 보면 외로움을 느낀다면 마음을 바라보라고 권유한다. 비우고 숨 쉬고 행복하라고 가르친다. 우리가 경험하는 일이지만 뇌(머리)는 하나인데 마음은 수만 가지로 떠오를 때가 있다. 잡다한 생각, 감각을 가라앉히기가 어렵다. 그러면 나는 몽유병 환자처럼 살아가게 된다. 그러므로 누구에게나 정신건강이 중요하다. 치유 회복(healing recovery)의 삶이 요구된다. 가능하면 신을 찾고 명상과 기도를 하면서 답을 구하라. 교회에 나가고 산간 절을 찾아 안식을 취하는 생활로 바꿔라. 종교에 입문하는 것은 하나님과 친구가 되는 것, 순명(順命)의 자세로 임하는 자세다. 맑은 정신은 질 높은 노년기의 필수 조건이니 그렇다.

그런 의미에서 철저한 정신고양은 교회 사찰 내에서도 가능하고 조용한 카페 아니면 산에 올라가서도 가능하다. 기도나 은둔을 통해서 영혼 세탁이 가능해지고 때로는 삶을 뜨겁게 사랑하는 신비한 체험을 하게 된다. 불교에서는 간화선(看話禪, 화두를 들고 참선하는 수행)을 권고한다. 동자승이 주로 하는 삼일수신(三日修身, 사흘 동안 닦는 마음)은 천재보(千載寶, 천 년의 보배)라고 했으며 백년탐물(百年貪物, 백 년 동안 모은 재물)은 일조진(一朝塵, 하루 아침에 먼지)이라고 했다. 그래서 옛 수행자들은 해골을 보며 명상을 했다고 한다. 유명한 시(詩) 한 편을 외우지 못하면 자신의 영혼을 모르는 것이나 다름없다.

또한 마음의 경영으로 '몰입'(flow)의 훈련도 중시된다. 몰입이란 도끼자루 썩는 줄 모르고 자기가 좋아하는 일에 몰두하는 상태다. 내 욕심, 내 집착과 번뇌 등에서 벗어나 몰입하는 것, 몰입의 즐거움이 있다. 죽어서 손자 놈의 품에 안길 때(영정을 손자가 든다)까지 한 우물을 파며 살아가는 자세일 때 번뇌가 없어진다. 몰입을 지속적으로 반복해서 하게 되면 독특한 개성과 능력을 갖추게 되고 개인의 삶을 행복하게 만들 수 있다는 것이다.(Csikszentmihalyi, 2003)

그런데 왜 내 마음이 어두운가? 왜 나는 무너질까? 그러면 정신적 무능력자인가?

이와 관련해 우종민(2009)이 마음력(心力)을 말한다. 그가 쓴 《마음력 : 마음의 힘을 길러주는 멘탈피트니스》(2009)에서는 질병의 원인은 스트레스, 우울증으로 인해 마음이 병들었다고 진단한다. 스트레스에 대한 저항력이 약해져서 소화불량 · 감기 · 두통 불면증에 시달린다.

그러면서 몸의 건강을 위해 운동하는 것처럼 정신건강을 위해서는 마음의 운동이 필요하다고 했다. 마음운동을 하면 실제로 마음이 아름다워지고 행복에너지가 충만한 사람이 된다. 말인즉 마음력(心力)을 키우는 일은 현대인의 생존을 위한 키워드이다. 70, 80세를 살아온 흔적들을 정리하며 마음을 비우는 것이다. 내려놓는다, 혹은 비운다는 것은 곧 욕망으로부터 무엇이 되고자 하는 아집까지 내놓는다는 뜻이다.

같은 맥락에서 늙었지만 정신건강을 위해서는 뇌의 운동이 주효하다. 21세기 의학의 목표는 뇌의 건강에 두고 있다. 사람들의 뇌가 건강해야 몸 전체의 건강을 가져오고 웰빙이 가능해진다. 신경학적으로 우울증이나 주의력 결핍장애가 없어야 노후가 행복하기 때문이다.(CBN.com, 2013) 그래서 뇌의 운동이 절대 필요하다. 자신의 능력 잠재력을 개발할 수 있는 느낌을 갖도록 노력하는 것으로 이를 위해서는 최대한 뇌를 많이 쓰는 게 좋다. 뇌가 젊어져야 몸도 젊어진다는 사실에서 독서 등을 통한 꾸준한 두뇌활동이 노화방지에 좋다. 이를 위해 65세 이상의 노년층은 인지기능검사 등으로 조기 치매진단도 받아보는 게 바람직하다. 치매는 가정을 파괴한다는 점에서 치명적인 불행을 가져 오기 때문이다.

또한 청ㆍ장년기 한 직장에서 일하고 돈을 벌어가는 좌뇌 중심의 일을 했다면 이제는 늙어서 우뇌를 쓰는 노인으로 살아가야 한다. 미국의 미래학자 알빈 토플러(A, Toffler), 다니얼 핑크(D, Pink), 컨설턴트인 리처드 왓슨(R, Watson) 등은 현대와 미래사회에서는 '우뇌의 시대요 통섭의 시대'라고 말한다. 우뇌는 감성을 조절하는 부분이다. 예술과 문학 감성을 아우르는 통섭과 종합의 능력이 우뇌에 속한다. 어떤 텍스트(text)에만 매몰되는 좌뇌보다는 전체를 조감하는 콘텍스트(context)를 감지하는 우뇌를 활성화하는 일이다. 우뇌중심의 감성을 잃는 것은 죽은 자와 같은 것, 감성이 없으면 '순수'를 잃는 것이다. 성공의 80%는 감성지능에 있다고 했다. 감성은 우리 삶의 에너지이기 때문이다. 내 맘을 내 마음대로 하는 연습이 필요하다.

여기서 이만 멈추자. 까다롭지만 누구나 나만을 위한 심리적 공간이 필요하다. 부정적인 감정을 멀리하는 일, 마음 챙김의 기도와 명상을 하는 일, 마음을 닫지 말고 활짝 열어놓는 일, 그래서 아웃사이더와 점심 한 끼 쯤 하는 것은 정신건강을 위한 처방들이다. 무엇보다 주변 사람을 일촌으로 만드는 사교술로 마음병을 회복하는 일이다. 사람과 사람 사이에 흐르는 존재감을 만드는 것이다. 다시 말해 삶의 의미를 만드는 것이 아니라 발견해 나가자는 말이다. 괴테의 파우스트는 세상 속에서 갈등과 구원의 출구를 찾는 모험을 계속 하지 않았던가. ⓒ

■ 참고 자료

바지라메디.(2012), 『아프지 않은 마음이 어디 있으랴』, 이유경 외(역) 서울: 프론티어.

우종민, 『마음력: 마음의 힘을 길러주는 멘탈피트니스』, 서울: 위즈덤하우스, 2009.

Mihalyi Csikszentmihalyi.(2003), Good Business: Leadership, Flow, and the Making of Meaning, New York: Penguin Book.

Tara Brach.(2003), Radical Acceptance: Embracing Your Life with the Heart of a Buddah. New York: Random House.

CBN.com.(2013), http://www.cbn.com/health.

제 2 절
노년기 성공적 노화를 위한
< 잘 살기 : well-being > 실천 훈련

실존적 < 잘 살기 > 를 위한 신노년의
지속가능한 경제수명 알아보기

당신의 경제수명은 어느 때까지일까? 한국인의 평균 퇴직 정년은 55세, 2012년 최빈사망연령은 87세라는 점에서 적어도 30여 년 이상을 살아가게 된다. 평균수명이 80세로 증가하는 현 시기를 기준으로 해서 2030년에는 한국인의 평균수명이 90세로 늘어 날 전망이다. 하지만 노후생활 및 자금 마련에서는 이를 따라가지 못하는 빈곤상태에 빠질 확률이 높다. 현재 60대가 앞으로 20년을 더 산다고 했을 때 노후자금은 기초생활비로 4억 원이 필요(주택비용 제외)하다는 평가다. 또 한국의 대표적 중산층으로 분류되는 사람들 중 절반은 퇴직 후 노후자금이 9~10억 원(국민연금 퇴직금 포함)을 넘어야 한다는 분석도 나온다. 한마디로 노년기의 경제수명은 평균수명까지 이르지 못한다는 뜻이다.

게다가 우리나라 고령화 속도는 세계에서 가장 빠르다. 거부할 수 없는 100세 시대가 시작되었다. 오는 2050년 노인인구 비중이 약 37%에 달해 OECD(경제협력개발기구) 평균인 27%보다 높을 전망이다. 실제로 우리나라 역시 100세 시대로 이미 접어들었는데 국내 100세 인구는 2014년 초 14,592명으로 남자는 3,194명, 여자는 10,595명으로 조사됐다.(2014년 초 안전행정부 발표) 그리고 65세 인구는 640만 명으로 늘어나 고령화 사회로 진입하고 있다.

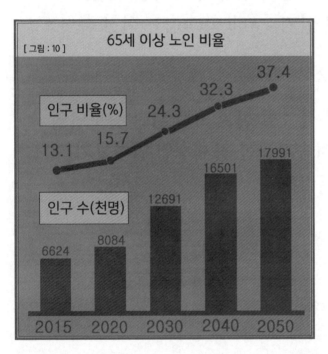

[그림 : 10]

65세 이상 노인 비율

인구 비율(%)
13.1 15.7 24.3 32.3 37.4

인구 수(천명)
6624 8084 12691 16501 17991

2015 2020 2030 2040 2050

그러나 노인들은 그라운드 제로 인생 아니면, 해수면 아래의 가난한 사람들로 살아가는 형국이다. 경제력이 없다 보니 가정으로부터 사회로부터 소외감을 느끼며 살아간다. 전 생애는 건강, 여가, 주택, 생활비, 노동, 사랑, 죽음을 관통하는 여정이라 생활 자체가 녹녹치 않다. 그야말로 노년 후기에는 노인들이 질병, 가난, 고독이라는 3중고를 겪으면서 마지막 10년 이상을 어렵게 살아간다. 현재의 평균수명이 80세에 비춰 보면 은퇴 후 20~30년을 소득 없이 지내야 하는 것이다. 노인 빈곤과 자살률이 세계적으로 가장 높은데, 특히 노인빈곤률 45%는 기아의 위험수위를 나타내는 경고등이고 사회통합의 문제가 제기된다.

최근 언론에서 지적하는 노후 대책이나 친구들 간 대화에서도 빠지지 않는 주제가 노후생활비 문제다. 장수시대에서 어떻게 건강하고 행복하게 보낼 것인가를 놓고 고민하는 것이다. 이런 관심 속에서 건강수명만큼이나 중요한 것이 다름 아닌 '경제수명'이다. 개인의 경제력이 노후의 삶을 좌우한다는 얘기다. 사실 노인이 처한 경제력(자산)이 삶의 질과 존재 자체를 결정한다.(NJCFE, 2003) 노후의 생활을 결정하는 수입·안전·건강·노동·교육·사회적 지지 등이 중요하다. 결국 일터에서 어떤 일이든지 즐기며 하는 사람은 경제수명의 한계가 없다. 노후에 인간답게 살려면 건강수명과 경제수명을 균형을 이뤄야 한다. 경제수명이 100세시대의 축복은 건강수명(육체, 정신)과 경제수명이 같아질 때 행복한 노년으로 살아갈 수 있는 것이다.

■ 경제수명과 복지 딜레마 그리고 건강의 불평등

경제수명(economic life)은 긴 세월 속에서 지속가능한 삶을 살아갈 수 있는 경제활동, 즉 돈벌이 기간 및 생활비 보전 가능한 기간을 의미한다. 건강하게 경제생활을 얼마까지 할 수 있는가의 기간으로서 노동시장에서 일하며 스스로 생활비를 해결할 수 있는 시기를 지칭한다. 원래 '경제수명'은 군사적 용어로서 기존의 군사장비 등 설비 자산에 대한 지속적인 성능과 생산성 유지 대(對) 새로운 장비 구입 등으로 인해 소요되는 비용과의 경제 분석에서 최소 비용이 들어가는 시점을 말한다.

이러한 경제수명 역시 노년기에서도 최소 생활비를 벌면서 언제까지 최대 삶의 효과를 유지할 것인가의 문제로 모아진다. 정년과 더불어 부모 자녀부양, 남은 인생을 보내는데 필요한 생활비 등을 비롯해 건강보험료(장기치료대비), 지속적인 수입, 사회보장제도, 교육정도, 은퇴 후 생활설계, 자산관리능력(금융, 부동산), 노년기 투자방향 등을 놓고 분석하고 평가하는 것이다. 특히 가정의 재무설계(financial planning)로서 노후 생활을 여유롭게 보내는데 필요한 자금은 기본적으로 생활비, 건강 · 여가 · 문화비, 저축, 예비 비상금 등 가정경제 계획을 잘 짜서 '알뜰한 살림'을 잘 해가는 문제들을 다룬다.

또한 경제수명을 논함에 있어서 필자는 사회적 활동에 달려 있다는 점도 고려되어야 한다고 믿는다. 성공적 노화에서 노년학 학자들은 노년기 사회활동 및 경제생활과 관련한 이론적 관점으로서는 활동이론, 분리이론, 연속이론 등에서 지적되고 있다. 경제수명을 평가하는데 있어서 사회활동을 강화할 때 사회적 격리감, 고립감, 우울증으로부터 벗어날 수 있고 사회적 자본을 만들어 갈 수 있다. 노년기의 경제적 수명은 다양한 사회적 요인과 생애 경험의 누적적인 결과에 의하여 결정되는 것으로 노년기의 사람들은 각자의 사회생활 기반을 이루게 되는 것이다.(CDS, 2009) 경제적 수명을 늘려 나갈 때 노인이지만 액티브 시니어(active senior)로 혹은 스트롱 시니어(strong senior), 아니면 자신만의 특별한 가치관 속에서 멀티라이브즈(multiful-lives)로 살아갈 수 있는 것이다.

문제는 대부분의 노인들이 삶의 본질에 있어서 '부족함'이라는 사실이다. 늙어서 돈이 없으니 루트리스(rootless)와 같은 삶을 살아갈 가능성이 높아진다는 얘기다. 노인들의 '노후 재정'을 나타내는 퇴직위험 지수(retirement risk index)가 높아지면서 빈곤층으로 떨어지는 것이다. 노인들의 인구가 늘어날수록 연금 액수는 줄어들고 보험료는 2배로 증가하는가 하면 물가가 계속 오르는 등 인플레이션이 일어나기 때문이다. 이 같은 노인들의 경제적 상황은 결국 생활비 격차 등 배분의 격차가 커지게 됨은 물론 사회발전 및 사회화과정 자체가 상이한 것을 의미하는 '차별 사회화'(differential socialization)를 나타내게 된다.

그런데 누구나 경험하고 느끼는 것이지만 노년기에는 예측 가능한 삶을 꾸려 나가기가 매우 힘든 불확실성을 안고 있다. 우리 경제가 저성장 아니면 제로성장시대에 빠질 수 있다는 진단에다가 세계 여러 나라가 직면한 건전한 복지비 문제, 즉 복지딜레마를 겪고 있기 때문이다. 한국도 연금 재정의 고갈이 코앞에 다가왔다는 사실에서 경제수명을 늘려가는 데는 한두 가지 문제가 아니다. 국민연금이 노후대책을 위한 기본수단으로 자리잡아가고 있지만 현재의 연금제도를 개선하지 않으면 2050년 이후면 연금기금이 고갈될 것으로 판단하고 있다. 사회보험 재정은 고갈(2060년 국민연금 214조 원 적자다. 2030년 건강보험 66조 원 적자예상)되는데 국민들의 복지확대기대감(노후는 국가가 책임져야 76.6%, 건강보험 혜택 늘려야 76%)이 커지고 있다. 복지비부담이 증가하는데 대해서는 거부감도 많은데 이를테면 국민연금을 더 내는 개혁에 반대(52.4%)하거나 건강보험료 인상 반대(52%) 등은 여전하다.(한국갤럽조사 2011, 12, 1000명 설문조사 결과)

또한 고령사회가 되면서 국가적으로 직면한 부담 중 하나가 고령층의 진료비 문제다. 2010년 척추, 백내장, 전립선 등 주요 33가지 수술을 받은 고령자 노인이 19,000여 명으로 2006년보다 90% 증가했다. 고령노인들이 쓰는 의료비(수술비 포함)는 2006년 3,237억 원에서 2010년 1조9000억 원으로 늘었다. 전체 의료비에서 차지하는 비중이 2.5%로 증가하였다. 건강보험심사평가원이 지난해 발표한 '노인진료비 최신동향'에 따르면 전체 진료비가 해마다 늘어 2012년에 18조 3410억 원에 이른다.(국민건강보험공단, 2012. 3.18)

뿐만 아니라 대한민국은 취업난, 고용불안, 수명연장에 따른 노후생활 걱정, 물가상승세를 따라 잡지 못하는 수입 지출의 불균형이 심화되고 있다. 기초연금, 국민연금, 특수연금(공무원, 사학 군인연금) 등이 있지만 거의 재정적자가 늘어나고 있다. 더구나 국민들로서는 당장 지출되는 돈이 많다 보니 노후준비를 제대로 할 수 없는 사회구조다. 기초연금으로 기본 생활비에도 턱 없이 부족한 형편으로 지원액의 최대치가 20만 원에 그치고 있다. 또 국민연금을 받는 사람들 중에 10~20만 원을 받는 비율이 가장 높다(조선일보, 2014. 10. 14) 한마디로 노년기 노후생활을 안정적으로 영위하기에는 현재의 연금액으로는 턱 없이 부족한 실정이다.

그런데 문제는 노인들 대부분이 지속적인 소득 수단을 마련하기 어렵다는 데 있다. 사회경제적 지위(SES)가 낮은 수준이면 경제적으로 어려울 뿐만 아니라 생활비 충당에 위기를 느낀다.(Conover, 1973) 현재 일을 하더라도 건강이 나빠지면서 고용을 유지할 가능성이 줄어든다. 더구나 65세에 홀로 된 여성노인은 그렇지 않는 가정보다 가난해질 확률이 두 배나 높아진다. 게다가 경제수명에 따라 불평등 구조가 심화되고 이는 결국 국민들의 건강 문제 등 삶의 질을 떨어뜨린다는 사실이다. 나의 행복과 남의 행복이 같을 수 없다는 것은 불편한 진실이 되고 말았다. 퇴직 평균수명이 길어지지만 55세 퇴직이후 소득 없이 살아가는 기간이 길어지면서 소득과 건강 불평등이 확대된다. 경제사회적 지위는 우리의 육체적·정신적 건강을 포함해 전반적인 인간의 기능에 영향을 미치며 결국 수명까지 좌우하게 된다.

다시 말해 낮은 경제사회적 지위는 노화 및 개인의 심리상태에 영향을 미치게 된다. 빈곤은 노인들의 정신건강 위험요소로 작용한다. 경제적 상태가 악화되는 것은 물론 심리적 장애로 고통 받게 된다. 노년후기 사람들 20~25%가 심리적 장애를 안고 있다는 것이다. 사망률과 관련해 높은 뇌졸중의 발생원이 높아지거나 만성질환의 발생률이 높아진다. 건강 관련 삶의 질, 사회적 관계가 떨어진다는 얘기다. 더구나 사회경제적 지위는 소득수준, 교육, 직업에 따라 다르고 사회적 격차(social inequality)가 생기면서 사망률이 높아지는 원인이 된다. 근근이 살아간다 해도 만성질환으로 보낼 세월이 길어진다. 경제적 상태와 건강 사이에는 깊은 관계가 있다는 말은 한두 번이 아니다.(Ross & Wu, 1995) 특히 젊어서의 사회적 불평등은 고령기에 가서도 건강 불평등으로 이어진다는 연구 평가는 많다.(Robert & House, 1994)

■ 우리나라 노인들의 빈곤율과 경제 수명

우리나라 노인빈곤율이 OECD국가들 중에 1위를 차지하는 가운데 앞으로도 계속될 가능성이 높다. 보건사회연구원의 정책보고서에 의하면 국내 65세 이상 인구의 빈곤층 비율이 45%로서 OECD 국가 중에 제일 높은 것이다. OECD 30개국 평균이 13%보다는 3~4배 높은 수준이다. 배우자 없이 홀로 사는 노인의 빈곤율을 반영할 때 무려 76%에 이른다. 60세 이상인 가구주의 경우 10가구 중 4가구가 빈곤가구에 해당되어 40대 가구주의 빈곤보다 5배나 높다. 게다가 국내 총생산 GDP에서 복지 분야 지출비중

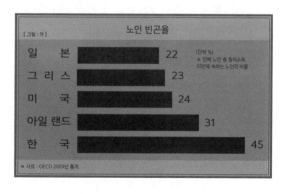

이 1.7%에 불과해 1.1%의 멕시코와 함께 OECD 국가들 중에 최하위를 기록하고 있다. 또한 우리나라는 정년퇴직 후에도 가장 많이 일하는

나라로서 한국 남성의 실질적 유효은퇴연령(effective retirement age)
은 71.1세로 알려지고 있다. 여기서 유효은퇴연령이란 노동시장에서 더
이상 경제활동을 하지 않는 나이로서 실질적 은퇴 시점을 말한다.

이 같은 우리나라의 71.1세까지 일한다는 것은 OECD 평균(64.2세)
보다 정년퇴직 후에도 일터에서 가장 많이 일한다는 뜻이다. 그러나
60세 이상 노인들에게는 제대로 된 일자리가 귀하다. 경비, 미화, 물건
배달, 작업장에서의 허드레 일 등을 주로 한다.

국제노인인권단체인 헬프에이지인터내셔널(Help Age
International)이 발표한 '2014 세계노인복지 지표'(Global Age Watch
Index 2014)에 따르면 우리나라 노인복지 수준은 세계 96개국 중 50위
에 불과하다. 아시아에서 일본(9위), 태국(36위), 스리랑카(43위) 필리
핀(44위), 중국(48위)보다 낮은 수준이다. 노인복지 수준 지표는 소득,
건강, 역량, 우호적 사회환경 등 4개 영역의 13개 측정 지표를 분석한
것이다. 물론 이런 결과에 대해 신뢰성이 떨어지지만 우리나라 노인들
의 소득수준, 연금소득, 노인빈곤율, 일자리 부족, 상대적 불평등 부분
들이 매우 취약한 상태다.

잠정 결론으로 우리나라 국민경제수명은 75세인 것으로 나타났다.
은퇴 시까지 축적 가능한 자산을 기준으로 은퇴 후 희망 소비금액은
사용할 경우 경제수명은 75세에 끝날 것으로 평가된다. 2012년 4월 우
리투자 증권 '100세시대 연구소에 의하면 수명 100세시대 기준 한국인
의 은퇴 후 노후자금 준비금은 48.5%에 불과하다. 은퇴 후 희망 소비금
액이 월 245만 원인 반면 100세까지 월평균 예상소득은 119만 원에 불
과한 것이다.(헤럴드 경제 2012. 4. 13)

75세 이후 100세까지 살게 될 경우 25년간 노후생활이 막막해진다
는 뜻이다. 노인들이 자신의 생활비를 벌기 위해 가장 많이 일하고도
실제로는 가장 빈곤한 여생을 보내고 있다는 얘기다.

■ 경제수명을 업그레이드 할 방법은 없을까?

인생의 3분의 1을 노후에 살아야 한다. 은퇴 후 적어도 30년 이상을 살아가야 한다. 장수가 축복이지만 수명이 연장되면서 더 많은 돈이 필요해지는 생활구조다. 이를테면 노인 부양비도 올라가고 있다. 그런데 통계청에 따르면 우리나라 가족의 노인부양비는 2005년 12.6%에서 2030년에는 37.7%로 3배 증가하는 것으로 예측하고 있다. 그리고 2008년도 기준 생산 가능인구 7명이 노인 1명을 부양했다면 2020년에는 4~5명이, 2030년에는 2~3명이 노인 1명을 부양해야 할 상태다. 게다가 노후에 각종 질병으로 인한 와상 상태에서 10년 이상을 보내는 사람들도 있는데 이때 병(病) 수발 비용도 어렵게 된다. 돌봄 노동의 비용은 점점 올라가고 있어서 가족이 아닌 간병인의 도움을 받으려면 더 많은 돈(2009년 말 24시간 간병도우미 비용은 7~8만 원)이 필요하다.

말인즉 얼마나 많은 노인들이 퇴직 이후에도 이전의 가정생활 수준을 유지할 수 있느냐의 문제다. 복잡한 문제들이지만 정부와 민간의 협력, 공공기관과 지역단체의 협력으로 경제의 불평등, 복지 딜레마를 극복해 나가야 할 것이다. 무엇보다는 각자 개인의 노력으로 경제수명을 늘려야 할 존재가 돼 버렸다. 우리나라처럼 노후 복지체계가 미약한 나라에서 스스로 노후를 대비해야 한다. 20대부터 50년을 일해야 한다는 것, 20대와 50대가 경쟁해야 한다는 의미의 '경제수명 2050시대'를 말하기도 한다.(권영설, 2005)

따라서 경제수명을 늘리는 데는 다양한 처방이 있지만 무엇보다 기업 및 공공부문의 인력관리에서 연공형 보수체계를 임금피크형으로, 고용인력을 위한 정년연령 연장, 복리후생의 다변화, 고령자 능력개발이나 재교육, 퇴직연금제도 강화 등의 개선 노력이 필요하다. 더구나 노인세대들이 사회경제적 복지에 대한 권리의식도 점차 늘어나고 있는 점을 고려할 때 몇 가지 실천할 아젠다를 다음과 같이 제시해 본다.

첫째, 은퇴연령을 늦추는 일이다. 남들보다 늦게 은퇴한다. 미국의 퇴직 연령은 61세인데 고소득층들은 최소 70살까지 일한다. 일할 수 있을 때까지 계속 일하는 것을 목표로 생활을 설계한다. 퇴직을 선택하기보다는 스트레스가 적은 직책이나 임시직으로 물러나는 길을 택한다.

둘째, '경제적 안전'(economic security)을 최우선한다. 노인들에 대한 경제적 안전과 소득 보장을 만들어 줘야 한다. 노인들은 소득의 구성요소로서 사회보장에 의존할 가능성이 점차 높아지기 때문이다. 노년들에 대한 건강관리에 따른 건강의료비, 주택, 영양프로그램, 재무설계 직업훈련 등으로 지속가능한 삶을 만들어야 한다.

셋째, 은퇴 후에도 일할 수 있는 일터를 마련하는 일이다. 어쩔 수 없이 오는 정년이 곧 노동의 종말은 의미하지 않는다. 퇴직은 주된 일자리(main job)에서 물러나는 것이지만, 고용의 직위나 역할이 끝나는 것은 아니다. 주어지는 일(work)은 사망 시까지 중단되지 않는다는 의미에서 은퇴연령을 신축성 있게 운용한다. 개인으로서는 회사에 남아 있기를 매달리기보다는 더 오래 일할 수 있는 일거리를 찾는다.

넷째, 연령차별 금지, 고령자 고용촉진, 임금 피크제 같은 경제수명 늘리기 정책이 뒷받침돼야 한다. 정년이 늘어나면 청년실업자가 늘어날 위험이 있지만 기업으로서는 숙년된 노동자를 계속 고용할 경우 경쟁력을 유지할 수 있다. 단계적으로 임금피크제와 연계해 정년을 65세로 연장해야 할 것이다. 일본의 경우 60세가 넘어서면 임금피크제를 실시하고 있는데 일단 60세가 넘어가면 그전 임금의 50~60% 정도를 받도록 유도하고 있다.

다섯째, 우리나라도 실버산업 육성정책을 서둘러야 한다. 노인인구의 증가는 앞으로 노인산업(aging enterprise)의 발달을 촉진할 것으로 보인다. 변하는 사회경제적 환경에 따라 노인들이 원하는 수준에 맞춰서 노인 친화적 일터를 만드는 것이다. 향후 노인들을 위한 일터의 마련, 서비스관련 봉사, 노년생활 설계사 등의 새로운 직종들이 발전할 것이다.

여섯째, 노인들의 주거생활을 개선하는 일이다. 노인들이 임대주택이나 전셋집에서 살 경우 주거비용이 증가하면서 소득의 30% 이상을 지불해야 한다. 또 주택을 가지고 있어도 주택가치보다 높은 빚을 지고 있는 노인들도 있어 미국, 캐나다 등 선진자본주의국가에서는 실시하는 실버타운을 세워 지원하는 일이다. 일본은 1963년부터 '노인 홈'이라는 노인주거시설을 마련해 돕고 있다.

일곱째, 노인들을 위한 사회정책 및 경제수명을 눌리는 것을 적극 추진하는 가칭 '국가노인청' 같은 행정기구를 만들 필요가 있다. 미국의 National Council on Aging 같은 부처를 마련해 노년들의 생활 전반을 지원하는 일이 좋은 예다. 우리나라의 고령사회 및 노인 관련 정책이 보건복지부, 고용노동부, 여성가족부, 교육부, 문체부 등 10개 부처에 이중적으로 분산돼 있는데 이런 중복적인 업무 부서를 하나로 통합해 일원화 하는 것이다.

이상에서 보듯이 정부나 지역사회 단체에서 할 일이지만 더 중요한 것은 경제수명을 늘려가는 데는 개인의 의식도 필요하다. 인생 후반전 아니 연장전에 새로운 길을 찾아야 한다. 자기 개발로 경제수명을 늘려야 한다. 인생은 남이 아닌 내가 살아가는 것이고 자기의 선택과정이니 말이다. 육체적, 심리적 성장을 위해 수명이 다할 때까지 노인들의 생활 개발은 안정성과 변화라고 했다.(Baltes & Carstensen, 1996) 그러니 실버라이닝(silver lining)을 찾아 새로운 도전기회를 찾아보는 것이다. 주어진 늙었지만 또 다른 기회를 만들어 열정적으로 삶을 만들어가는 일이다.

결론적으로 유병장수시대에 여유로운 실버 라이프를 만들어가는 일이 경제수명을 늘려가는 방법이다. 100세 준비를 위해서는 제2인생에 맞는 일자리를 찾고, 생활 소비를 규모에 맞게 줄이고, 각종 금융상품에 관심을 갖는 등 경제에 관한 합리적인 인식과 준비가 필요하다. 참고로 경제수명이 긴 사람들의 특징을 찾아보면 남다른 열정, 도전정신, 성실, 자신감, 근면, 사회적 관계 등을 잘 유지하고 나아가 자신의 케리어로서 전문성, 프로정신 그리고 다양한 경험을 쌓아가는 사람들이다. 한마디 덧붙이면 우리가 늙었지만 패배자는 아니지 않은가. 삶의 끝이 어렵고 부정적이지만 우리는 아직 힘이 남아있지 않은가. ⓒ

■ 참고 자료

권영설(2005), 『경제수명 2050시대: 당신의 경제수명은 몇 년입니까』, 서울:거름.

Baltes, M.M.,Carstensen, L. L.(1996), The Process of Successful Aging, Aging and Society. 15. 397-422.

Conover, P.W.(1973), Social class and chronic illness, International Journal of Health, 3. 357-368.

Robert, S., and House, J.S.(1994), Socioeconomic Status and Health Across the Life Course, in Abeles, R. P., Gift, H.C., and Ory, M.G(eds), Aging and Quality of Life, New York: Springer.

Ross, C. and Wu, C.(1995), The link between education and health, American Sociological Review, 60, 719-745.

CDS.(2009), Healthy Aging Improving and Extending Quality of Life Among older Americans, Center for Disease Control and Prevention.

Help Age International.(2014), Global Age Watch Index 2014. Kenya: Nairobi

NJCFE.(2003), What Older Adults Need to Know About Money: Financial Fitness for the Best Rest of Your Life. New Jersey Coalition for Financial Education, by BNY Mortgage.

OECD.(2014), Ageing and Employment Polices-Statistics on Average Effective Age of Retirement: Statistics on Average Effective Age and Official Age of Retirement in OECD Country.(www.oecd.org)

실존적 < 잘 살기 : well-being > 를 위한 신노년의 수명과 평생학습 상관관계 알아보기

인간 수명을 좌우하는 요인에는 흔히 소득수준, 거주 지역, 인간관계 등이 꼽히지만 결정적인 수명 연장을 하는데 있어서는 '평생 교육'을 꼽는다. 많이 배울수록 오래 산다는 보고가 있다. 가방끈이 길어야 오래 산다는 주장이다. 미국 국립노화연구소(NIA, 2007)는 교육과 수명의 상관관계에 있어서 개인이 얼마나 교육을 받느냐는 부모의 소득이나 아동의 건강상태 등에 따라 달라진다고 했다. 그래서 법으로 의무교육 기간을 늘리면 거의 모든 사람들의 평균 수명은 1.5년~10년까지 늘어난다고 보고했다.

비슷한 연구로 90세를 넘긴 사람들이 80대보다 기대수명이 늘어나고 지적 능력이 좋아진다는 연구결과도 있다. 덴마크 국립연구재단(DNRF)이 지난 7월 11일 영국의 의학지 란셋(The lancet)에 발표된 논문에 따르면 90세를 넘긴 그룹이 80세를 넘긴 그룹에 비해 영양상태, 면역력, 지적능력 등이 앞섰다. 90세를 넘기면 95세까지 살 가능성도 30% 더 높았다. 또 연구진은 노인의 두뇌를 더 젊게 만들 수 있다고 했다. 많이 걷고 첨단기술을 더 많이 접하는 것 등 교육단계를 높인 결과 두뇌발달이 더 좋아졌다. 우리가 늙는 것에 대해 고정관념을 바꿀 때가 되었다고 했다.

그렇다면 우리는 늙어서도 배우려는 열정, 호기심을 잃지 말아야 한다. 호기심은 창의성과 열정을 만들어 낸다. 인간다움과 창의성의 원천도 교육에서 비롯된다. 그 중에서도 평생 교육은 희망을 안겨주는 것이고 일상생활의 활력소로 작용한다. 그런 점에서 계속 배우는 사람은 피로를 모른다. 배우면 배울수록 미래를 계획하고 건강을 해치는 쾌락을 통제할 수 있기 때문이다. 레오 버스카글리아(Buscaglia, 1992)가 쓴 《Papa, My Father>에서는 사람의 가장 큰 죄는 아침에 눈을 뜰 때부터 밤에 잠들 때까지 하루 종일 아무것도 배우지 않고 침대로 들어가는 것이라고 지적했다.

따라서 늙어가면서도 계속 배워야 한다. 공자는 '학이지지'(學而知之)라고 했다. 학습은 성공적인 노화에서 필수 요소로 작용하는 것이다.(Duay & Bryan, 2001) 배움의 과정을 거쳐 지식을 얻는 것은 한층 젊게 사는 길이다. 그러니 학력에 관계없이 듣고 배우기에 힘써야 한다. 인터넷 커뮤니티 중에는 수많은 자기 개발 소모임들이 활동하고 있는 것도 같은 맥락이다. 특히 인생을 새롭게 시작하기 위해서 관심 분야를 집중적으로 파고드는 일이다. 사회적 경험, 대처능력, 즐거움을 만드는 데는 학습의 영향이 크기 때문이다.

그리고 나이가 곧 지혜라는 말이 있다. 지혜는 인지과정으로서 미덕의 행동이고, 개인에게 좋은 것, 바람직한 상태에 이르는 개념이다. 그런 점에서 학습과 평생교육은 노화와 깊은 관계를 갖는다. 공부는 정신세계에 대한 위로가 된다. 60~70이 되어도 인생을 준비하는 리셋(reset)이 필요하다는 얘기다. 미국에서는 50대 이상의 노인을 대상으로 한 평생교육시장은 계속 확대되고 있다.

더구나 정신세계를 지배하는 뇌는 복잡한 뇌세포로 구성되어 있다. 정신생활에는 무엇보다 많이 배우려는 노력이 요구된다. 노화과정을 겪으면서 인지능력과 감정 변화 등 정신기능이 떨어지는 것은 다른 세포와 마찬가지다. 실제로 노인이 되면 뇌의 기능도 일상생활에 영향을 미칠 정도로 떨어질 것이라고 판단한다. 특히 노인이 되면 기억력, 정보처리 능력, 추상적인 생각, 새로운 것을 이해하는 능력은 청년층을 따라갈 수 없다고 한다.

그렇다고 노인이 되면 두뇌의 지능이 현저히 떨어지는 것은 아니라는 것이 대체적인 평가다. 청년기부터 지식창출 능력은 떨어지지만 자기수행, 깨달음, 영혼의 고양은 노인이 되어서도 크게 떨어지지 않는다는 입장이다. 노년이 되어서 두뇌의 능력이 저하된다는 통념과 달리 노인들의 두뇌가 젊은 사람에 못지않게 현명할 수 있다고 했다.(New York Times, 2008. 5.20)

다시 말해 젊은이들이 더 많은 지식을 배웠더라도 노인들은 그 지식 이외에 것을 많이 안다는 사실이다. 젊은이들이 더 빨리 걷지만 그 길을 노인은 더 잘 보고 느낀다. 젊은이들이 매일 더 많은 것을 배우지만 '현명함'은 노인들이 높을 수 있다. 수십 년에 걸친 이색적 경험, 신중함 등은 노인들의 장점으로서 물질과 정신의 문제, 현실에 적응하는 능력, 직관적 판단이 우수하기 때문이다.

그런데 사람의 지적 기능에 대해서 Horn과 Cattell(1965, 1966)은 크게 두 가지로 나눈다. 하나는 유동성 지능(fluid intelligence, Gf)으로 추리 능력, 연산 능력, 기억, 도형지각능력 등 경험과 무관한 지능이고, 다른 하나는 결정형 지능(crystallized intelligence, Gc)으로 어휘, 일반상식, 언어이해 판단 같은 경험, 교육 등의 환경적 요인에 의하여 발달되는 문화적 지능이다.

사람이 어릴 때는 유동성지능이 우세해서 수학 계산과 추리를 잘하고 기억력이 우수하다. 그러나 나이가 들수록 결정형 지능이 강화되고 있다고 미국의 유명한 노화학자 애칠리(Atchley, 2001)는 주장한다. 나

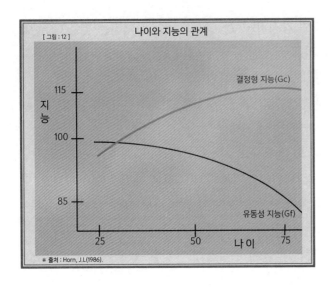

[그림 : 12]

나이와 지능의 관계

결정형 지능(Gc)

지능

115

100

85

유동성 지능(Gf)

25   50   75

나이

※ 출처 : Horn, J.L(1986).

이가 들어갈수록 공부가 효율적으로 이뤄지고 문제해결 능력, 판단력이 좋아진다고 했다.

비슷한 연구로서 이시형 원장은 《공부하는 독종이 살아남는다》는 책에서 나이가 들수록 오히려 공부하기 좋다고 말한다. 나이와 상관없이 공부를 계속하면 해마다 신경세포가 증식되고 지식과 경험에 의해 만들어지는 결정성 지능이 올라간다고 한다. 반대로 노인이 '이 나이에 뭐하나.' 하고 자신의 한계를 정하고 머리를 쓰지 않을 경우 나머지 인생은 단지 죽음을 기다리는 대기 시간이 되고 만다. 늙었지만 힘들고 어려울 때 두뇌 운동을 계속하라는 뜻이다.

문제는 많은 사람이 이런 저런 병을 앓으면서 즐거움을 잃고, 신체적 기능이 약해지면서 머리 쓰기를 게을리 한다는 사실이다. 그렇게 되면 많은 노인들이 지적 기능이 쇠퇴할 수밖에 없다.(DuPre, 2007) 노인들에게 있어서 잘못된 건강관리로 정신적 육체적 건강을 해칠 경우 정상인보다 지적 기능이 빨리 쇠퇴한다. 동맥경화증으로 인한 중풍, 치매 등이 발생할 경우 대뇌의 판단과 사고 기능이 저하되고 신체운동 능력도 자연히 감소하게 됨은 물론이다.

부연하자면 정신세계를 지배하는 뇌는 매우 유동적이다. 사실 50대는 인간 두뇌의 갈림길이다. 50대 이후에는 새로운 지식을 흡수하면서 뇌를 훈련시키면 노화를 억제할 수 있다. 하버드 대학교 조지 베릴런트(Vaillant, 2003) 교수가 정리한 바에 의하면 60세에 이른 성인 중 평균 3분의 1이 80세를 넘도록 살아간다고 했다. 그 중에서도 대학교육을 받은 60세 성인의 70%가 80세를 넘게 살아가는데 이는 일반인들보다 평균 두 배나 많은 수치이다.

결국 인간의 성숙은 두뇌활동인 지식 · 지혜에 달려 있다. 두뇌에 손상을 입으면 영원히 위험한 미성숙 상태로 살아가게 된다. 그런 점에서 뇌는 건강의 엔진이다. 노화를 억제하거나 건강하려면 뇌를 강하게 하고 평생 배워야 한다. 뇌 활동으로 정신건강이 좋아야 치매도 걸리지 않는다. 일본의 경영의 신(神)으로 불리는 하세가와 가즈히로(長谷川 和廣. 2010) 회장은 3가지 행동을 습관화할 때 뇌의 노화를 방지할 수 있다고 일러준다. 즉, ▶틈이 날 때마다 읽고 쓰고 계산해 보라. ▶적극적으로 사람을 만나 즐거운 대화를 하라. ▶계속 움직이며 무엇인가 만들고 조립해 보라고 조언한다.

따라서 정부와 기업차원에서는 다양한 교육프로그램을 마련해 건강한 노후를 보내도록 지원하는 일이다. 교육기간을 늘리면 거의 모든 사람들이 건강하게 그리고 수명을 연장할 수 있다. 100세 인생 후반부를 위한 '재교육' 관점에서 평생교육원의 확대 내실화, 직업능력개발시스템 개선 등이 필요하다.

나아가 노동시장에서의 직업교육 연계를 위한 교육을 넘어 사회공헌, 여가개발형 일자리 창출 등 포괄적인 직업능력시스템을 마련하는 일이 중요해졌다. 이를 위해서는 ▶대학을 중심으로 한 평생학습체제의 활성화, ▶전문인력의 교육기관 재취업 및 사회공헌 확대, ▶국가 · 시 · 도 지자체의 평생교육 인프라 구축, ▶교육프로그램의 내실화 및 노인맞춤형 프로그램 개발 등이다. 그리고 늙어서는 법문을 외우고 그 뜻을 알아가는 지식축적도 중요하지만 지금까지 읽고 배우고 경험한 것들을 후손들에게 전수하는 사회적 공헌도 노년기의 마지막 봉사라고 여겨진다. 노인으로서의 경험과 삶의 지혜는 사실 엄청난 보물이기 때문이다. ⓒ

■ 참고 자료

이시형.(2009),『공부하는 독종이 살아 남는다』, 서울: 중앙북스.

하세가와 가즈히로(長谷川 和廣 2010),『2천개 적자회사를 살려낸 사장의 노트』, 이정환(역). 서울: 서울문화사.

Atchley, Robert C.(2001), Continuity and Adaptation in Aging Creating Positive Experience, Jhon Hopkins University Press.

Buscaglia, Leo(1992), Papa, My Father, LA: Slack Incorporated Co.

Duay, D., & Bryan, V.(2001), Senior Adults Perceptions of Successful aging, Educational Gerontology. 32(6), 423-445.

DuPre, M. E.(2007), Educational difference in age-related patterns of disease: Reconsidering the cumulative disadvantage and age-as-leveler hypothese, Journal of Health and Social Behavior, 48(1), 1-15.

Horn, J. L.(1965), Fluid and crystallized intelligence: A factor analytics study of the structure among primary mental abilities. Ph.D. Thesis. University of Illinois.

Vaillant, G.(2003), Aging Well: Surprising guide posts to a happier life from the landmarks Harvard study of adult development. New York: Little Brown and Co.

NIA(National Institute on Aging, 2007), Why Population Aging Matters: A Global Perspective. March. 2007.

New York Times.(2008. 5. 20), ≪Older Brain Really May be Wiser Brain≫ 기사.

The Lancet.(2013. 7. 11), ≪Physical and Cognitive Functioning of People Older than 90 years≫. 기사참조.

실존적 < 잘 살기 : well-being > 를 위한 신노년의 근심 걱정과 소망 10가지 알아보기

늙어가면서 우리에게는 '무슨 일이 일어나고 있는가? 우리 마음이 어떻게 변하는가? 무엇이 달라지는가? 무엇을 찾고 있는가? 무엇이 문제인가?' 하는 질문들은 한이 없다. 지금 내가 살아가는 방법, 내 생각이 옳은 것이지, 무엇이 진실을 그대로 보지 못하게 하는지 하는 질문들은 이 시대 노인들에게 던지는 화두다. 사실 늙어 가면서 몸이 변하면 마음이 변하게 마련이어서 우리들의 알 수 없는 감정은 밀물과 썰물처럼 오고간다. 우리의 생각과 감정은 롤러코스트 같아서 아무리 어른이더라도 생각과 행동에 있어서는 덩치 큰 어린애 같은 모습을 보일 때가 많다.

누구나 아는 것이지만 우리는 세월 따라 늙어간다. 그러나 늙어가지만 우리 삶은 미완성이다. 마음의 불안은 늘 계속 된다. 눈물도 자주 흘린다. 우리는 작은 일에도 상처를 받기 쉽다. 사소한 일에도 화를 참지 못하는 시기가 노년기다. 대부분의 사람들이 미래의 노화에 대한 우려 속에 물리적 허약, 질병, 또는 장애에 대한 두려움을 갖는다. 이러한 노인의 심리 문제는 연령대, 성별, 민족, 문화적 배경과 성격 등의 요인에다가 농촌과 도시, 교육 사회경제적 지위, 종교와 관련되어 나타난다.

더구나 다양한 육체적 사회적 손실이 이어지면서 건강한 생활, 물질적 결핍, 고독감에 쌓이는 등 일상적 능력유지가 어렵게 된다.

또한 현대인들을 가장 힘들게 하는 것은 몸이 아니라 생각(번뇌)이다. 끊임없는 번뇌는 몸과 마음을 지치게 하고 만병을 일으키는 원인이 된다. 특히 이런 심리적 감정적 노화를 쉽게 느끼는 시기는 노년기 사람들이다. 노인들이 한 평생 살아오면서 경험한 성공과 실패, 고난의 심리가 작용하기 때문이다. 어쩔 수 없이 받아들여야 하는 불행과 고통이 쌓여가는 시기가 노년 후기다. 질긴 생명을 원망하면서 똥ㆍ오줌을 벽에 바르는 노망귀신이 언제 올지 두려워하는 것이다.

모두가 경험한 것이지만 노인들은 건강문제와 장애는 물론 노화와 관련된 신체적 변화 그리고 삶을 통합해 가면서 개인의 포부 성취와 실패의 인생을 살아왔다. 젊어서는 잘 먹고, 잘 놀고, 술 먹고, 담배 피우고 여자를 쫓아 다녔지만 이제는 침대의 비극만 남은 듯하다. 필자는 이와 관련해 노년심리학자(georpsychologist)는 아니지만 현대를 살아가는 노인들이 공통적으로 의식, 무의식 속에서 느끼고 바라는 10가지만을 사회심리학적 측면에서 찾아 기술하고자 한다. 특히 독자로 하여금 오늘의 근심 걱정이 무엇인가? 현시대를 살아가는 노인들로 하여금 더 나은 미래를 위해 원하는 것을 어떻게 얻을 수 있는가? 하는 성찰의 기회를 마련하려는 것이다.

1. 늙으면 늘 '몸의 불안감'을 느낀다

50조에 이르는 우리 몸의 세포가 날마다 죽어간다. 뼈마디가 쑤시고 아픈 쇠퇴과정을 겪는다. 신체가 쇠퇴하고 세포가 죽어가는 과정으로서 노쇠현상은 누구에게나 찾아오는 아픔이다. 게다가 퇴행성 질병,

육체 손상, 신경세포의 기능 약화 등이 발생한다. 성인기에는 주로 고혈압 · 당뇨병 · 심혈관 질병인 뇌졸중의 위험성을 안고 살아간다. 늙는다는 것은 하나 둘 모두 잃어버리는 것이다. 그래서 아무리 건강하고 근육질의 남성이라도 척추 하나 다치면 행동이 어렵고 말소리가 달라지게 마련이다. 늙음은 마음속에도 있고 근육에도 있고 피부에도 있는 것이다.

그래서 그럴까. 노인들은 늘 건강에 대한 관심이 높다. 몸의 불안감을 늘 느낄 수밖에 없다. 기침만 해도 혹시 폐렴이 아닌가 하고 의심하게 된다. 저녁에는 잠들기 전에 얼굴에 보이는 시간의 주름을 다듬으며 '몸의 불안'을 느낀다. 질병의 근심과 함께 살아가는 노후의 생활이 아닐까 싶다. 그러면서 노인들은 영양가 있는 음식으로 최적의 몸 상태를 유지하고 정기적으로 운동하며 건강을 지켜가려고 한다. 나이 70~80세지만 연장전 20년 이상을 건강하게 살아가야 한다며 몸 가꾸기에 열중이다. 100세 시대에 60~70이라는 나이는 숫자에 불과하다며 늙음의 유전자를 몰아내고자 한다.

2. 물질적 결핍감 속에 살아간다

춥고 배고프면 서럽다. 노년기는 늘 부족하고 채워지지 않는 지갑이다. 빈털터리가 된 듯하다. 늙어갈수록 돈의 가치, 돈의 이데올로기에서 벗어날 수 없는 재화의 한계를 느끼게 된다. 경제적 결핍은 노인의 기본적인 자립과 자율성을 억제할 뿐만 아니라 남에 대한 의존성의 확대 혹은 삶의 위기를 맞을 수 있다. 돈이 없으면 가족, 정부, 사회단체에 기대는 구조적 의존성(structure dependency)에 빠지거나 소득과 저축이 빈곤선 이하로 떨어지는 가난뱅이 신세가 된다.

솔직히 잘 살고 싶다. 돌직구 식으로 말해 돈이 좋다. 돈이 많을수록 좋다. 소득이 1달러 늘 때마다 재산수준에 관계없이 행복감이 증가한다고 했다.(Stevenson and Wolfers, 2009) 영국 소설가 서머셋 몸(Somerset Maugham)은 당신은 발 아래 6펜스 짜리 동전 때문에 뜬 달을 보지 못한다고 했다. 말하지 않아도 돈이 없으면 하류계급의 냄새가 나게 마련이다. 하루 생활비가 어려운 사람들에게는 무료 급식소에서 제공하는 음식이 하늘에서 내려오는 선물처럼 여겨진다.

말인즉 가난에 대한 두려움이 있다. 돈이 없으면 어디서나 주인이될 수 없다. 경제적 결핍은 자기 정체성과 자기존중의 유지가 곤란해진다. 건강과 욕망의 실현은 언제나 돈과 연결되어 있기 때문이다. 늙어 갈수록 최대한의 물질이 아니라 최소한의 필요자금이 있어야 하다는 얘기다. 그러나 욕심 때문에 놓치고 있는 작은 행복은 없는지 자문해 볼 일이다. 아니면 늙어가면서 가난부터 배워야 할 것 같다. 노인들은 꿈을 현실로 착각하고 욕심을 부리는 경우가 있기 때문이다.

3. 아내에게 더 의존하게 된다

결혼을 하면 이혼 혹은 사별이 아닌 이상 배우자를 누구에게도 양도할 수 없는 배타적 관계로 묶여진다. 남자의 경우 좋은 아내를 얻으면 행복할 수 있고, 악처를 만나면 철학자가 된다는 말이 있다. 좋은 아내는 어머니처럼 따뜻하게 느껴지는 여자, 밤에는 요부가 되는 여자가 좋다는 서양 속담이 있다. 영혼의 반려자를 얻어 일생 함께 살아가는 것, 이 세상에서 가장 운이 좋은 사람이다. 그러나 좋은 남편이 좋은 아내를 만든다고 했다. 젊어서부터 아내에게 모든 것을 바쳐 아내를 사랑하면 행복해질 것이고, 그리고 늙어서는 보살핌을 받을 것이다.

그런데 늙어가면서 남자들은 정서적 혼란을 겪으면서 여자(아내)에게 의존하는 심리가 크게 작용한다. 미워했던 아내에게 마지막을 의존하게 된다. 노년기에 아내(가족)에 대한 의존성은 불가피해진다.(Balsis & Carpenter, 2006) 노인의 80~90%가 가정간호 혹은 독립적인 투병생활을 한다는 점에서 배우자의 도움이 절대 필요한 것이다. 늙어서 일상생활이 어려워질 때 도움을 받을 수 있는 사람이 곧 아내이다. 침대에 누워 있거나 화장실 갈 때도 아내의 도움이 필요해진다. 아내는 식사뿐만 아니라 똥오줌을 받아가며 간호할 수 있는 최후의 사람이 바로 아내다.

그러면 알아차릴 만하다. 자식보다 중요한 존재가 바로 오래 같이 살아갈 사람은 배우자뿐이다. 그런 점에서 마누라 모시는 법도 배워야 할 시대다. 특히 배우자를 상실했을 경우 자신의 마음에 어떤 일이 일어날 지를 준비하라. 아니면 늙어서 자신을 누가 어떻게 돌볼 것인가를 생각해 보라. 물론 가능하면 남에게 의존하지 않고 자율 자립적으로 살아가는 방법이 제일이다. 당신이 지금 생각하는 것보다 앞으로는 더 나빠질 수 있으니 철저히 준비하라는 말이다.

4. 사랑의 결핍감에 쌓인다

사랑은 누구에게나 예술이 되는 것은 아니다. 사랑은 모든 허물을 덮는다고 했다. 그러나 배우자와 자녀 등 가족들 사이에는 '사랑과 지배의 얽힘'이 작용한다. 사랑이 가정에서 시작된다고 하지만 사랑, 믿음, 행복이 아름답지만 깨지기 쉽다. 늙으면 부부가 원수처럼 변해 하루하루를 보내는 경우가 많다. 아내는 저 놈이 날 붙들고 놔주지 않아 살아갈 뿐이라는 푸념도 한다. 젊어서는 강력한 사랑에 빠졌지만 늙어서는 친밀감이 떨어지며 애정결핍감을 느끼는 것이다. 젊어서는 부부 싸움을 하다가도 섹스로 싸움을 끝내지만 늙어서는 그렇지도 못한 것이다.

　그러니 때때로 아내에 대한 일상의 회의감마저 들 때가 있다. 아니 아내가 두려울 때가 있다. 남자 노인은 집에서 설자리가 없어진다. 아내는 가정 내 독재자가 되어 간다. 할아범은 밖에서 궁시렁 대고 할멈은 안방에서 궁시렁 댄다. 그런 갈등이 점점 커져만 가면서 사랑의 결핍감은 깊어진다. 남편은 부부의 금실지락(琴瑟之樂)의 시간이 언제인지도 모르면서도 나이와 상관없이 아내의 사랑을 받으려는 고지식함을 드러낸다. 그야말로 사랑이 마치 통조림처럼 봉인되었지만 닭살 돋을 스킨십을 기대하는 것이 남자의 심리다.

　남자는 늙어가면서 여자들보다 더 외로워진다. 마초 근성(macho mentality) 같은 본능 속에 즐거운 로맨스를 그려보지만 사랑하기가 어려울 때 수컷들은 비참함과 비굴함을 느낀다. 문제는 이런 기간이 길어지면 노년에 가서 사랑을 지킨 사람과 사랑을 지키지 못한 사람으로 나눠진다는 사실이다. 더구나 사랑을 지키지 못하거나 사랑이 식어가는 순간부터 남자의 육체도 빨리 늙어간다는 사실이다.

5. 외롭다는 마음에서 누군가를 기다리는 삶이다

　살아있는 사람이라면 기다림이 없는 사람은 없다. 사랑에 대해, 우정에 대해, 친구에 대해 허기를 느낀다. 마음의 허기가 자리 잡으면서 고통이 시작됨은 물론이다. 옆에 누군가 없다는 허전함은 일종의 병이 된다. 삶이 자주 아프다고 할 때 누군가를 기다리다가 지치기도 한다. 기린 같은 목으로 언제 올지 모르는 자식들을 기다리는 것이 부모들 모습이다. 밝은 햇살이 들어와도 우울한 하루, 옆에 누군가 아무도 없다는 공허감에 황소 같은 울음이 치밀어 올라올 때가 많아진다.

쓸쓸하지 않다면 거짓말이다. 가족이 있어도 아내가 있어도 무언(無言) 가족이 많다. 대화가 없거나 심한 갈등을 느낀다. 은퇴하면서 아이들이 떠나고 사랑하는 사람과 이별할 수 있는 나이가 되면서 외롭다는 생각은 끝이 없다. 때로는 아무도 나를 인정하지 않는 듯한 패배감을 느낀다. 그래서 누구나 외롭고 고독하고 그래서 창밖의 지저귀는 새에 귀를 기울이게 된다. 필자 역시 제주도에 와서 살고 있으니 떠다니는 비행기를 보면서 누군가를 기다리는 마음이 커져만 간다.

6. 고집스러워지며 보수화된다

노인들은 자신들의 생애 과정에 따라 보수적인 태도를 보인다. 시간이 지남에 따라 젊었을 때는 자유주의적 개방적 성향을 보이지만 나이가 들면서 대개 보수적인 생각이 지배한다. 진정한 의미의 권위가 아닌 강압적인 권위주의적 모습을 보이는 것이다. 그리고 남성들은 고정관념에다가 직선적 사고를 갖고 살아간다. 제3의 길을 외면한 채 둘 중의 하나만을 고집하며 자기를 합리화하려고 한다.(Cuddy , et al, 2005)

그런 점에서 사람들은 한 평생 자기라고 하는 생각에서 벗어날 수 없는 듯하다. 패거리와 함께 술 마시며 놀던 옛날을 그리워하거나 묵은 원한을 품고 살아가는 노인들도 많다. 때로는 세상이 불공평하고 부당한 것처럼 세상을 비판하며 당파성을 보이기도 한다. 나이를 먹으면 완고하고 참신하지 못하다는 소리를 듣게 되는 것이다. 고리타분한 이념적 논쟁을 벌이다가 갑자기 성난 목소리로 얼굴을 붉히기도 한다. 게다가 현실과 상상을 구분하지 못하는 노인들이 많다. 노인들은 자기가 살아온 틀에서 붕어빵 같은 인생을 살아가는 듯하다.

7. 허구적 감정 속에 남을 이기려고 한다

노년기에도 남을 이기려는 심리가 강하게 작용한다. 체면치레에 빠진다. 은퇴 후 상실의 불안감이 크지만 있는 척, 아는 척, 잘난 척, 점잖은 척하며 허풍을 떤다. 과거 자기가 가졌던 지위와 역할 혹은 남들이 치켜세우던 지위와 역할에 걸맞은 자신의 모습을 남들에게 보여주고 싶어 한다.

노년기 사람들은 각자 특유의 자신의 생활이야기를 통해 자신의 삶을 확대시키려는 경향을 보인다. 사회적으로 과거에 어떻게 살아왔는가를 자랑 삼아 확대해 설명하려 하는 것이다. 노인들이 자신의 병을 숨기거나 더 젊어 보이기 위해서 위장(mask. disguise)하거나 은폐하며 자신의 존재감을 나타내려 하는 것도 같은 맥락이다.(Kaufman, 1986; Hepworth, 1991)

허구화된 삶을 살아가는 노인들이 많은 듯하다. 늙어가면서도 자신을 위장하고 자신을 드러내고 싶은 이중적인 허구심리가 작용한다는 얘기다. 노인다움(adulthood)을 잃어버리고 주위 환경에 맞춰가는 카멜레온과 같은 행동을 나타낸다. 과거를 자랑하거나 유명인 누구를 들먹이며 자기 친구처럼 과시하는 노인들도 많다. 남들과의 상대적 우위감을 표출하려는 심리가 작용한다는 의미다. 그러나 노인들에게는 솔직함이 최대의 미덕이다. 있으면 있다 하고 없으면 없다고 말하는 용기가 당신을 더욱 진솔하게 만든다. 사람들은 거창하게 늘어놓는 당신의 구라(지껄임)에 당장 도망갈 것이니 말이다.

8. 일하고 싶고, 돈 벌고 싶고, 소비하고 싶은 마음이다

　노인들도 근본적으로 중년기와 다름없는 심리적 · 사회적 욕구를 지니고 있다. 늙었지만 아직 마키아벨리적인 발톱을 가지고 세상을 호령하고 싶은 것이다. 노인의 생산적 활동과 사회참여 등 철저한 생존철학을 포기할 수 없다는 의미다. 육체적인 노동, 일할 때의 고통, 실패할 때의 절망의 고통이 있겠지만 다시 즐겁게 일하고 싶은 욕망은 여전하다. 물론 그런 욕망은 노인들에게 있어서 매우 긍정적인 생각이다. 은퇴했지만 다시 일터에서 다른 일거리를 찾게 되면 후반기 인생의 재정상태 및 은퇴생활에 큰 영향을 미친다고 했다.(Olson, 1982) 사실 일하는 것은 곧 우리 자신이고 진정한 자기 모습을 찾아 가는 활동이다. 자기 자신을 사랑하기 위해 사회로부터 은퇴했지만 아직 워밍업 중이라는 생각 속에 일하고 싶은 것이다.

　중국의 고승 백장(百丈) 스님은 "일일부작 일일불식(一日不作 一日不食)" 즉, 일하지 않으면 먹지 않는다고 했다. 일하는 것은 생존의 본질이다. 뿐만 아니라 일하는 것은 젊어지는 길이다. 땀으로 빵을 얻고 싶은 것이다. 노는 듯 일하고 일 안 한 듯하면서 놀고 싶은 것이다. 말인즉 노년기에도 무소유가 아니라 무한 소유를 하고 싶고 돈 쓰고 싶은 감정을 지울 수가 없다. 봄, 가을이면 백화점도 봄바람이 나게 마련인데 명품에 대한 유혹도 저버릴 수가 없다. 좋은 음식점에 가서 식사를 하며 여유로운 시간을 보내고 싶다. 그러나 늙어서는 '왜 내가 일을 해야 하는가?'를 스스로 자문해 보는 것도 노년기의 지혜다.

9. 산 좋고 물 좋은 곳으로의 귀향을 꿈꾼다

287

낙엽귀근(落葉歸根)이라고 했다. 땅으로 돌아간다는 뜻이다. 늙으면 흙냄새가 풍기는 적요(寂寥)의 공간을 찾아가고 싶은 것이다. 미움도 슬픔도 아픔도 날려 보낼 곳을 찾아가려는 마음은 인지상정이다. 늙으면 대개 낙향해서 한 뼘의 땅을 일구며 사는 것을 소망한다. 숨 쉬면서 아름드리 나무를 껴안고 싶은 곳 말이다. 더구나 절대 허무감 속에서 귀먹고, 눈멀고, 삶의 비극적인 순간들이 다가오면서 죽어서 들어갈 따뜻한 유택(幽宅)도 마련하고 싶은 것이다.

삶이 허무해지면서 결국 세상을 등지고 물 좋고 공기 좋은 산천으로 가서 살고 싶은 심정이 작용한다. 밀레의 그림 '만종'과 같은 평화스러운 마을을 상상하기도 한다. 꿈속에서 아름다운 산천을 보았다면 지체없이 달려가 구입해보고 싶은 마음이다. 그런 곳에 가서 경쟁에서 벗어나 마음 없이 살고 싶은 것이다. 그러나 행동하지 않으면 그런 꿈은 이뤄지지 않는다.

필자는 터키를 여행하면서 카파토키아에 떠 있는 울긋불긋한 풍선을 보고 나도 저 풍선처럼 어디로 날아가고 싶은 충동을 느낀 적이 있다. 캐나다 벤쿠버에서 태평양 바다를 바라보면서 삶과 죽음이 곧 자연의 순리로 생각되었다. 산악인들은 로프 한 줄에 목숨을 걸고 모험을 하는데 하물며 산 좋고 물 좋은 곳을 찾아 노마드(유목민)적인 삶을 살 수 없을까 하고 고민했다. 결국 남은 인생을 어디서 보낼까 고민하다가 제주도로 와서 짐을 풀어놓았다.

10. 생명에 대한 욕구가 강해진다

인간은 누구나 불사(不死), 부활(재생), 영생의 꿈을 가지고 살아간다. 타오르는 생명, 뛰어오르는 생명력, 누구나 생명의 욕망은 크다. 흔한 넋두리로 "고달프다, 세상이 싫다, 죽고 싶다." 하면서도 그래도 살고 싶다는 심리가 강하게 작용한다. 언제 주저앉을지 모르지만 열심히 운동하고 병원을 찾으며 생명을 이어가려고 한다. 아마도 죽을 거라면서도 보약을 먹지 않는 사람은 없을 것이다. 그 누구도 처참하고 고통스러운 죽음을 원하지 않는 것이다. 개똥밭에 굴러도 이승이 좋다는 말이 있지 않은가.

가까운 동네에 사는 100세 어른에게 물었다. "장수비결이 뭐예요?" 그때 노인은 말했다 "안 죽으니까 오래 살지." 하며 웃었다. 99세 할머니에게 "100수 하세요." 하니 화를 내더라는 우스갯소리가 있다. 70대 노인에게 "얼마나 오래 살고 싶으냐?" 하고 물으면 거의가 "10년쯤 더 살면 되지." 하고 대답한다.

말인즉 누구나 장수한 사람을 쳐다보며 '나도 저 정도는 살아야지.' 하는 욕망을 드러낸다. 많은 사람들이 동년배에 죽어가는 사람들을 보면서도 자기에게 만은 다른 운명의 소유자처럼 오래 살 것이라고 상상한다. 촛대 100개가 꽂혀 있는 아름다운 생일케이크를 받기를 원하는 것이다. 뿐만 아니라 요새는 나이와 상관없이 힘든 수술을 마다하지 않는다. 102세 문귀춘 할머니는 대장암수술을 2011년 12월 받았다고 한다.(매일경제, 2011. 12. 25) 100세인들도 암수술을 받는 시대가 된 것이다.

결론적으로 늙어가지만 다양한 욕구심리를 가지고 살아간다. 노인의 심리는 다층적이고 복잡하다. 감정이란 마음에 대한 몸의 반응이니 어쩔 수 없다. 그렇다고 감정의 소용돌이 속에 나타나는 아픔과 소망 등은 컴퓨터로 계산하는 대상도 아니다. 인생을 책장 넘기듯 넘겨보거나 청산하고 결말을 내는 것도 불가능하다. 다만 늙어서는 젊었을 때의 격정(激情)보다 적정(寂靜)을 추구하되 온갖 번뇌를 내려놓고 실현 가능한 목표에 집중하는 것, 그리고 내 마음을 내 마음대로 다스리는 연습(self-control)이 필요하다. 순자(荀子)는 "근심이 없도록 하는 것이 최고의 복(福莫長於無禍)"이라고 하지 않았던가. 문제는 당신의 남은 인생은 마음, 소망, 감정 시스템을 얼마만큼 효과적으로 조절할 수 있는가에 달려 있을 것이다. ⓒ

■ 참고 자료

Balsis, S., & Carpenter, B.D.(2006), Evaluation of elder speak in a cargiving context, Clinical Gerontologist, 29, 79-96.

Cuddy, A. J., Norton, M. I., & Fiske. S.T.(2005), The old stereotype: The pervasiveness and persistence of the olderly stereotype. Journal of Social Issue, 61(2), 267-285.

Hepworth, M.(1991), Positive ageing and the mask of age, Journal of Educational Gerontology, 6(2), 93-101.

Kaufman, S. R.(1986), The Ageless Self: Sources of Meaning in Late Life, Madison: University of Wisconsin Press.

Olson, Laura Katz.(1982), The Political Economy of Aging, New York: Columbia University Press.

Stevenson, B and Wolfers, J.(2009), The paradox of declining female happiness. American Economic Journal: Economic Policy, 1(2), 190-225.

제 3 절
노년기 성공적 노화를 위한
< 잘 죽기 : well-dying > 실천 훈련

실존적 잘 죽기를 위한 노년기 치매 예방과
3권 · 3금 · 3행 실천하기

필자가 얼마 전 종교단체가 운영하는 요양원을 찾은 일이 있다. 우연히 산속을 헤매다가 눈에 보이는 한적한 숲속의 요양원에 들렀다. 나도 모르게 호기심을 갖고 안마당 치매 병동으로 들어갔다. 그때 방안에서는 신음 섞인 비명, 울부짖음, 알 수 없는 중얼거림이 나에게는 알 수 없는 아픔으로 다가왔다. 조용한 숲속에서 어느 순간 멍해졌다. 그들의 울부짖음이 마지막 자신의 존재가 살아있음을 알리는 소리인지도 모르겠다는 생각이 들었다. 오히려 요양원에서 침묵은 가장 잔인한 위선인지 모를 일이었다.

동시에 나는 문득 스웨덴 소설가 요나스 요나손(Jonas Jonasson)이 쓴 장편소설《창문을 넘어 도망친 100세 노인》(2013)이 생각났다. 주인공 '알란'은 100세 노인이다. 작가는 밀폐된 장소에서 창문을 넘어 도망가는 100세 노인 알란의 이야기를 그리고 있다. 알란은 공동묘지를 바라보며 "비록 몸뚱이는 늙어서 삭신이 쑤실지라도 실컷 돌아다니는 일이 여섯 자 땅 밑에 누워있는 저 사람 보다 훨씬 재미있지 않은가?"라며 세상을 누비고 다닌다. 늙었지만 색다른 모험을 하며 즐기는 모습이 아름답다. 그런데 여기에 누워 있는 사람들은 어떤가? 병동에 갇힌 치매환자들 역시 창문을 넘으면 또 다른 세상이건만 그들은 밀폐된 공간에서 신음하고 있는 것이다. 요양원은 탈출 할 수 없는 격리된 공간이요 통제된 감옥 같은 곳에서 말이다. 여기에 들어온 사람들은 출구도, 입구도 모른 채 누워 있는 수인(囚人)들이다. 노인들의 요양원 생활은 노인들만의 격리된 공간에 틀에 박힌 자폐증 환자 같은 격리된 지역에서 살아가는 형국이다. 그들의 암담한 울부짖음에 "내가 앞으로 어떻게 살아야 하나?" 하는 불길한 예감까지 들었다.

사실 우리는 늘 누군가로부터 쫓기고 붙잡히기를 반복하며 살아온 인생 70~80년이 아니던가. 이제 누군가에 완전히 잡혀서 꼼짝 못하고 슬픔도 욕망도 없이 살아가는 인생이라고 생각하니 답답하기만 하다. 잠시 그들을 생각해 보니 살아본 적도 없고 죽었던 적도 없는 정신없는 상태에서 생명을 이어가는 것 같다. 누구나 가고 싶지 않은 죽음의 대기 장소라고 할 수 있는 곳에서 말이다. 모든 사람들이 죽음의 여행을 하기 위해 대기하는 곳이 아닐까 싶다. 우리가 산다는 것은 아마도 죽음을 향한 긴 여정일진데 마지막을 이런 요양원에서 보낸다는 사실에서 슬픈 자화상을 그려본 듯했다. 단순히 죽음을 기다리고 있는 삶이라는 것을 생각하니 너무나 쓸쓸하고 마음이 무겁기만 했다.

짐작하는 것이지만 노인성 질병에 시달리다가 보면 자연히 노인 요양원으로 가게 된다. 특히 치매를 앓는 환자는 가족들의 보살핌을 받는 단계에 이르러 요양원으로 가는 것이 보통이다. 여기서는 통제된

시스템 속에서 생활을 하게 된다. 노인들의 공동체가 이뤄지고 있는 요양원은 획일적 식사와 휴식, 침대에 실려가 기계적인 샤워를 마치고 침실로 안내되는 생활이 반복된다. 물론 즐거운 게임, 그림 그리기, 음악 배우기 등을 통해서 뇌 자극 훈련을 받기도 하고 신체적 운동으로 건강을 돌보기도 한다.

여하튼 간에 노년기에 찾아오는 치매는 생의 마지막 비극이 아닐 수 없다. 환자뿐만 아니라 가족 모두가 고통을 받는다는 점에서 암보다 무서운 병으로 일컬어진다. 노인의 치매는 외로움과의 싸움이며 영혼까지 꽝꽝 얼어붙는 무서운 병이다. 치매로 인한 노인의 시간은 잃어버린 생활이 되고 만다. 잊어버렸다는 것은 모두를 잃어버리는 것과 마찬가지다. 치매 환자들은 때때로 심한 고통 속에서 "죽고 싶어요. 이제 그만 보내주세요." 하며 혼돈에 빠지기도 할 것이다. 치매에 걸리면 살아도 죽은 인생이나 다름없으니 말이다.

■ 치매의 위험성

치매(dementia)는 노인들에게 찾아오는 대표적인 질병이다. 치매는 정신지체라는 말과는 달리 정상적으로 생활해 오던 사람이 이전에 비해 인지기능이 지속적이고 반복적으로 떨어져서 결국 일상생활이 어려워지는 상태다. 신체적·정신적·감정적 기능에 문제가 생기는 병으로서 치매가 오는 것은 의식과 지성이 무너지는 것이다.(Fratiglioni and Qlu, 2011) 치매에 걸리면 켜놓은 가스레인지 불도 잊어버려 불을 낼 수 있고, 문고리를 잡고서는 들어가야 할지 나가야 할지를 잊어버리는 상태까지 이르게 된다. 그야말로 늙어서 치매에 걸리면 숨을 쉬지만 주위로부터 신경을 쓰게 되는 골치 아픈 환자로 취급된다.

우리가 다 아는 일이지만 과거에는 치매를 망령, 노망이라고 불렀다. 노인이 되면 당연히 겪게 되는 노화현상으로 본 것이다. 그러나 최근에는 다양한 뇌 기능이 손상되는 뇌질환으로 인식되고 있다. WHO(Fact Sheet N, 362)에 의하면 치매는 기억 · 생각 · 행동 및 일상적 활동을 할 수 없는, 인지능력이 저하되는 질병으로 간주된다. 치매는 주로 노년층에 많이 나타나지만 정상적인 노화의 일부가 아닌 질병으로 규정하고 있다.

그리고 치매의 증상은 개인에 따라 다르지만 대개 3단계로 진행되는 것이 보통이다. 초기단계는 알아차리기 쉽지 않지만 건망증, 기억상실 혹은 길을 잃을 때가 나타난다. 중간 단계는 치매 증상이 명확해지면서 언행의 장애를 겪게 된다. 최근에 자신이 행한 일과 사람들의 이름을 자주 잊어버리는 경우가 빈번해진다. 이른바 지난 시기의 기억은 상당히 유지되지만 단기기억(short-term memory)은 자주 잊을 때가 많아진다. 때로는 집을 나가면 다시 찾아오지 못하거나 의사소통이 어려워지면서 남의 도움이 필요한 상태에 이른다. 후기단계는 치매의 말기현상으로써 방바닥에 똥칠을 하거나 기억상실 상태가 깊어지게 되어 결국 남의 도움 없이 살 수 없는 상태에 이르게 된다. 시간과 장소에 대한 인지능력의 저하는 물론 식구들의 이름을 잊어버리는 현상이 자주 나타난다. 또한 보행에 어려움을 겪으면서 와상상태로 지내게 된다.

이러한 치매라는 증후군은 다양해서(약 70여 가지) 알츠하이머 병(치매환자의 50~70% 차지), 혈관성 치매(vascular, 20~30%), 파킨스병(parkinson's disease) 등이 대표적이다. 80세 이상 노인들 중에 50%가 알츠하이머병에 시달린다고 한다. 65세 이상의 5~8%는 치매 의심환자로서 나이들수록 5년마다 2배로 증가한다. (Macknight, and Rockwood, 2002) 전 세계적으로 3,560만 명이 치매를 앓고 있으며 매년 770만 명의 치매 환자가 새로 생겨나고 있다고 한다.

우리나라 역시 비슷하다. 건강보험심사평가원(2014. 9. 28)에 의하면 치매진료인원은 2009년 217,000명에서 2013년 405,000명으로 지난 5년간 189,000명(87.2%)으로 21배 가까이 늘어났다. 연령대별로는 70대 이상이 86.9%로 가장 많았고, 60대는 9.9%, 50대는 2.9% 순이었다. 인구 10만 명당 진료인원은 70세 이상이 약 1만 명으로 10명 중 1명은 치매를 앓고 있는 셈이다. 또한 노인 여성의 치매 유병률이 남성보다 훨씬 높은 것으로 나타나고 있다.

게다가 지금으로부터 15년 뒤에 치매환자는 다섯 가정에 한 명꼴로 늘어난다고 한다. 2050년이면 213만 명을 넘어 노인 7명 중 1명이 치매 환자가 된다고 예상한다. 그것도 노인성 치매로 알려진 알츠하이머 환자 중에 17%는 65세 미만이다. 문제는 이런 치매가 예고 없이 사람을 공격한다는 사실일 뿐만 아니라 치매환자의 가족들이 겪는 고통은 감당하기 어려운 문제가 아닐 수 없다.

■ 사회적 비용의 증가

나이가 들어감에 따라 건강, 삶의 질, 비전 등이 상실된다. 사회적 지원 – 지원시스템 – 안전한 네트워크 등을 구축하는데 모두가 돈이 들어간다. 노인을 위한 테마이벤트(건강검진, 경노당 잔치)에서도 재정지원이 필요하다. 나이에 관계없이 의사들은 환자들에게 걸핏하면 첨단의학기기와 수술을 들고 나온다. 최선의 생명치료가 목적이지만 과잉진료도 문제가 되는 것이다. 이 모두가 건강 치료비 등 복지비용이 증가하는 원인이 된다.

특히 치매는 본인은 물론 가족 및 간병인들에게는 큰 고통이고 신체적 · 사회적 · 경제적 손실을 가져 오는 원인이 된다. 치매 혹은 정신질환을 가진 노인은 필히 정신건강 서비스 내지 정신건강 진료를 받아야 한다는 사실에서 다음과 같은 사회적 비용 및 부작용을 일으키는 경우가 발생한다.

첫째, 사회 경제적으로 의료 건강비용의 증가 등 사회적 비용은 물론 가족의 간접비용까지 늘어나게 된다. 치매환자를 위해 국민이 지불하는 우리나라의 의료비는 2001년 344억 원에서 2008년 3,817억 원으로 무려 10배 이상 늘었다. 요양비와 가정에서 지불하는 비중을 합하면 천문학적인 액수가 된다. 요양보험제도가 순탄하게 굴러갈지도 모르지만 요양시설 또한 부족하다. 복지 선진국가들에서도 이와 비슷하기는 마찬가지다. 2010년 미국의 경우 치매로 인한 치료비는 6,040억 달러를 지불한 것으로 추정된다. 간접비용까지 합칠 경우 국내총생산(GDP)의 1.0% 또는 0.6%에 해당한다. 고소득 국가에서는 약 1.24%, 저소득 국가에서는 0.24% 차지할 것으로 예상한다.

둘째, 가족 및 보호자에 미치는 영향이다. 치매환자는 가족과 간병인의 보호를 받아야 한다. 신체적 · 정서적 · 경제적 압력은 모든 가족 구성원들에게 큰 스트레스가 된다.

셋째, 인권 차원의 문제다. 치매환자는 격리된 공간에서 다른 사람의 도움을 받아야 한다. 이때 환자의 기본권과 자유가 억제된다. 심한 경우 가정이나 요양원 등에서 보이지 않는 노인 학대가 광범위하게 일어나고 있는 것으로 알려져 있다.

■ 치매로부터 어떻게 나를 지킬까?

거듭 말하는 것이지만 치매는 자율 자립뿐만 아니라 정서적 · 사회적 기능의 손실로 인해 자기 삶을 관리할 수 있는 인지기능의 점진적인 손실에 따른 뇌질환이다. 그것은 스스로 자신을 돌볼 수 없는 장기적인 질병에 속한다. 치매는 기억상실, 건망증으로부터 시작돼 결국 혼란에 빠지게 된다. 그러니 늘 '나는 괜찮은가?' 아니면 '치매 끼가 없는지'를 의심해 보고 자주 의료 검진을 받아보는 일이 최선이다.

이와 관련해 치매를 인지하고 치료하는 의학적 진단과 처방이 많이 소개되고 있지만 우리가 일상생활에서 치매를 예방할 수 있는 방법을 나름대로 익혀 실천할 필요가 있다. 한 예로서 국가치매관리위원회(2014. 9)가 마련한 치매 예방 수칙으로 '3.3.3규칙'을 참고할 수 있을 것이다. 3.3.3규칙은 세 가지를 즐기고(3勸), 세 가지를 참고(3禁), 세 가지를 챙기(3行)라는 것이다.

- ● 3권(3勸) : 일주일에 3번 이상 걷기
  생선과 채소를 골고루 먹기
  부지런히 읽고 쓰기.
- ● 3금(3禁) : 술을 적게 마시기
  담배 피우지 않기
  머리 다치지 않도록 조심하기.
- ● 3행(3行) : 정기적으로 건강검진 받기
  가족 친구들과 자주 소통하기
  매년 치매 조기 검진 받기.

결론적으로 치매는 가족 및 지역사회의 재정의 손실은 물론 가족들에게는 큰 고통이다. 100세 시대의 도래로 예상되는 고령층의 증가와 복지수요 증가로 인해 취약계층을 대상으로 한 정부의 공적부조 증가가 늘어날 수밖에 없는 상황이다. 세계적으로 거의 모든 나라가 복지비용이 증가하면서 100세 시대 '복지딜레마'를 겪고 있는 것이다.(Castles, 2002)

그런 점에서 각자의 건강관리는 자기책임이다. 일상적 능력 유지가 안 되는 경우 남에게 의존하게 되며 피해를 주기 때문이다. 여기서 일상적 능력은 다른 사람에게 의지하지 않는 자율적 자기관리 능력이다.(Gerstorf, and Nilam 2010) 자율성과 안전은 삶의 질을 결정한다는 사실에서 누워서 지내는 노년생활은 죄악이니 그렇다. 단순히 생물체로서의 생존이 아니라 생산활동 · 사회활동 · 여가활동 등은 죽을 때까지 주어지는 귀중한 삶의 기회이다.

가슴 아픈 일이지만 늙어서 치매 등 불치병으로 인해 하루하루 생활이 불편해지면 당연히 가족을 떠나 요양원으로 들어가 생활하는 것이 현명한 것이요 사회적 질서다. 미국의 경우 노인들이 가족과 떨어져 요양원으로 가는 것이 일반화돼 있고 당연시되고 있다. 대부분 배우자를 잃고 보살핌에 필요한 80세 이상 고령층은 양로원 혹은 요양원에서 생활하고 있다. 가족들만의 간병으로서는 한계가 있는 것이다. 가족 대신 사회와 이웃이 그 역할을 대신해 주는 복지시스템에 노년을 맡기는 것이다.

이런 맥락에서 세계보건기구(WHO)는 치매를 공공 보건의 우선순위로 잡고 치매 치료에 대한 관심을 기울이고 있다. 치매환자 및 보호자에 대한 배려와 지원을 개선하기 위해 공공기관 및 민간단체의 지원 대책이 필요하다면서 법적관리시스템 구축을 강조하고 있다. 그 일환으로 WHO는 치매로 인한 신체적 · 정신적 장애를 극복하고 개선하기 위해 '정신건강 유지 액션프로그램(MHGAP : Mental Health Gap Action Programme)'을 마련해 각국에 권장하고 있다. ⓒ

■ 참고 자료

요나스 요나손(2013), 『창문을 넘어 도망친 100세노인』, 임호경(역), 서울: 열린책들.

Castles, F. G.(2002), The Future of the Welfare State: Crisis Myths and Crisis Realities. International Journal of Health Service. 32(2) : 255~277.

Fratiglioni, L., Qlu, C.(2011), Prevention of cognitive decline in ageing: Dementia as the target, delayed onset as the goal, The Lancet Neurology, 60(9), 778~780.

Gerstorf, D., Nilam, Ram.(2010), Late-life decline in well-being across adulthood in Germany, the UK, and U.S: Something is seriously wrong at the end of life. Psychology of Aging, 25(2), 477~85.

Macknight, C., Rockwood, K...(2002), Diabetes mellitus and the risk of dementia: Alzheimer's disease and vascular cognitive impairment in the Canadian Study of Health and Aging, Dement Geriatr Cogn Disord, 14(2), 77~83.

http://www.who.int/mediacentre/factsheets/fs362/en/(2012. 4)

실존적 < 잘 죽기 : well-dying > 를 위한
노년기 사회적 뇌 건강 유지하기

수 십 년 동안 많은 연구자들은 정신건강문제에 대해 다양한 처방을 내놓았다. 흥미로운 연구는 뇌가 본질적으로 사회적 활동과 깊은 관련성을 갖는다는 것이다. 연구자들은 사회참여와 뇌 인식 기능 사이에는 상관관계가 있음을 밝혀내고 있다. 미국 미시간 대학의 Oscar Ybarra(2008)는 포유동물의 뇌의 크기는 사회집단생활 정도와 깊은 관계가 있다고 했다. 인간의 뇌는 본질적으로 사회문제를 해결하기 위해 부분적으로 진화했다는 설명이다. 건강한 뇌를 가진 사람이 더 잘 적응하고 '사회화'된다는 뜻이다.

그래서 신경과학자들은 사람들 뇌에서 무슨 일이 일어나고 있는지를 모니터링 해볼 때 뇌는 늘 활발하게 반응한다는 사실을 확인했다. 뇌세포 시스템이 자동적으로 반응하며 대처하는 능력을 갖는 것이다. 예를 들어 우리 뇌는 처음 만나는 사람에 대해 0.07초면 상대가 적인지 친구인지를 구분한다고 한다. 사회에 즉각 반응하는 뇌 활동인 것이다. 우리 뇌는 생물 심리 사회적 기관이며 끊임없이 진화하면서 사회 속의 뇌로서 사회와 상호작용을 하게 된다. 가족, 친구의 관계, 사회적 지지 등 인간관계가 잘못되면 결국 만성 우울증, 스트레스 등 심각한 정신고통을 겪게 되는 것은 물론이다.

사실 마음이 변하면 뇌가 작동하는 법이다. 내 인생에서 일어나는 모든 것은 내 마음속에서 생겨나는 현상이 아니던가. 그래서 뇌가 원인이 되어 마음이 존재하고 또한 마음이 원인이 되어 뇌가 존재할 수 있게 된다. 즉, 마음의 상태가 뇌에 영향을 준다(요꼬야마 코이츠, 2013) 그야말로 우리의 몸과 의식, 정신, 영혼을 어떻게 개념적으로 정의하느냐 하는 문제는 자연과학 혹은 사회과학, 신경과학 등에서 끝없는 논쟁과 연구 대상이 아닐 수 없는 영역이다.

■ 사회활동과 뇌 건강

건강 개념이 다양하지만 건강을 설명하는 데는 크게 두 가지로 분류된다. 그것은 우선 자연주의적 접근(naturalistic approach)이고 또 하나는 규범적 접근(normative approach)이다. 전자는 생물학적 유기체의 기능적 활동을 중시하는 것으로 과학적 근거에 의해 질병으로부터의 자유로워지는 상태로 보는 견해이다. 반면에 후자는 사회적 도덕적 가치에 따라 건강 문제를 설명한다. 건강을 생리적 · 심리적 · 사회적 상태와 관련된 가치판단에 의해 건강상태가 차이가 난다는 주장이다.(Boorse, 1977) 특히 규범적 접근은 단순히 질병에 대해 생물학적인 의료수단 혹은 의료화(medicalisation) 차원에서만 보는 것만이 아닌, 사회가 요구하는 규범과 가치를 지켜갈 수 있는 건강으로 해석된다.(Zola, 1972)

이런 맥락에서 오늘날 뇌 과학은 날로 발전하고 있다. 뇌 과학은 인간의 인지능력을 치료하고 관리 개선하며 인간의 존엄성을 지켜나간다는 희망적인 과학이다. 뇌의 무게는 성인의 경우 몸 전체의 2%에 불과하지만 몸 전체 에너지의 20% 이상을 사용한다는 사실에서 건강에서 절대적인 부분이다. 특히 뇌 관련 연구에서 사회적 신경과학(social neuroscience)이 큰 힘을 발휘하고 있다. 사회적 뇌 건강은 사회참여를 통한 노화의 방지 및 뇌 건강을 잘 유지하자는 것이다. 뇌 건강이 좋아야 감정변화를 조절하며 인간의 모든 행동을 통제할 수 있다는 것, 신체활동은 뇌 건강 유지에 필수적인 요소라는 점이다.

다 아는 사실이지만 모두가 한 배를 타고 가는 것이 우리들의 사회생활이다. 활발한 사회활동, 혹은 사회적 봉사 활동은 뇌 활동에 매우 긍정적이다. 반대로 신체적 건강 악화와 사회적 고립은 뇌 영역에서 부정적인 영향뿐만 아니라 즉각적인 반응력이 감소하게 된다. 사회적 네트워크가 넓은 사람은 더 건강할 뿐만 아니라 뇌의 특정 부위에서 활성화 정도가 다르다는 것이 실험결과에 나타나는 현상이다. 사교성이 좋은 사람일수록 그 능력에 따른 뇌의 특정영역도 변화한다는 것이다. 많고 적은 사회활동에 따라 뇌의 전측 부분의 피지 질과 전두엽피질(prefrontal cortex) 등 뇌 영역 간의 기능도 더 좋아지는 것으로 확인됐다.

그런데 문제는 사회적으로 고립되어 있거나 상호접촉이 없는 사람은 심한 스트레스와 함께 불안 심리가 쌓이면서 뇌에 부정적인 영향을 미치는 것으로 나타난다. 또 다른 분석에서는 의무적으로 세금을 낼 때와 자발적 자선을 할 때 뇌의 반응이 별 차이 없이 활성화되었다는 보고도 있다. 이는 강제로 세금을 내거나 자발적 봉사를 하더라도 뇌 기능에는 어떤 차이를 보이지 않았다는 설명이다.(Harbaugh, Mayer, Burghart, 2007) 그렇다면 자기공명영상(fMRI)에서 보이는 두뇌활동이 모두 그 실재를 보여주는 것이 아니라는 사실에서 뇌 영상 이미지를 과도하게 신뢰하는 것도 위험한 일처럼 보인다.

주지하다시피 인간은 사회적 동물이다. 인간의 내면은 사회를 비추는 거울이다. 사회는 나를 만들고 나는 사회를 만들어 간다. 그래서 사회는 우리들 삶의 자체이다. 사회적 상호작용을 하는 사람들이 더 많은 사람들과 접촉을 한다. 그럴 때 뇌 활성화가 촉진된다. 다른 사람들과 상호작용을 통해 인지적 활동이 좋아지지만 또 한편으로 노년기에는 사회생활이 축소될 경우 질병은 물론 수명을 단축시킬 수 있다고 본다. 예를 들어 사회생활이 축소되거나 고달프면 스트레스를 받게 마련이다. 안색이 나쁘면 사회적으로 근심 걱정에 눌려 산다는 증거다. 사회는 인간에게 존재론적 이미지를 만드는 것이다.

매우 시사적이지만 뇌 건강에서는 의학적으로 자폐증, 정신분열증, 뇌손상을 다룬다. 뇌파전위기록(EEA), 자기공명영상(fMRI) 등으로 뇌 변화 상태를 측정해 치료한다. 비약적으로 뇌 과학 기술은 뇌에 반도체 칩을 넣고 살아갈 시대를 예고하고 있다. 최근 뇌 과학연구에서 노인도 기억력 · 창의력 · 문제해결 능력은 일상생활이나 업무에 지장을 줄 정도로 감소하지 않는다고 한다. 늙었어도 뇌 운동을 자주할 때 젊은이 못지않다는 진단이다. 노년기에 뇌가 건강할 때 부정적인 감정을 줄이거나 원치 않는 일들을 억제할 수 있다. 예를 들어 치매가 불치병이 아니라 조기 발견하고 적절한 치료를 병행한다면 어느 정도 통제 치료할 수 있다는 인식이 의학계의 판단이다. 젊은이들은 자신들의 감정을 잘 조절하지 못하지만 노인들은 자신의 긍정적인 생각 등 감정처리에 효율적이라는 평가다.

정신과 의사들은 치료모델로서 생물-심리-사회적 모델을 중시한다. 건강 및 웰빙에 영향을 미치는 사회적 요인들을 검토하고 대처한다. 개인으로서 주변 사람들과의 관계-가족 친구 동료 심지어 불특정 사람들과 접촉했을 때 나타나는 질병의 경로를 분석하는 것이다. 따라서 이와 관련해 뇌 건강은 4가지 차원에서 논의되고 있다. 즉, 신체적 건강, 다이어트(영양섭취), 정신적 건강, 사회적 안녕감이다. 다이어트는 '뱃살주의보'이다. 비만이 되면 당뇨, 고지혈증, 고혈압에 걸릴 수 있기 때문이다. 또 사회적 안녕감은 입고 먹고 생활하는데 따른 사회적 관계다. 사회적 관계는 서로간의 친밀성 유지, 직접적 상호작용의 관계, 생활 속에서 서로 이해하고 협력하는 공감능력이다.

같은 맥락에서 미국은 도시인들의 '뇌 건강 지수'(brain health index)를 조사해 발표하고 있다. 뇌건강의 상태로서 신체적 건강, 다이어트, 정신건강, 사회적 안녕감 등 21개 요소를 제시하는 설문지 형식(자기보고형식)으로 조사하여 각각의 진행상태를 평가하며 국민의 뇌 건강을 관리해가고 있다. 뿐만 아니라 미국은 2010년부터 National Center for Creative Aging(NCCA)와 Life'sDHA를 중심으로 '아름다운 마음 만들기'(Beautyful minds: Finding Your Life Long Potential)를 전개하고 있다. 뇌 건강을 통해 아름다운 마음을 유지하도록 하는 캠페인을 벌리는 것이다.(CDC, 2007)

■ 노년기 뇌 건강을 어떻게 지켜갈까?

뇌 건강은 일상생활과 관련된 행동양식, 감성, 걱정, 우울증, 고립감 그리고 생애과정 중에 입은 학대, 상처 등의 감정과 관련된 것이다. 뇌과학의 발전과 함께 사회적 뇌 훈련(social brain training) 과정을 통해서 뇌 관련 질병을 치유하기도 한다. 많은 나라에서 브레인 피트니스 혹은 명상, 요가 등 마음 훈련이 열풍이 불고 있는 것도 같은 맥락이다. 특히 사회적 뇌 훈련 방법으로서 역동적인 두뇌를 잘 유지하고 개선하기 위해 할 수 있는 몇 가지 라이프스타일을 소개하면 다음과 같다.

(1) 뇌의 지속적 사용이다.
뇌의 활동은 멈추지 않는다. 수십억 뇌세포를 움직이는 것, 뇌를 쓰면 쓸수록 기능이 유지되는 용불용설(用不用說)이다. 뇌를 쓰지 않으면 빨리 늙는다. 뇌세포가 줄어들면 기억력이 저하되고 치매 가능성이 높아진다. 늘 사물을 아름답게 긍정적으로 감사하게 받아들일 때 뇌의 기능이 좋아진다.

(2) 충분한 영양분을 섭취한다.

뇌는 몸 전체의 산소와 영양분의 20%를 소비한다. 즉, 좋은 브레인 푸드를 찾아서 골고루 먹는다. 식품영양학자들은 5색 곡식, 5색 채소, 5색 과일을 챙겨먹어야 건강해진다고 한다. 잘 먹고, 잘 싸고(배설), 잘 노는 것이 건강으로 사는 길이다. 100세 시대는 섭생이 장수와 건강을 결정한다.

(3) 신체적 운동으로 뇌 건강을 잘 유지한다.

모든 신체는 뇌의 영향을 받는다. 운동에서도 멘탈력(정신력)이 80%, 기술이 20%이라고 한다. 과거는 건강한 정신에 건강한 육체라고 했지만 요새는 건강한 육체에 건강한 정신이 생겨난다는 개념으로 바뀌었다. 움직이지 않으면 건강도 없고 정신 건강도 없다.

(4) 늘 긍정적 미래지향적 생각을 한다.

인간으로서 욕망해도 괜찮다. 욕망이 식으면 어떤 반응도 나오지 않는 법이다. 좋은 일은 언제나 미래에만 있는 것이 아니라 지금도 무엇인가 가능하다는 사실을 믿고 실천하는 일이다. 스트레스, 불안 등 부정적인 생각을 하면 뇌신경세포가 손상된다.

(5) 계속적인 학습, 도전의식이 요구된다.

계속 배우고 쓰고 읽는 것 단순히 퍼즐맞추기식이 아니라 근본적으로 새로운 활동으로 두뇌에 자극을 주는 것이다. 자기 주도적으로 새로운 무엇을 찾아 몰입하는 것 말이다. 키케로의 '노년에 관하여'에서 보면 레온티우스 고르기아스는 107살 까지 살았으나 결코 자신의 연구와 일을 멈추지 않았다고 했다.

(6) 여행으로 새로운 환경 색다른 경험을 한다.

뭔가 다른 오늘은 만들어가는 것이다. '떠남의 미학'을 통해 새로운 미지의 땅에서 정서적 경험을 하는 것이다.

(7) 웃음 유머, 게임을 통해 여유롭게 즐기는 것이다.

하루에 하나씩 즐거운 일을 만들라. 당신이 즐길 수 있는 새로운 일들을 찾고 적응하는 것이다. 그리고 하루에 '하하하' 10분씩 웃어라. 마음에 들지 않아도 웃으며 받아들여라. 하루를 웃지 못하고 보낸 날은 실패한 날이다.

결론적으로 인간은 기본적으로 음식(섭생)과 안전이다. 잘 먹어야 뇌가 정상적으로 움직인다. 또 인간의 성장과정은 사회적으로 잘 적응하며 안전을 지키는 일이다. 불안과 두려움이 없는 안전감(존재감)이 뇌 속에 끊임없이 작용하게 마련이다. 가족과 함께 살고 사랑하고 친구를 만드는 것, 모두가 손실을 피하고 안전을 만들어 가려는 행동이다. 말인즉 친구와 가족은 행복의 열쇠다. 그들은 행복의 원천일 뿐만 아니라 뇌 건강의 열쇠가 된다.

그러니 지금까지 구축된 기본 네트워크를 넘어 타자들과의 폭넓은 상호작용으로 사회적 이동을 증가시키는 일이다. 우리나라에는 전국적으로 정신병원 557곳에 입원환자가 590,000여 명 정도라고 하는데 여기에 끌려가지 않는 것만도 축복이다. 더구나 알츠하이머, 중증 치매에 걸리지 않았다면 운이 좋은 사람이겠지만 더 잘한 것은 사회적 책임을 다한 것이고 가족들에게 부담을 주지 않았다는 사실이다. 끝으로 필자의 결론은 간단하다. 마음, 생각, 감정이 뇌 시스템에 의해 활발하게 작동하도록 하는 것은 오직 자기 책임이라는 것, 100세 시대 건강은 곧 웰빙이요 재산이라는 사실이다. ⓒ

■ 참고 자료

요꼬야마 코이츠.(2013)『마음의 비밀: 알기 쉬운 유식 입문』, 김명우(역), 민족사.

Adolphs, R.(2009), The social brain: Neural basis of social knowledge, Annual Review of Psychology, 60, 693-716.

Boorse, C.(1977), Health as a theoretical concept, Philosophy of Science, 44, 542-73.

Brooks, Christine.(2013), The Social brain, Neuroscience, Neuroplasticity & Mirror Neurons, The Science Friendship Project, 2013.

Durston, S, & Casey, B. U.(2006), What have we learned about cognitive development from neuro imaging?, Neuropsychologia, 44(11), 2149-2157.

Frith, C.D.(2007), The social brain?, Philosophical Transactions of Royal Society B: Biological Science, 362, 671-678.

Harbaugh, W., Mayer, U., Burghart, D.R.(2007), Neural responses to taxtation and voluntary giving reveal motives for charitable donations, Science, 316, 1622-5.

Kennedy, D.P., and Ralph Adolphs.(2012), The social brains in psychiatric and neurological disorder, Trends in cognitive, Indianna University, Science. ××, 1-14.

Oscar, Ybarra.(2008), Mental exercising through simple socializing: Social interaction promotes general cognitive functioning, Personality and Social Psychology Bulletin, 34(2), 248-259.

Zola, Irving. K.(1972), Medicine as an institution of social control, The Sociological Review, 20(4), 487-504.

CDC.(2007), The Healthy Brain Initiative: A National Public Health Road Map to Maintaining Cognitive Health.

실존적 < 잘 죽기 : well-dying > 를 위한 노년기 혼자 사는 법 훈련하기

어 떤 상황에서도 나 자신을 챙겨라. 나 자신이 되는 것이다.(be your self)

당신에게 남은 시간은 얼마인가? 언젠가 '마지막 날'이 오기 마련이다. 세상은 언젠가 종말을 향해 달려가는 시간이니 그렇다. 촛불 마냥 금방 타들어가는 듯한 생명이지만 그 끝은 알 수 없다. 게다가 나이들어가면서 난처한 생의 사건들이 연속적으로 일어난다. 배우자와의 사별, 친구들과의 영원한 이별 가능성도 높아진다. 현재는 건강하다 하더라도 어느새 비만, 심장질환 등 사망의 골짜기를 헤매게 되는 시기가 노년기다.

다행히 지금 70~80⁺살까지 기근과 질병의 공포를 견디며 잘 살아 왔지만 노년의 생활고와 질병은 과거 무슨 일을 했는가와 상관없이 예고 없이 닥치기 마련이다. 때로는 신경정신조건(neuropsychiatric conditions)이 나빠지면서 우울증, 치매 등의 정신 건강 및 인지능력의 장애를 일으킬 수 있다. 언제든지 노인들은 행동장애, 인지장애(cognitive impairments)를 겪을 수 있다는 사실이다.

그런 점에서 자기 삶에 대한 예측과 준비는 항상 필요하다. 모든 것은 눈 깜짝 할 사이에 변할 수 있다. 하루 울다 웃다 하는 시간이 점점 빨라지는 감정을 느낄 것이다. 노년층의 빈곤, 스트레스 등과 관련된 불행지수가 높아질 것이다. 하지만 살고 싶게 만드는 것은 오직 자신뿐이다. 70~80살이면 자신의 처지가 어떤지 충분히 알 나이가 아닌가. 더구나 현시대의 생애주기는 트리플(triple) 시대로 요약된다. 30년 배우고, 30년 일하고, 30년 이상의 노년기를 살아야 한다는 뜻이다. 노년기 30년을 어떻게 보내느냐에 따라 '미생'(未生)이 아닌 '완생'(完生)의 삶으로 만들어 갈 수 있을 것이다. 어떤 자리에 앉을 때와 떠나는 것, 특히 내 삶이 지금 어떤지를 아는 것이 노년 후기의 자아통합기다.

사실 우리는 어느 날 배우자 중 한 쪽이 병원으로부터 갑자기 시한부 인생을 선고받을 때가 있을 것이고, 아니면 예기치 않게 치명적인 낙상 사고를 당할 수도 있으며, 아침에 일어나다가 심장돌연사를 당할 가능성도 있다. 그리고 늙어가면서 배우자로부터 황혼이혼 혹은 별거를 강요받을 수도 있다. 이런 불행한 일을 당했을 때를 대비해 남은 자로서 어떻게 살아갈 것인가? 즉, '홀로 사는 연습'을 어떻게 할 것인가 하는 주제는 이 시대의 물음이기도 하다.

따라서 이 글에서는 우리가 늙어가는 길목에서 어떻게 생존해야 할지를 말하고 싶다. 늙으면 무슨 일이든지 받아들일 수 있는 단단한 마음을 유지하기가 쉽지는 않다. 그렇지만 적어도 노인의 자율성과 독립성을 유지하기 위해, 갑자기 배우자를 잃었을 때를 대비하여 '홀로살기 연습'을 위한 몇 가지를 찾아보면 다음과 같다.

첫째, 경제적 자립이 우선이다.

노인으로 살아가면서 불안 없이 '안전'을 유지하며 살아가는 것이 제일 중요하다. 안전은 복합적인 의미가 있지만 특히 돈이 없으면 노후에 하루를 보내기가 힘들어진다. 돈이 없으면 불필요한 부대낌에서 벗어날 수가 없다. 그 중에서도 노후 생활비가 큰 문제다. 나이 들어 경제력이 바닥나면 천장의 전구 하나라도 빼야 하는 빈곤감에 빠지게 된다. 한국은 노인 2명 가운데 1명은 가난하다고 하는데 무엇보다 안정과 안심이 침해받는 생존증후군에 시달리게 된다. 돈이 없으면 걱정이 태산처럼 쌓이게 됨은 물론이다.

그러면 은퇴 이후 중산층 수준의 삶을 유지하려면 매월 얼마나 필요할까? 삼성생명은퇴연구소가 9월 발간한 백서 '한국은퇴준비2014'에 따르면 한국인들은 은퇴 후 최소 월 211만 원이 필요한 것으로 내다봤다. 응답자들은 조금 더 여유로운 생활을 즐기려면 319만 원이 필요한 것으로 예상한다. 미래에셋은퇴연구소는 현재 50대인 부부의 적정 은퇴 생활비를 월 평균 300만 원, 60대 부부는 260만 원으로 산출했다.(매일경제 2014. 11. 24, 아시아경제, 2014. 9. 5) 말인즉 돈이 있을 때는 없을 때를 생각하여 계획성 있게 써야 하겠지만 노후에는 그럴 여유도 만만치가 않다. 노후를 위해 준비된 자금이 마련됐다면 마음은 청춘이고 그렇지 않다면 노년기는 절망적인 삶이된다.

둘째, 배우자로부터 독립하는 일이다.

기혼 여성 중 80% 이상은 같은 나이의 남성보다 혼자 오래 살아갈 가능성이 높다. 평균수명이 길어지는 가운데 여성과 남성의 수명을 비교하면 여성이 대체적으로 5~10년 정도 더 살아가기 때문이다. 한국인의 평균수명이 81세, 여성만의 평균수명은 84.4세로 남편 없이 거의 90세 이상을 살아가야 한다. 그러니 아내는 남편이 살아 있어도 미리 '혼자 사는 법'을 배워야 한다. 마음속으로는 이미 '남편으로부터 독립해야 한다.'는 마음의 자세 말이다. 반면에 남편은 어떻게 해야 할까? 남편 또한 정신적 · 정서적으로 아내로부터 독립해야 한다. 아내에게 "밥 줘. 옷 찾아줘!" 하면서 무작정 의존할 것이 아니다. 홀로 밥 챙겨 먹는 등 홀로서기, 독립생활을 할 수 있는 연습이 필요하다.

필자는 얼마 전에 가깝게 지내는 지인이 보낸 인터넷 글에서 "어느 60대 노부부의 이야기"를 읽었다. 병이 들어 병원을 자주 다니던 할아버지가 어느 날부터 갑자기 할머니를 이유 없이 구박하고 잔소리를 해 댔다. 할머니는 눈물을 훔치며 참고 살았다. 그래도 할머니는 남편을 잘 보살피지만 여전히 자꾸 화를 내기만 했다. 이를 본 이웃이 왜 그러느냐고 물었다. 그 대답은 "저 할멈 마음이 여려서 나 죽고 나면 어떻게 살지 걱정이 돼서 하는 말이야. 욕하는 나를 미워하겠지만 나 없이도 살 수 있도록 해야 될 것 같아서……."라는 말이 돌아왔다. 그리고 얼마 후 할아버지는 세상을 떠났다. 일부러 할머니와 정 떼려고 했던 할아버지를 늦게서야 알 수 있었다는 이야기다. 홀로 어려움을 잘 이기며 살아가도록 한 할아버지의 마누라 훈련이었다.

셋째, 자식에 대한 의존감정을 버리는 일이다.

많은 사람들이 자녀가 노후를 돌봐주겠지 하고 착각에 빠지는 경우가 많다. 미국 · 일본 선진국은 자녀의 도움을 받는 것은 1% 안팎에 불과하다. 2011년 보건복지부가 실시한 노인실태조사에서 노인 단독가구(부부끼리 살거나 혼자 사는 경우) 비율이 68.1%이고 자녀와 동거하는 비율이 27.3%에 그쳤다. 지난 11월 27일 통계청이 펴낸 '2014 사회조사결과'에 따르면 부모 생활비를 스스로 해결한다는 비율(50.2%)이 절반을 넘었다. 자녀가 부모의 생활비를 보태는 비율이 절반이 채 안 되는 것으로 자식들에게 보살핌을 받지 못하는 상태를 반영한다. 늘그막 주머니를 채워 줄 자식들이 없다는 뜻이다.

또한 자녀 리스크도 크다는 사실도 눈여겨 볼 일이다. 자녀에게 결혼비용, 주택마련, 사업비용 등을 해주다 보면 노후 대책은 어려워진다. 자식들 강요에 없는 돈 있는 돈 다 끌어다가 돌봐준다고 할 때 자칫하면 자식 잃고, 돈 잃고, 자기 생활을 잃게 된다. 세상에서 가장 부실한 보험은 '자식보험'이라는 영국 속담이 있지 않은가. 자식들은 자기 자식들 부양에도 힘들어 한다. 마음이 있어도 부모를 챙길 수 없는 사회경제구조니 그렇다. 언론에서 가끔 보도되는 것처럼 부모를 학대하다가 버리거나 죽이기도 하는 세상이다.

넷째, 사회관계로부터 독립하는 일이다.

은퇴 후 늙으면 사회적 광장에서 개인적 밀실로 들어가게 마련이다. 노년기로서 가족과 사회로부터 겉도는 것을 인정해야 한다. 늙으면 혼자 아프고 외로워지는 등 소름끼칠 정도로 쓸쓸함이 찾아온다. 물론 은퇴이후는 새로운 인간관계 설정이 필요한 때다. 낯선 사람들과도 따뜻한 마음을 나누며 만남의 관계를 꽃피울 때다. 사랑과 인간애로서 다른 사람들, 가족, 친구, 이웃 동료들과 사회적 관계를 맺는 것이 노후의 삶이지만 더 중요한 것은 홀로 있다고 해서 다 외로운 것은 아니다, 혼자 있어도 자기 취미 여가 활동을 혼자 할 수 있는 방법을 개발해야 한다는 말이다. 이른바 사회속의 나, 홀로 나로서의 나 되기가 필요하다.

다섯째, 아내에 대한 마지막 선물로 부동산 소유권, 은행통장 등을 생전에 넘겨줘서 노후를 안전하게 보내도록 배려하는 일이다.

죽기 전에 자식들과 재산 싸움을 하지 않도록 잘 정리해 주는 일이다. 사실 평균수명에서 여성이 더 오래 산다는 점에서 그렇다. 여성 100세인은 남성보다 3배 가량 더 많다는 사실에서 남편이 정신이 맑을 때 재산권을 미리 넘겨주는 것이다. 망각의 늪에 빠지기 전에, 기억 보유자에서 기억 상실자로 변해가기 전에 유산을 분배해주는 일은 아내에 대한 마지막 배려이다. 이 세상에 내 것은 없다는 사실을 상기해 보자.

여섯째, 황혼 이혼, 별거에 대비하는 일이다.

생애 시나리오 플래닝은 어렵지만 발생 가능한 시나리오를 생각해 대처하는 일이다. 황혼기에 이혼할 수도 있고 별거할 수도 있다는 가능성도 배제할 수 없기 때문이다. 예전에는 나아가 많은 어른들이 "내가 살면 얼마나 더 산다고 이혼하느냐?"며 이혼을 망설였다. 하지만 평균수명이 길어지면서 이제는 여성이 참고 지내기는 아직 남은 인생이 너무 길게 남았다는 생각에서 자신의 행복을 찾아 떠나기 위한 이혼소송을 감행한다. 결혼 부부 3쌍 중 1쌍은 이혼한다고 하지 않는가. 이혼 부부 중에는 20년 이상 부부생활을 하다가 갈라서는 황혼이혼이 전체 28.1%(3만2433건)로 4년차 신혼이혼(23.7%)보다 높다.(대법원 행정처, 2014사법연감)

그러니 사랑받을 때는 미움 받을 때를 생각하여 더욱 더 배우자를 사랑하며 지내는 것이 노후의 건강은 물론 행복의 비결이다. 어느 철학자가 중얼거렸듯이 아내가 내 것인가, 자녀가 내 것인가, 재산이 내 것인가? 내 몸뚱이조차도 내 것이 아니지 않은가. 다만 살아있는 존재로서 진심으로 내 무덤에 와서 울고 괴로워할 식구들이 있을까 헤아려보며 현실에 잘 대응하는 것이 노후의 지혜일 것이다.

결론적으로 참 세월이 빠르다고 느껴진다. 늙어가니 심리적으로 점점 더 빨라지는 느낌 속에 한 주일이 하루 같이 흘러간다. 중국 고전에 인생이란 백마가 달리는 것을 문틈으로 내다보는 것처럼 삽시간에 지나가 버린다는 뜻의 '백구과극'(白駒過隙)이라는 말이 있다. 늙으면 대다수가 빨리 흐르는 시간에 대처하지 못하면서 부르디외가 말하는 아비투스(습득되는 습관과 태도)에서 벗어나지 못하는 미생이 되고 만다. 세상에 걱정 없는 사람이 어디 있을까마는 그러나 늙음의 인생도 다시 살펴보는 자기 성찰이 필요한 것 같다. 아직 살아가야 할 날들이 많은 것 같아서 하는 말이다.

이제 영화 이야기로 마무리 하자. 미국 영화《대부》(프란시스 포드 코풀라 감독, 1972)에서 마피아 두목(마론브란도 분)은 재력과 조직력을 동원해 많은 사람들의 고민을 돕는 대부(代父) 노릇을 한다. 말년에 마피아 두목의 일가는 망하는 아픔 속에 그는 한가한 뜰에서 손자와 놀다가 갑자기 심장발작으로 급사하고 만다. 한 가족의 행복, 불행한 가족사를 형상화하고 있다. 이런 비극이 노년기에 누구에게나 찾아오기 쉽다는 사실을 암시한다. 지금 행복하다면 불행이 언제 닥쳐올지를 대비하여 홀로 살기 연습을 더 해야 될 것 같다. ⓒ

ⓞ 자신을 관리하는 방법 중의 하나가 놓아주기 기술이다. 내 가족, 직장 동료, 친구를 포함해서 사람들 관계에서 오는 고통, 아픈 상처를 치유하기 위해서 필요하다. 내가 되고 싶은 사람, 내가 살고 싶은 삶을 만들어 가기 위해서 놓아주는 기술이 필요한 시대다. (본문 중에서…)

실존적 < 잘 죽기 : well-dying > 를 위한
노년기 화병 치유하기

상처 받지 않을 권리는 없는가?

누구나 살다보면 생활이 복잡하고 얽킨 실타래 같은 감정
이 작용할 것이다. 정신적으로 갈등하고 스트레스를 받으면 몸과 마음
에 병이 생긴다.(Colbert, 2003) 여러 가지 해석이 가능하지만 분명히
화(火)는 마음의 독(毒)이다. 분노를 삭이지 못하면 행복을 위한 삶은
날아가 버린다. 한 번의 분노로 인생을 망칠 수 있다. 가슴에 가득 차
있는 적개심과 분노, 화(火)는 우리의 몸과 영혼을 죽이는 독소다. 수
많은 사건과 만나고 충돌하며 살아가면서 감정에 문제가 생기기 때문
이다. 하지만 그 안에 행복과 불행이 모두 담겨 있다. 노년기로 접어들
면서 작은 일에도 상처를 받기는 마찬가지다. 마음속에 부정적 에너지
가 자리 잡게 되고 자기조절이 어려워지면서 화는 점점 폭발 직전으로
발전한다.(Rhi, 2004) 우리가 경험하는 화병은 죽음에 이르는 마음의
병으로서 고혈압 · 심장병 · 암 등을 유발한다고 한다.

더구나 우울증과 같은 정신질환이 우리를 고통에 빠지게 한다. 현
대사회에서 많이 나타나는 정신질환인 '문화병'도 다양하다. 우리나라
사람들에게서 많이 나타나는 화병(火病·울화병)도 사회문화적 질병의
다름 아니다. 미국정신과협회는 1996년부터 화병(Hwa-byung, anger

syndrome)을 분노의 억압에서 기인하는 특이한 문화증후군(culture-bound syndrome)의 하나로 해석한다. 우리나라 인구의 4.1%가 화병을 앓거나 노동자의 35%가 이런 병으로 고생하고 있는 것으로 보고되었다.(Min, 2009) 그 배경에는 유교적 엄숙주의, 가부장제, 명분, 도리, 의리, 체면을 중시하는 사회분위기가 있다. 불안심리가 히스테리로 나타나는 '창피문화'이며 한(恨)으로 쌓이는 병이 화라는 것이다. 특히 여성들의 경우 물질적 빈곤, 교육기회의 상실, 폭력적 남편, 가혹한 시어머니와의 갈등이 크게 작용하는 것으로 보고 있다. 한의학(韓醫學)에서는 이 같은 화병을 분노와 갈등의 화열(火熱)이 어혈(瘀血)을 일으켜 일어난다고 본다.

우리가 경험하는 것이지만 일상생활 중에 거듭되는 분노와 억울증 등의 감정 동요를 통제하지 못하고 화(火)를 내거나 분노할 때 자신의 건강에 치명적인 타격을 준다. 화병은 우울증, 감정, 불안, 신체적 장애를 가져온다. 몸에서 나쁜 독소가 발생하면서 신체를 무력하게 만들기 때문이다. 그렇지 않아도 미국 생리학자 엘마 게이트 박사는 이런 결과를 증명해 냈다. 사람들의 코에서 나오는 분비물(기체)을 실험한 결과 마음이 평온한 사람은 투명한 무색 침전물이 생겼고, 슬프면 흰색, 무언가 후회할 때는 연두색을 띠었다는 사실이다. 특히 주목할 것은 화를 냈을 경우다. 이때 형성된 자주빛 침전물을 쥐에 주사했더니 몇분 뒤에 쥐가 죽고 말았다. 뿐만 아니라 사람이 10분 동안 화를 낼 때 소비되는 에너지가 3000m달리기와 맞먹는 것도 알아냈다.(한국경제, 2006. 10. 13)

그러나 우리가 경험하는 것이지만 이런 화를 해소하기란 쉽지 않다. 가끔 주위에서 보면 "그 사람 화병으로 죽었어."라는 말을 들을 수 있다. 치명적인 감정, 억울함, 분노를 이기지 못한 죽음이다. 자기애를 상실한 인격장애의 결과이다. 사람들은 천사울타리 속에 살라고 하지만 울화병은 사람을 막다른 죽음의 골목으로 치닫게 한다. 현자들은 가해자에게 앙갚음하지 말라. 남을 탓하거나 미워하지 말라고 하지만 실제로 어려운 문제다.

사람이란 게 시간과 공간을 함께 한다고 해서 완벽한 의사소통이 이루어지는 것도 아니기 때문이다. 한집 부부라도, 같은 식구들이라도 많은 갈등을 겪는다는 의미에서 그러하다. 여기서 이런 문제가 생긴다. 마음의 힘이 고갈되면 마음이 지치고 병이 생긴다는 것 그리고 몸속에 쌓인 화기가 해소되지 못하면 신체의 저항력을 떨어뜨려 각종 질병과 노화를 촉진하게 된다는 것이다. 그러므로 노년기에는 가능한 스트레스를 받지 않아야 한다. 양기가 빠져 나가면 영혼도 불편해진다. 참고적으로 화병-스트레스를 이기는 방법을 소개하면 다음과 같다.

- 치명적 감정을 글로 옮긴다.
- 절망적인 생각이 들면 소리 내어 울거나 소리 지르기를 한다.
- 슬픈 음악이나 영화를 보며 감정을 정화한다.
- 차라리 거드름을 피운다. 대충대충 처리한다.
- 좋은 기억을 더듬으며 추억에 잠긴다.
- 한 시간 이상 걷거나 요가나 스트레칭을 한다.
- 정신과 의사와 상담한다.

또 다른 방법으로 스트레스와 분노를 해결하는 데는 반대의 처방을 내리는 사람도 있다. 자신에게 아픔을 주는 상대방에 대해 때로는 증오하라는 처방이다. 파리 대학 정신분석학자인 가브리엘 뤼뱅(Rubin, 2009)은 《증오의 기술》에서 가장 결정적 감정 상태인 미움을 물리 칠 수 있는 것은 역설적으로 미움밖에 없다고 한다. 무조건 사랑과 용서가 아닌 오히려 당당하게 미워하라고 권한다. 그 이유로 미워할 때 미워하지 못하면 자살에 이를 만큼 위험한 병이 나기 때문이다. 증오를 느낀다는 사실에 죄책감을 갖지 말고 진정한 용서에 이르기 위해 증오의 마음을 적절히 사용할 것을 권한다.

그러나 최상의 방법은 힘들지만 상대방을 용서하고 포용하는 일이다. 그것이 내가 살 수 있는 길이다. '사랑의 감정, 정신적 공감'을 할 때만이 진정한 소통이 이뤄질 수 있다. 감정의 덫을 찾아내 선하게 깨어 있는 마음으로 전환하는 것이 내가 사는 길이다. 때로는 수시로 일어나는 화나 불행한 기분을 그때그때마다 적절한 수준으로 푼 뒤 쉽게 잊는 게 좋다. 화를 잘 내는 사람 혹은 다혈질 사람은 협심증, 심근경색, 위 십이지장궤양, 소화 불량 등에서 2~3배 많이 걸린다고 하지 않는가.

이상의 내용을 정리할 때 화는 사람에게 있어서 생물학적 방어수단이자 잠재적 위험을 경고하는 경보장치와 같다. 노년기에 정신적 건강을 유지하지 못할 때는 치명적인 불행을 맞을 수 있다. 자신을 위해 화를 덜 내고 스트레스를 줄이는 방법을 체득하는 것이 노후 삶이다. 이와 관련해 불교에서는 3독(三毒)을 경계하라고 한다. 즉 우리를 망가지게 하는 탐(貪), 즉 움켜쥐는 것, 진(瞋)으로 채찍에 반발하는 것, 치(痴)로서 어리석어서 사물에 대한 무지함이다. 이러한 3독은 우리들 마음속에서 늘 작용하게 되고 화를 만들어 내는 배경이 된다. 노년기는 "무엇이 정말 소중한지, 어떻게 살 것인가?" 하는 근본적인 물음에 답하며 정신을 맑게 하는 일이다. 때로는 사색의 숲길에서 자신의 삶을 깊이 성찰하며 구름에 화를 날려 보내는 일이다. ⓒ

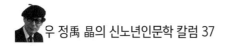
실존적 < 잘 죽기 : well-dying > 를 위한
신노년시대 노인 사망 연령 알아보기

셰익스피어는 중년과 노년들에 대해 늙어가는 것을 불평하지 말라고 했다. 그러면서 ▶젊은 사람들에게 세상을 다 넘겨주지 말라. ▶죽음에 대해 자주 이야기를 하지 말라. 두려워 말라. ▶천국에 대한 소망을 가지라고 했다. 그러나 우리는 늙어가면서 어느 땐가는 죽음을 맞이하며 세상을 떠나게 된다. 언젠가는 자신의 시간도 멈출 것이다. 누구나 죽음을 피할 수 없는 운명이다. 노화의 끝은 죽음이요 이는 자연의 순리요 필멸(必滅)이다.

허준(許浚)의 <동의보감>(東醫寶鑑)에서는 인간은 120세(43,200일)쯤 산다고 했다. 요새 장수학자들은 120~150세까지 살 수 있다고 한다. 현재 평균 수명을 80살로 볼 때 대략 29,000여 일 쯤 살아간다. 그러면 당신은 앞으로 남은 세월이 얼마나 남이 있는지 계산해 보라. 물론 죽음에는 서열이 없다. 자신도 모르는 사이에 죽음이 소리 없이 다가온다. 노인은 한쪽 발을 무덤에 넣고 사는 꼴이 아닌가 싶어서 하는 말이다. 다만 인간다운 죽음, 노인다운 죽음을 준비해야 하는 마음이 생기는 것은 자연스런 마지막 삶의 챙김이 아닐 수 없다.

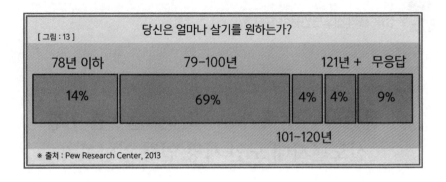

[그림 : 13]

당신은 얼마나 살기를 원하는가?

78년 이하	79~100년	121년 +	무응답
14%	69%	4%	9%

101~120년 4%

※ 출처 : Pew Research Center, 2013

그런데 가족들 혹은 주위 사람들은 80~90세 노인을 보면 "나이도 먹을 만큼 먹었고 지금 돌아가시면 더 이상 설움도 안 받고 좋을 텐데……." 하며 오래 사는 현상에 대해 '축복이 아니다'라는 반응을 보인다. 하지만 요새 노인들은 "아, 나는 100세까지 살 거야. 그래서 100번째 생일잔치 상을 받을 꺼야." 하며 생명에 대한 기대감을 나타낸다. 한국 보건사회연구원이 2011년 전국 남녀 1,000명을 대상으로 실시한 조사에 따르면 응답자 중 10명 가운데 6명(59.3%)이 바라는 희망 수명은 80~89세였다.

그러면 사람들은 얼마나 적당하게 살다가 죽는 것일까? 어느 시기에 정상적인 노화 과정을 겪다가 사망할까? 이와 관련해 최빈사망연령은 초고령사회로 접어들면서 점차 높아지고 있다. 인구학적으로 '최빈사망연령'(mode of age at death)은 사람이 가장 많이 사망하는 나이를 뜻한다. 이런 한국인의 최빈사망연령은 1983년 71세에서 2013년 86세로 크게 높아졌다. 2020년경에는 90세를 넘을 것으로 전망된다. 이러다 보니 장수의 기준이 80세에서 100세로 높아지고 있다. 최빈연령이 90세를 넘으면 100세 시대에 들어간 것으로 본다.

날로 기대수명은 길어지고 있다. 조선시대 왕들의 평균수명이 47세였던 것에 비하면 현재 우리는 두 배나 더 사는 것이다 다. 현재 한국인이 가장 많이 사망하는 나이는 86세로 높아졌다. 한국인의 60세 이전의 사망률은 19.1%, 50세 이전의 사망률은 8%에 불과하다. 대부분의 사람들이 갑작스러운 조기 사망 없이 정상적인 노화과정을 겪다가 80살에서 4, 5년쯤 더 살다가 죽는다는 뜻이다. 미국의 경우 2000년초 조기 사망자를 뺀 정상적 죽음을 맞이하는 사람들의 평균 나이는 85세로 평가됐다. 미국 사람들 95%가 77세부터 93세에 이르러 죽어가는 이른바 종 모양의 분포도 (bell-shaped survival curve)를 나타낸다.

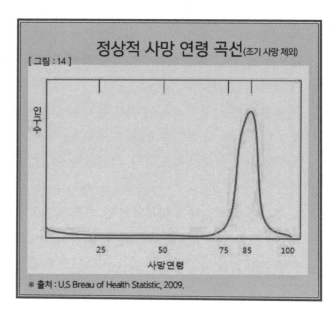

[그림 : 14]

정상적 사망 연령 곡선(조기 사망 제외)

인구수

25   50   75 85   100

사망연령

※ 출처 : U.S Breau of Health Statistic, 2009.

사람은 근기(根氣)가 다르고 죽음의 시기도 다르다. 신체상의 근력, 혈압, 폐기능, 비만도, 체지방량, 근육량 등 신체기능과 체형에 따라 수명이 좌우된다. 우리 몸은 심장과 혈관의 노화, 면역계 노화, 자연환경 사회적 조건에 따라 노화 정도, 건강의 수준이 달라진다. 눈, 청각, 피부, 근육, 관절, 성기능 장애, 호르몬 감소 (남성테스토스테론, 여성에스트로겐) 등의 노쇠현상을 겪다가 죽음에 이르게 된다. 그런 점에서 세월의 나이만을 기준으로 평균수명, 건강수명을 말할 수는 없다. 평균수명이 길어지지만 모두가 장수하는 것은 아니기 때문이다.

미치 앨봄(Mitch Albom)이 쓴《모리와 함께 한 화요일》에서 "나이 먹는 것은 늙는 게 아니라 나이 속에 더 많은 것을 갖는 것."이라고 말한다. 내가 늙어 아무 일도 할 수 없지만 세상은 멀쩡히 돌아가고 있다며 태연하게 늙음을 받아들인다. 불치병 루게릭 병에 걸려 시한부 인생을 살아가는 노인(모리)은 병원을 나오면서 살고 싶은 만큼 살지도 못하고 죽게 생겼는데 내 주위에 있는 사람들은 그 사실도 몰라주니 이 얼마나 안타까운 일인가 하며 섭섭해 한다. 그러면서 제자(미치)에게 "어떻게 죽어야 좋을지 배우게나. 그러면 어떻게 살아야 할 것인지를 배우게 되니까." 하고 당부한다. 말인즉 인간은 언제라도 죽을 준비가 돼 있어야 한다는 것이다.

결국 모든 것은 끝이 좋아야 한다. 우리는 사망에 대한 준비보다 건강에 대한 관심이 더 높지만 언제 올지 모르는 죽음이 결코 두렵지 않도록 준비하는 것 또한 중요하다. 셰익스피어의 희극(리어왕)에 나오는 말처럼 "끝이 좋으면 다 좋다(All's well that Ends well)"고 하지 않은가. 누구나 곱게 늙다가 아름답게 잘 죽을 책임이 있다는 얘기다. 요새 노인들은 ▶잘 늙고(well-aging), ▶잘 살고(well-being), ▶잘 죽기(well-dying) 등을 종합적으로 잘 관리해야만 성공적인 삶이 되는 것이다. ⓒ

> 🔘 놓아주기란 당신이 원하는 어떤 것을 그만둘 수 있는 용기다. 상대에 대해 내가 원하는 것을 강요하지 않는 것이다. 너무 늦기 전에 일이 터지기 전에 놓아주는 것 말이다. 또한 놓아주기는 당신의 감정, 생각, 신념, 이미지, 프레임 속에서 돌아가는 그 무엇을 내려놓고 치유하자는 뜻이 있다. (본문 중에서……)

실존적 < 잘 죽기 : well-dying > 를 위한 인생의 정리와 회고록 쓰기

우선 자신의 회고록은 인생을 정리하는 자기 나름의 종생기(終生記)다. 노년학에서 말하는 '인생회고'(life-review) 과정이다. 노년기에 접어들면서 당연히 죽음과 같은 자신의 붕괴를 불가피하게 받아들이기 시작하면서 그동안 살아온 흔적·고민·번뇌·기쁨·성취 등을 진솔하게 적어가는 것이다. 과거의 회상과 기억을 통해 자아를 새로 깨닫는 것, 과거의 경험과 그 의미의 재평가 그리고 마지막 삶을 정리하는 의미에서 회고록을 쓰는 것이다.

말 그대로 회고록(memoir)은 자신이 살아 온 인생회고이다. 누구나 노화 과정 중에 자신의 인생을 나누고 싶어 한다. 망각의 두려움과 기억의 욕구는 삶의 마지막 단계의 특징이다. 같은 맥락에서 인생회고는 삶의 마지막 단계에서 자신의 이야기를 누군가와 나누거나 후대에게 남기는 글이다. 즉 회고록 쓰기는 노인들의 개인적 삶에 대한 자신의 이야기로서 나는 누구이며, 어디에 있었고, 어떻게 살아왔는지를 말하려는 것이다. 그래서 서점에 가면 '죽기 전에'라는 시리즈가 눈에 띈다. 죽기 전에 꼭 하고 싶은 것들을 제시하고 있는 책들인데 자신이 살아온 경험과 의미를 회고록 형식으로 기록하고 있다. 사실 누구나 회고록 한번 쯤 생각해 보는 것은 모든 사람들의 정상적인 행동이다.

또한 인생회고는 한 사람이 살았던 세상의 이해를 추구하는 현상학적 접근이다. 인생회고를 통해 가족은 물론 가까운 사람들이 각자 삶의 이야기를 공유할 때 '반응적 듣기(responsive listening)'에 해당한다. 그러하기 때문에 회고록 쓰기는 노인의 자아통합을 위한 준비 중의 하나이다. 인생회고는 높은 수준의 기능을 유지하고 정신적으로 더욱 깨어있게 하거나 대처방법을 강구하는 것을 도와준다.(Burnside, 1984) 이런 의미에서 가족들이나 친구들은 마지막 노년시기를 살아가는 사람들에게 과거의 경험 혹은 인생회고록을 쓰도록 유도할 필요가 있다.

더 중요한 것은 회고록을 쓰다보면 자신의 삶에 대해 불만족했다거나 후회한다는 점이다. 대부분의 사람들이 노후에 죽어가면서 많은 후회를 한다는 것은 잘 알려진 사실이다. 삶이 끝나갈 무렵에야 뒤를 돌아보며 자신의 꿈을 절반도 이행하지 못했다거나 일에 빠져 살다보니 자식들의 어린 시절, 배우자와의 우애를 잃고 말았다는 후회들이다. 그리고 직장생활 등에 많은 삶을 소비했다고 느끼거나 다른 사람들과 화합하지 못한 점 등을 후회하며 깨닫게 된다.(Ware, 2011) 그런 점에서 자신이 살아온 줄거리에 채색도 가감도 없이 진솔하게 적어놓는 것이 회고록이다.

그렇다면 당신은 노년 후기 마지막 글을 써 볼 용기는 없는가? 성공이든 실패든 모든 기회가 있었을 터인데 당신은 그 순간들을 어떻게 살아왔나 하는 것을 되돌아보자는 것이다. 가까워지는 죽음의 순간에서 하나님께 올릴 실제 기도문을 써 보거나 가족들에게 할 말, 혹은 자신의 삶을 정리하는 의미의 회고록 말이다. 그러면 신이 허락한 당신의 생명으로 왜 잘 살지 못했는가를 알게 될 것이다. 사실 우리가 살아가면서 쓰면 안 되는 주제는 이 세상에 없다. 무엇이든지 쓸 수 있다. 여행기 · 자서전 · 회고록 · 비즈니스 글쓰기 등 넓은 범위가 포함된다. 삶의 어떤 부문도 그것을 받아들이는 사람에게는 하찮은 것이 아니다. 글쓰기는 누구도 아닌 나의 생각을 글로 풀어 낸 것이다.

뿐만 아니라 회고록은 노인들의 창조적 표현물이다. 회고록 쓰기는 자신을 위한 치유행위다. 그러나 대부분의 사람들이 회고록 쓰기를 어려워한다. 회고록을 쓰고자 할 때 무엇을 넣을까? 어디서부터 시작할까? 어떤 형식으로 구성할까? 몇 페이지 정도로 할까 등 막연할 것이다. 하지만 용기를 내서 자신의 회고록을 써 보는 것도 여생에 도움이 된다. 일종의 비공식적인 '개인사 혹은 가족사'로서의 회고록은 인생의 요약이 아니라 삶을 들여다보는 창이다. 회고록 쓰기는 성인들의 중요한 활동으로 자신의 생애과정을 재구성하고 가족 혹은 사회에 공헌하는 작업이 아닐 수 없다.

물론 글쓰기는 쉬운 일이 아니다. 그러나 좋은 회고록을 쓰기 위해서는 자기 삶의 편집자가 되는 것이다. 신이 각자에게 부여한 고유의 인간성에 따라 어떻게 삶의 여정을 걸어왔는가를 논픽션 형식 혹은 스토리텔링 형식으로 기술해 나가는 것이다. 아울러 회고록 쓰기에 조심할 사항을 몇 가지 찾아보면 다음과 같다.

- 가능한 기억의 시간성과 장소의 통일성을 유지한다.
- 정신이 맑을 때 기록하여 자신의 삶을 정확히 표현한다.
- 자신의 기억으로 자신의 이야기를 쓰도록 한다.
- 진실성, 사실성에 근거해 신뢰성을 보증한다.
- 보통 2,000~5,000 단어 가량 작성하며 기술내용을 조절한다.
- 개인 정보의 보호 및 윤리 문제를 고려한다.

또한 이러한 회고록 쓰기는 자신의 일생과 화해하는 의식(儀式)이다. 지나온 삶의 회억들, 슬픔들, 기쁨들, 병들었던 몸, 직장 동료들, 가족들과 살아오면서 겪었던 일들을 되짚어보면서 이해와 위안을 얻는 치유의식이다.(Collins, 2013) 인생의 가장 어려웠던 일, 슬픔, 질병, 실망, 실패에 대한 성찰은 물론 위안을 찾을 수 있다. 곧 회고록은 용서를 구하는 일이다. 회고록을 쓰면서 진짜 나 자신의 영혼을 발견하고 자신을 있는 그대로 내 보이는 것이어서 그렇다. 글의 주제가 아니라 '진정한 자아(true self)', 자기 자신을 가감 없이 소개하는 작업이다.

결론적으로 늙어가면서 회고록 쓰기는 자신이 살아온 경험에다가 진솔한 생각, 그리고 표현이 압축된 지력(智力)의 통합이다. 그런 뜻에서 평생 살아온 생각의 조각들은 연결해보라. 삶의 끝에서 서성이는 사람들은 명예·권세·학위·좋은 집·좋은 가문에 대해서 묻지 않는다. 어제의 내가 반드시 지금의 나는 아니어서 변화된 자세로 마음을 정리하고 상처 받은 삶을 정리하는 일이다. 예를 들어 늙어가면서 내 행동으로 인해 억울한 사람이 없었는지, 또 세금을 잘 냈는지, 가족들을 슬프게 하지 않았는지를 보는 일이다. 살아온 장소, 일상사에 대해 치유하는 차원에서 회고록을 써보자는 것이다. 노인들이지만 지속적으로 재창조하는 삶을 살아가야 하기 때문이다.

아울러 노인 관련 단체 혹은 복지 기관들 중심으로 성인들을 대상으로 한 회고록쓰기 프로그램 마련도 필요하다. 복지선진국에서는 노인들로 하여금 회고록 쓰기의 필요성 강조는 물론 성공적 노화 워크숍을 통해 회고록 쓰기요령을 가르치고 있다. 단지 성인들의 살아온 일련의 사건만이 아니라 인간의 진솔한 이야기들과 경험을 발굴하여 미래 세대를 포함하여 사회에 대한 교훈, 지혜의 자료로 활용하고 있다. 후세대들에게 매력적인 삶의 동기를 제공하는 회고록을 써 보는 것도 보람된 일이다. ⓒ

■ 참고 자료

Burnside.(1984), Working with the Elderly(2nd ed), Cali: Wads Worth
Collins, Sheila K.(2013), Warrior Mother: A Memoir of Fierce Love, Unbearable Loss, and Rituals That Heal. CA: She Writes Press.
Ware, Bronnie.(2011), The Top Five Regrets of the Dying: A Life Transformed by Dearly Departing. London: Hay House.
Zinsser, William.(2013), How to Write a Memoir, The American Scholar. theamericansholar.org/how-to-write-a-memoir.

❍ 놓아주기는 일종의 기술이다. 놓아주기 기술은 단적으로 내가 원하는 것을 '잡느냐' '놓느냐', 아니면 '회피냐' 중 하나를 택하는 문제다. 무엇은 '잡느냐'는 필사적으로 뭔가를 놓지 못하고 소유하려는 것, 포기할 수 없는 상태이고, '놓느냐' 하는 것은 둥지에 갇힌 파랑새를 하늘로 날려 보내는 것과 같이 집착을 놓는 것, 나쁜 감정을 날려 보내는 것이다. (본문 중에서…)

5

Chapter Five

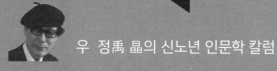

우 정禹 晶의 신노년 인문학 칼럼

노년기 삶의 여정,
내 스스로
확인하며 성찰하기

노년기 삶의 여정 재확인하기

- 마지막 시간에 던지는 30가지 질문

질 문이 없으면 어떤 답도 얻을 수 없다. 어떤 생각, 질문을 하는 것은 자신을 사랑하는 것을 의미한다. 세상에 대한 질문은 인간의 리얼리티를 발견하는 길이다. "나는 누구이고 어디에서 와서 어디로 가는가?" 하는 문제는 인간의 궁극적 질문이다. 이런 질문은 모두 사람들에게, 즉 우리 자신, 우리 가족, 우리 친구들에 해당되는 물음이다. 인생 자체가 지속적으로 더 나은 세상을 만들어 가는 활동으로 구성돼 있기 때문에 무언가 그 의문에 대한 답을 구해 가는 것이 인생이다. 더구나 지금의 당신 모습은 당신의 과거의 결과이며 오늘은 과거의 단순한 반영이다. 늙어가는 길목에서 현재는 물론 미래를 향해서 할 일들을 되새김질하며 삶의 여정을 재확인하기 위해 계속 질문을 던지는 것이다.

요사이 <버킷리스트>란 용어가 유행이다. 죽기 전 얼마 남지 않은 세월속에서 내가 '하고 싶은 일'을 해야 하겠다는 것이 버킷리스트다. 영화 '버킷리스트-죽기 전에 꼭 해보고 싶은 것 들'(롭 라이너감독, 2008)에서부터 삶의 처세방향을 제시한 '내 인생의 버킷리스트'(크리스터퍼 하워드 진, 2012), 그리고 '버킷리스트-죽기 전에 이뤄야 할 자신과의 약속(강창균 외, 2011) 등에서 자신이 원하는 버킷리스트를 작성해 실천해보자는 내용들이 대부분이다. 한 살이라도 더 먹기 전에 내가 하고 싶은 일을 해보자는 소망이 담겨 있다.

버킷리스트는 생애 과정에서 이뤄가야 할 꿈의 목록들이다. 이 글 역시 노년기 지나온 삶의 여정을 재확인하며 행복한 노후를 만들어가자는 내용으로 구성했다. 인간이면 누구나 삶의 ▶의미, ▶목적, ▶방향, ▶용기, ▶정직, ▶진실, ▶욕망, ▶희망을 가지며 신의 축복을 기다리는 모습이 아닌가. 사실 세상은 열려 있고 할 일도 많다. 사람은 자기 개발을 위해 그리고 사랑하는 이를 위해 시간을 할애하고 노력할 때 긍정적 결과를 가져 올 수 있다. 자신이 원하는 것을 종이에 적어놓고 실천한다면 전혀 불가능한 것도 아니다.

더구나 하루하루 우리 생명이 소멸(상실)해 가는 과정에서 지금 우리의 삶을 점검해 보는 일은 더 행복해지기 위해서다. 이 세상에서 존재하는 한 우리가 마땅히 할 일을 체크해 보는 것은 자기 수정을 위한 것이다. 그렇게 될 때 우리가 살았다는 존재감을 느낄 수 있을 것이고 미래가 맑아질 것이다. 따라서 이글의 목적은 삶의 긍정을 위한 우리의 '마지막 시간'에 자신을 돌아보자는 취지다. 이런 맥락에서 당신은 아래 30가지 질문에 진솔하게 답해보자. 이 글을 읽으면서 느껴지는 성찰과 행동이 따른다면 당신의 삶을 개선하는데 도움이 될 것이다. 그럴 때 당신은 진정 당신 자신이 될 수 있을 것이고 자부심을 느낄 것이다.

■ <마지막 시간>에 던지는 30가지 질문

1. 당신은 누구를 얼마나 사랑했는가?

우리가 살아가면서 마지막으로 던지는 질문은 당신이 "누구를 사랑했는가?"이다. 사랑과 전쟁의 고통스런 바이러스 속에서도 누구를 사랑하며 살아왔을 것이다. 그 사랑의 실천은 다른 생명을 가져다주었고 삶의 에너지였다. 사랑은 동사가 아니라 명사이고 가장 어려운 것이 사랑이지만 생명의 가장 아름다운 선물이라고 했다. 그렇다면 당신은 누군가에게 힘이 되는 사랑을 주었는가. 특히 아내, 자녀들과 친구들, 이웃에게 얼마나 열린 가슴으로 사랑했는가를 묻는 것이다.

2. 당신은 한평생 좋아하는 일은 하면서 살았는가?

당신이 좋아하는 일을 하면서 돈을 벌었는지? 당신은 하루 8시간을 정말로 좋아서 열정적으로 일을 했는지? 진정 당신이 원하는 것, 당신이 필요해서 했는지? 그러나 많은 사람은 자신이 원치 않는 일을 하며 살아간다. 미국의 심리학자 대니얼 카너먼(Kahneman)은 20%만이 자기 일을 긍정적으로 받아들이는 반면에 대부분이 사람이 하기 싫은 일을 한다고 했다. 아리스토텔레스는 일(work)이 무엇인지 알고 하나의 최종원인이 무엇인지 알 필요가 있다고 했다. 살아있는 사람이라면 일하는 것은 모두의 의무요 권리다. 하지만 자기가 원하는 일을 하는 것이 행복이요 즐거움이다.

3. 당신은 어디서 무엇을 원하며 살아왔나?

당신이 원하는 삶을 살아왔는가? 당신은 무엇을 이루며 살려고 했나? 당신은 그런 삶이 행복했던가? 그리고 지금 당신이 지금까지 살아온 모습에 만족한가? 지금의 결과는 절실한 삶의 동기가 되었는가? 반대로 불만족스럽다면 당신이 원하지 않는 것을 과감히 포기하며 살았는가를 묻는 것이다. 이 같은 질문은 모두 습관적으로 하던 일들을 정리하고 익숙한 것에서 벗어나 새로운 삶을 개척해 보자는 의미가 있다. 짧은 세월 어영부영 살아간다면 주어진 인생 아깝지 않은가 해서 말이다.

4. 당신에게 감사할 일은 무엇이고 얼마인가?

당신이 감사할 일들을 찾아보고 헤아려 보는 일이다. 일상생활 속에는 감사의 조건들이 너무나 많을 것을 발견할 것이다. 감사는 긍정적 세계관의 표현이다. 감사는 신의 은총에 대한 찬양이다. 감사한 마음으로 산다는 것 자체가 큰 축복이다. 특히 누구나 생애의 경험과 감사의 마음을 가지고 있다고 하는데 늘 감사하고 더 무엇을 즐길 수 있는가를 헤아려 보라. 그것이 신의 은총이다.

5. 당신은 누구로 기억되고 싶은가?

당신은 다른 사람들로부터 어떤 사람으로 기억되기를 원하는가. 현재 뿐만 아니라 후세에 "어떤 사람으로 기억될까" 말이다. 아무리 잊으려도 해도 그대 밖에 떠오르지 않는 당신으로, 우리 모두는 누군가의 기억 속에 존재하기 마련이다. 그런데 이름을 남기고 기억되는 사람은 죽어서 치르는 장례식 때부터 대충 알 수 있다. 어떤 사람이 죽으면 조문객 수천 명이 북새통을 이루고 어떤 이는 빈소를 찾아가는 사람이 거의 드물다. 그 이유는 전자의 망자는 화려한 경력과 라이프스타일이 범상치 않았던 인물로 기억되기 때문이다. 특히 장성한 50대 이후 좋은 기억으로 회자되면 가치 있는 일이다. 사회는 물론 당신의 가족과 자녀들로부터 좋은 이미지로 기억된다면 인생을 헛되게 산 것은 아니다.

6. 당신은 사회를 위해 무엇을 했나. 무엇으로 기여했나?

사회구성원으로서 정의롭고 인간다운 사회건설 혹은 한 국가체제의 혁명적 개혁을 위해 목숨을 걸고 싸우는 식의 거대 담론이 아니라,

주어진 생명을 어떻게 무엇을 위해 누구를 위해 소중하게 살았는가의 문제다. 특히 당신은 다른 사람을 "기쁘게 도와주었는가?" 하는 문제다. 가족을 위해 또는 다른 사람을 위해 얼마나 헌신하는 삶을 살았는가. 반대로 인류에 대한 헌신이 아니라 오히려 당신은 세상에 대해 빚진 것이 없는지 돌아볼 일이다. 직업인으로써 성실하게, 자녀들을 잘 키우며 가학(家學)을 세우거나 자기가 정한 길을 진정성 있게, 책임감을 갖고 살았다면 소시민으로써 사회와 가족에 기여한 것이다.

7. 당신 인생에서 어떤 기쁨이 있었나?

영화 '버킷리스트'에서 주인공 카터 챔버스는 "인생에서 기쁨을 찾았는가. 당신의 인생이 다른 사람을 기쁘게 해 주었는가"를 묻고 있다. 또한 이어지는 대사에서 "고대 이집트 사람들은 영혼이 하늘에 가면 신이 두 가지 질문을 했네. 어떤 대답을 하느냐에 따라 천국에 갈지가 정해진다."고. 말인즉 우리가 살아가면서 기쁨을 잃었다면 다시 '기쁨찾기'(Find the joy in your life)가 삶의 지혜다. 기쁨을 상실한 이유와 과정, 기쁨의 유지를 위한 자기 나름의 대처 방법을 찾아가야 한다. 가장 기쁜 것은 내 가족, 이웃들이 가장 원하는 것을 가장 편안하게 해주는 사랑, 배려가 큰 기쁨일 것이다.

8. 당신 생애에서 가장 기억에 남는 일은 무엇인가?

내가 경험하며 기억되는 것은 내 삶의 구성부분 중 하나다. 당신에게 가장 소중한 추억, 가장 아픈 기억, 가끔 많이 생각나는 일 등 기억의 저장소에는 평생 겪은 일들이 저장돼 있을 것이다. 억울했던 일, 성공과 실패의 경험, 세월이 흐를수록 또렷해지는 기억들, 역사적 사건 등 다양할 것이다. 결국 인간은 자기 삶에 대한 기억을 더듬으며 현재를 살아간다. 기억은 모든 것의 토대가 되고 삶의 처방이 된다. 그러니 당신 마음속에 자리 잡은 상처와 결핍, 회억을 통해 나를 다시 찾아보라. 말인즉 '기억하라' 과거에 있었던 일들이 지금의 나를 만들어 가고 있기 때문이다.

9. 누가 당신을 가장 사랑한다고 생각하는가?

흔히 "나는 사랑한다. 고로 존재한다" 는 말이 있다. 누구나 사랑받기 위해서 태어났다고 한다. 그렇다면 누가 당신을 가장 많이 사랑한다고 생각하는가?. 배우자, 자녀들, 친구들인가? 당신에게 무조건적인 사랑을 주는 사람이 몇이나 되는가를 묻는 것이다. 그런데 사랑은 늘 불안하다. 만남부터 '너는 내 운명'으로 느끼며 사랑하지만 깨지기 쉬운 것이 사랑이다. 남녀 간 첫사랑에 눈 뜨고 그 배신으로 눈물 흘리는 사람 얼마나 많은가 말이다. 우리는 사랑하는 사람을 아프게 하기도 하지 않는가. 누구나 진실한 사랑을 말하지만 그 끝은 씁쓸하다. 결혼 전의 꿈은 결혼 후의 생활과 아무런 관계가 없다는 말이 있다. 이제 사랑은 의무가 되지 않는 세상인 듯하다.

10. 당신은 생애에서 어떤 타입의 사람을 선택해 만나면서 살았는가?

사람은 '관계' 속에서 누군가와 소통하며 감정을 나누며 살아가기 마련이다. 그런데 인간관계는 좋고 나쁜 관계로 이어질 때가 많다. 자신만이 선이고 타자를 악이나 불의로 보는 태도가 나타나기 쉽다. 상대방이 당신을 미워 할 수도 있고 당신이 의도적으로 상대방을 미워하거나 멀리 했을 것이다. 새로운 친구를 만날 때 당신의 직관이나 내면적으로 신뢰할 수 있는 사람만을 선택해 만났을 것이다. 그렇다면 이제는 구별하지 않는 것이다. 서툴러서 멀어진 인간 관계를 회복하는 학습이 필요하다. 모든 사람을 동등하게 바라보는 일이다. 타자에 대한 선입견과 편견은 매우 잘못된 것이다.

11. 당신에게 지금 가장 큰 걱정은 무엇인가?

우리는 많은 걱정을 하며 하루를 보낸다. 사소한 일로 밤잠을 설치기도 한다. 주위에서 격려와 조언을 해도 걱정을 내려놓기가 쉽지 않다. 캐나다 심리학자 어니 젤린스키(Zelinski, 2000)에 따르면 걱정의 40%는 절대 일어나지 않는 일이고, 30%는 이미 일어난 사건이고, 22%는 굳이 걱정할 필요가 없는 사소한 일이고, 4%는 걱정을 해 봤자 어쩔 수 없는 사건들이며, 나머지 4%만이 우리가 대처할 수 있는 진짜 걱정거리로 보았다. 결국 96%의 걱정거리는 쓸데없는 것이다. 많은 사람들이 망상과 걱정으로 소중한 시간을 낭비해 간다는 뜻이다. 특히 노인들에게 있어서 걱정은 기쁨과 만족에 불필요한 장애이고 행복을 만들 수 없다. 과도한 걱정은 큰 후회를 낳게 마련이지만 지금 가장 큰 걱정이 무엇인지 다시한번 확인해 대처하는 일이다.

12. 당신은 무엇을 실패했는가?

우리가 한평생 살아가면서 실패의 리트머스 시험지는 얼마나 많았던가. 아니 인생의 실망에 대처하는 것마저 또 실패하지 않았는지? 사람은 어떤 실패와 시련에서 그 사람의 진면목이 드러나게 마련이다. 실제로 실패했다면 가슴을 치며 가족과 친구에게 실패했음을 실토하며 반성할 것이고 어떤 사람은 그냥 지나칠 것이다. 실패를 좋은 경험으로 삼는 사람이 있는가 하면, 실패를 저주로 생각하는 사람이 있다. 얼마 전 주식투자에 실패한 40대 가장이 아내와 두 딸을 살해하고 도망쳤다가 붙잡힌 사건이 있었다. 이는 실패를 저주로 받아들인 결과다. 결국 실패를 감내하는 것, 왜 실패의 길로 들어서게 됐는지를 자신에게 물어보며 반성하는 일이다. 사람은 실패를 통해 성장할 수 있고,

그래서 실패는 나쁜 경험이 아니고 실수를 통해 배우는 것이다.

13. 당신은 어떤 모험심을 가지고 살았는가, 어떤 모험을 했는가?

모험심은 자신의 꿈을 실현해 가는 행동이다. 용기를 가진 사람만이 손에 땀을 쥐게 하는 서스펜스를 경험할 수 있다. 모험심에는 호기심, 열정, 패기, 탐구심, 승부근성, 저돌성, 경이로움 등의 의미가 담겨 있다. 이런 모험심은 20대나 70대나 큰 차이가 없다. 일본의 애니메이션 작품인 '센과 치히로의 행방불명'(2001) '반지의 제왕'같은 엉뚱한 모험이 소년 청춘에게만 있는 것이 아니다. 다만 모험심에는 '용기'가 필요할 뿐이다. 용기가 없거나 아니면 희생과 비용 때문에 모험을 포기하는 차이 뿐이다. 늙었어도 어린이처럼 미지에 대한 호기심, 흥미와 열정이 있으면 영혼이 즐거울 것이다.

14. 당신이 가장 자랑스럽게 성취한 일은 무엇인가?

당신은 무엇을 이뤘나. 사회적 지위와 역할에서 의자 차지하기에 성공했나, 아니면 부(富)의 성공을 이루었는가. 자식농사를 잘 지었는가? 물론 성취(성공)의 개념은 다양하겠지만 자신이 탁월하게 이룩한 것이 무엇인가 헤아려 보는 일이다. 자신이 원하는 것을 이루었다면 자부심도 자아존중감도 확보될 것이다. 미국의 철학자 리처드 테일러(Taylor)는 '무엇이 탁월한 삶인가'(2014)에서 개인이 느끼는 자부심(pride)이 남달라야 한다고 했다. 자부심은 "자신에 대한 정당한 사랑"이라고 말한다. 자부심이 높은 사람은 자기애의 바탕에서 사회적으로 타인들과 잘 어울리는 삶이고 성공한 사람들이다.

15. 어떤 사람들이 당신을 괴롭혔나. 왜 당신은 괴롭힘을 당했나?

살아가면서 누군가에 의해 괴롭힘을 당할 수 있다. 괴롭힘

(harassment)은 상대방에게 의도적으로 불편하게 폭력적으로 피해를 입히는 것을 의미한다. 집단 따돌림이나 왕따, 학대와 멸시로 나타날 수 있다. 직장에서 가정에서 사회단체에서 비상식적이고 비도덕적으로 괴롭힘이 일어난다. 문제는 당신이 괴롭힘을 누구로부터 왜 당했는가를 살펴보는 일이다. 그리고 여기에 대한 인과 관계가 명확해지면 용서할 것은 용서하되, 복수를 추구하지 않은 것이다. 복수는 대개 자기의 피해로 돌아오기 때문이다. 아니면 오스트리아 심리학자 알프레드 아들러(Adler, 1870-1937)가 말하는 '미움 받을 용기'로 당당하게 맞서는 것이다. 특히 늙어가는 길목에서 나 자신을 증오하는 사람을 용서하지 못하면 쓰디쓴 감정을 안고 살아간다는 사실이다.

16. 당신의 멘토는 누구인가?

사람이 살아가면서 어려운 일을 만나거나 어떤 결정을 내려야 할 때 도움을 받을 수 있는 멘토가 필요하다. 사업에서 일터에서 가정에서 사랑에서 자녀문제를 놓고 마음 터놓고 얘기할 수 있는 스승 같은 사람 말이다. 우리말로 '후견인' 쯤으로 생각되는 멘토는 오디세이아에 나오는 오디세우스의 친구 멘토(Mentor)에서 유래한다. 오디세우스가 전쟁터에 나가면서 친구 멘토에게 자신의 아들(텔레마코스)을 맡겼다. 멘토는 그의 아들을 아버지처럼 스승처럼 정성껏 돌봐줬다. 그 후 멘토는 한 사람의 인생을 인도해주는 지혜 있는 스승, 지도자라는 의미로 사용되었다. 그렇다면 당신이 올바른 선택을 할 수 있도록 돕는 사람이 누구인가. 특히 노년기에는 정신적, 영적스승(Guru)이 누구인가를 찾아보라. 인간이 살아가면서 삶의 궁극적인 의미가 무엇인가를 묻지 않을 수 없을 뿐더러 인생살이에는 때때로 과외가 필요하기 때문이다.

17. 당신은 남다른 비교 우위의 전문성을 갖고 살아가고 있는가?

당신은 다른 사람들과 비교해 상대적으로 유리한 능력, 기술 등의 전문성을 갖고 살아가는가. 전문성(professionalism)이란 뛰어난 기량으로서 자기의 직무역량, 다른 사람들보다 잘할 수 있는 일이나 전문 분야를 말한다. 다시 말해 당신의 이력서, 소개서에서 내 세울만한 경력이 있는가를 묻는 것이다. 사람은 저마다 이 세상에서 살아갈 존재 이유가 있는데 그것이 남다른 자신만의 여의주(珠)다. 더구나 현대는 전문가 독점시대다. 사랑도, 애기 낳는 것도, 여행도 모두 전문가의 도움을 필요로 한다. 평생직장은 없고 평생 직업만 있는 현실에서 한평생 연령에 관계없이 내가 할 수 있는 분야가 있어야 한다는 뜻이다. 전문인이 되려면 10년 이상 한 분야에서 내공을 쌓아야 하고, 그럴 때 내가 하고 싶은 일을 한평생 즐길 수 있다.

18. 당신에게 지금 누구의 어떤 도움이 필요한가?

지금 당신이 처한 상황이 어떤가. 예를 들면 치명적인 질병과 장애, 경제적 빈곤, 파탄에 이른 부부 관계, 자녀들 문제, 사업의 실패 등 무엇일 수 있다. 다시 말해 비올 때 우산 받쳐주는 사람, 어려울 때 도움을 청할 수 있는 사람이 과연 몇 명이나 될까? 하는 점이다. 실제로 그런 사람이 있다면 그게 누구이고 몇 명이나 될까? 문제는 휴대폰에 저장된 사람들 수백 명이 있겠지만 실지 어려울 때 전화를 걸어 도움을 요청할 수 있는 사람이 거의 없다는 것이 문제다. 그렇지 않아도 한국인들은 "어려울 때 의존할 사람이 없다."는 조사가 나왔다. 경제개발협력기구(OECD)의 '2015년 더 나은 삶의 지수 조사 결과'에 따르면 한국은 사회적 연대(Social connection)에서 36개 국가들 중에 가장 꼴지를 기록했다. 한국인은 72%만이 어려울 때 도움을 요청할 친구, 친척 또는 이웃이 있다고 응답해 OECD 국가의 평균인 88%보다 16%포인트

낮았다. 말인즉 당신 형편을 있는 그대로를 봐줄 사람이 있다면 큰 축복이다.

19. 당신은 창의적으로 자신을 어떻게 표현할 수 있는가?

인간은 창조적인 동물로 인식된다. 당신이 한평생 살아오면서 그림 그리기, 글쓰기, 서예, 악기연주 등 창조적인 활동을 하고 있는가 묻는 것이다. 아니면 남다른 취미로 자연관찰(새 관찰, 식물 연구)이나 고궁 해설, 박물관 안내 등으로 사회봉사를 하고 있는가이다. 사실 글쓰기와 그림 그리기 등은 행복해지는 마법이다. 뭔가 그릴수록, 쓸수록 힘이 나고 아이디어도 진화하기 때문이다. 그밖에 음악을 들으며 무언가 마음을 다듬고 즐기는 것이 자기표현이다. 음악을 통해서 사유하고 자기 삶을 추스릴 수 있다. 은퇴 후 갑자기 늘어난 시간을 잘 관리하며 삶의 권태 지루함을 극복하는 창조적인 시간을 만들어야 한다. 자신의 숨겨진 재능을 재발견하는 창조적인 생활이 노년기의 즐거움이다.

20. 당신은 일상의 시간을 어떻게 관리해 왔나?

당신은 하루 시작을 어떻게 하고 끝내는가를 묻는 것이다. 누구에게나 하루 24시간이 공평하게 주어졌지만 시간의 사용가치는 많이 다르다. 어떤 사람에게는 하루가 지루하게 느껴지고 어떤 사람은 24시간이 아닌 25시간 이상으로 바쁘게 살아가는 모습이다. 그런 점에서 은퇴 후 자신에게 남은 시간을 잘 조절하고 통제하는 시간관리가 성공적 노화의 핵심 요소다. 신은 우리를 채찍으로 길들이지 않고 시간으로 길들인다는 점, 그리고 시간은 모든 것을 치유한다는 점을 잊지 말아야 한다. 프란치스코 교황은 새해에 권하는 말 중에 "다른 사람을 위하여 시간을 내십시오."라고 했다. 셰익스피어는 "시간은 인간의 부모이자 무덤이며 자신이 원하는 것을 주지만 정작 인간이 원하는 것은 주지 않는다."고 했다. 시간의 노예가 아니라 시간을 지배하는 주체가 되어야 한다는 뜻이다.

21. 당신이 오늘 세상을 떠난다면 가족(자녀, 배우자)에게 남길 말은 무엇인가?

아마도 당신은 40~50년간 '가족'이라는 끈으로 묶여 살았을 것이다. 살아오면서 행·불행감을 모두 겪었을 것이고 가족 때문에 눈물을 흘린 경우도 있었으리라. 아니면 남남 같은 식구들, 부자지간, 부부간에도 어색하고 불편한 감정이 있었을 것이다. 아버지로서는 가족들에게 현금인출기에 지나지 않았고 가족 내 경계인처럼 느껴지기도 할 것이다. 그러나 웬수 같지만 마지막까지 내 곁에 남을 사람은 가족뿐이다. 그런 점에서 누구 곁을 떠나는 순간에, 그리고 죽어가는 사람에게 하고 싶은 말이 무엇인가를 헤아려 보라. 그저 "미안하다. 고맙다."고만 말할까. 아무튼 죽음 앞에서 가족들에게 하는 말은 곧 유언일 수 있다.

22. 당신은 지금까지 어떻게 살아왔나?

당신의 존재는 태어나면서부터 어떤 부모에게, 어디서 살았고, 어떤 직업을 가지고 어떤 배우자를 만나서 자식 낳고 살아가는 생애과정에 따라 달라질 것이다. 짧은 생애지만 생존해가면서 천국과 지옥, 온탕과 냉탕을 오고 갔을 것이다. 때로는 인생의 전환점이 되는 순간이 있었을 것이고, 행복함도 상당기간 유지되었을 것이다. 그런 점에서 평생 동안 느끼고 경험한 것, 이룩한 것들을 기억 하면서 자서전적인 자기 성찰을 해보자는 것이다. 심리학자 구스타프 융(Jung)은 행복과 만족, 영혼의 평안, 삶의 의미, 이런 것들은 오직 개인에 의해서만 경험된다고 했다. 그러니 당신이 지금까지 수고한 대로 먹고 살아온 세월을 복귀해 보며 생활습관을 바꿔보는 것이다.

23. 가장 절친한 친구들은 누구인가?

사람 사이의 불편한 관계, 복잡한 원칙이 없는 인간 관계를 어떻게 만들고 잘 지냈는지를 묻는 것이다. 이와 관련해 어릴 때 같이 놀던 친구를 뜻하는 '죽마고우'(竹馬故友)라는 말이 있다. 또 중국 춘추시대 제(齊)나라에 살던 관중(管仲)과 포숙아(鮑叔牙)라는 두 사람의 변치 않는 우정을 일컫는 '관포지교'(管鮑之交)라는 고사성어가 있다. 그렇다면 당신은 한평생 살아오면서 어떤 친구들 몇 명 두었는가. 비올 때 우산을 들어주는 것이 아니라 함께 비를 맞아주는 친구가 누구인가 말이다. 평소에는 우정, 사랑, 친구를 외치지만 위기 시에는 이를 모른 척하는 사람이 얼마나 많은가. 사랑하는 사이였지만 카톡 문자메시지 하나로 만남을 끝내는 세상에서 변치 않는 친구를 둔다는 것은 참으로 큰 복이다.

24. 당신의 신체는 어떠했나?

건강한 신체 상태가 유지되고 지속될 때 행복감을 느끼게 마련이다. 그렇다면 당신의 한평생 건강은 어떠했나? 지금까지 최적의 신체기능을 유지할 수 있는 방법이 무엇이었고, 어떤 운동이 좋았으며 결국 "건강에 도움이 되었나?"를 묻는 것이다. 아니면 나름대로 자기 건강에 대한 어떤 우상이나 도그마에 사로 잡혀서 생활한 것은 아닌지 돌아볼 일이다. 자신의 건강은 주관적으로 "아주 좋다, 보통이다, 안 좋다, 아주 안 좋다" 등으로 나누어 대처할 수 있을 것이다. 특히 노년기에는 흔히 눈의 피로, 어깨통증, 신경통, 관절통, 심장질환, 당뇨, 뇌졸중, 전립선염 등에 따라 건강상태가 달라진다. 결국 자기만의 몸 관리, 생활습관 개선 없이 장수한다는 것은 낙관주의적 허상일 뿐이다.

25. 당신은 무엇으로 어떻게 뇌를 자극하나?

뇌는 굳어지는 콘크리트가 아니다. 평생 동안 변하는 것이 뇌세포의 구조다. 변하는 뇌는 용불용설(用不用說)이 적용된다고 한다. 쓰면 쓸수록 강해지고 안 쓰면 퇴화한다는 후성유전학 영역인 리마르크이론(Lamarckism)이 바로 그것이다. 뇌를 젊게 만들면 신체도 젊어진다는 것, 감정의 뇌를 잘 다스려야 장수한다고 한다. 예를 들면 음악, 시냇물 소리, 파도소리 등의 은은한 자극은 물론 배우기, 그림그리기, 독서, 적당한 운동 등을 병행할 때 뇌 건강을 유지할 수 있다. 미국 경영학의 대가 피터 드러커(Drucker)는 노후에 가장 필요한 것은 '지적 호기심'이라고 했다. 죽을 때까지 배우라(익혀라)는 것이다. 결국 지적인 도전을 계속하면서 생각의 근육을 키워나가는 일이 젊게 사는 비결이다.

26. 당신이 선호하는 신념 가치 이념은 무엇인가?

인간은 자기 신념과 가치를 위해 인내하기도 하고 죽기도 한다. 이데올로기의 필요는 무엇보다 특정 가치와 행동을 동원하기 위한 것이다. 자본주의, 사회주의, 진보주의, 보수주의, 사회민주주의, 신자유주의 등 거대 담론들이 지구적으로 끊임없이 재생산되는 이와 무관치 않다. 그런가 하면 우리 사회에서는 종북, 수구꼴통, 홍어, 과메기 등 이념과 지역차별 혐오적인 발언들이 난무한다. 나와 이념이 맞지 않는 상대방을 악마화하면서 자기만이 선이라는 폭력적 언사와 행동이 많은 것이 우리 사회 모습이다. 그러나 어떤 도그마에 사로 잡혀서는 곤란하다. 자기 신념과 일치하는 가치와 이념, 정보만 수용하는 '확증편향증'을 피해야 한다. 20대는 보헤미안적 꿈과 진보적 성향을 추구했다면 60대 이후는 고정관념이나 기존의 틀에 얽매이지 않는, 흔히 말하는 '정치적 올바름'(political correctness)에서 판단해야 할 것이다.

27. 당신은 빚지고 살지는 않았는가?

까닥하면 수입이 어떠하냐에 따라 평생 동안 빚쟁이로 살아갈 위험이 높은 사회다. 늙어가면서 빚으로 사는 건 아닌지 자기 수입원, 생활비를 다시 점검해 볼 일이다. 사실 우리나라 노인들의 빈곤률은 OECD 국가들 중에 제일 높다. 은퇴 후에는 매달 생활비가 30만 원씩 부족하다는 연구결과도 있다. 그렇다면 빚진 자로 살아갈 수밖에 없는 현실이고 결국 노후생활이 비참해진다. 성경에서 빚진 자는 채권자의 종이 된다고 했는데(잠언22:7) 남에게 끌려 다니는 삶이 되고 만다. 노후를 제대로 준비하지 않으면 100세 시대에 재앙이 될 수 있다.

28. 당신은 후회 없는 삶을 살았는가?

하루가 다시 올 수 없는 시간이고 나의 역사가 된다. 각자 삶의 주체로써 여러 문제를 결정하고 가치 있는 자기 삶을 개척해 나간다. 후회 없이 산다는 것은 자기만족뿐만 아니라 타인을 기쁘게 하는 삶을 의미한다. 후회 없는 삶이란 '좋은 죽음'을 향해 가는 여정이기도 하다. 그렇다면 당신은 후회 없는 삶을 살았는가. 물론 후회 없는 삶은 없을 것이다. 누구나 돌이킬 수 없는 후회를 안고 살아가기 때문이다. 미국의 사우스 알라바마(South Alabama) 대학의 경제학부 교수 겸 저술가였던 루이스 분(Lewise E, Boone, 1941~2005) "당신은 새로운 것을 시도하는데 실패를 두려워하지 말라."며 가장 슬픈 세 가지를 말한다. 그것은 <할 수도 있었는데(Could have), 했어야 했는데(Might have), 해야만 하는데(should have)>였다.

29. 당신은 영혼의 안식을 누리며 살아가는가?

당신의 영혼이 안녕한가. 건강한 영혼을 소유하고 살아가는가. 당신의 삶이 어려울 때 신으로부터 어떤 영감을 받으며 살아왔는가를 묻는 것이다. 인간은 영적(spiritual)인 존재로써 영성을 소유하는 유일한 피조물이다. 영혼의 안식, 영적 건강은 사랑이고 감사이고 기쁨의 감정이다. 이런 것이 충족될 때 마음이 고요해지고 삶이 풍요해진다. 특히 영적 문제를 다루는 종교는 은퇴, 배우자 상실, 양로원 입소, 임박한 죽음이 다가올 때 매우 중요하다. 기독교에서는 천국에 이르기 위해 죽음을 올바로 준비해야 한다고 가르친다. 당신 삶에서 영혼의 안식을 만들어가는 일이 노년기의 과업이다.

30. 당신의 비문을 어떻게 쓸까?

죽음은 우리들 삶의 전부를 잃는 것, 누구를 사랑하고 그 모든 기쁨과 욕망을 넘어서 마지막 가는 사건으로 해석한다. 그래서 비석의 비문은 남다른 의미를 던져준다. 보통 비문에는 기본적으로 본관, 이름, 호, 생몰연대, 그리고 뒤에는 자손들의 이름을 새겨 넣는다. 비문 중심에는 죽은 사람의 행덕 (行德), 풍격(風格), 관직(벼슬), 학덕(學德) 등을 새겨 넣는다. 그렇다면 자신의 비문을 직접 써보는 것이 어떨까. 자신의 비문을 쓸 때는 자기 이미지, 가치를 드러내는 내용으로 쓰고 또 고쳐 쓰면서 간단 명료하게, 후세에 남기는 글로 작성해보는 것이다. 참고로 소설가 스탕달(Stendhal, 1783~1842)의 비명은 "썼노라, 사랑했노라, 살았노라"였다. 우리나라 시인 천상병(1930-1993)은 비명에서 "나 하늘로 돌아가리라, 아름다운 세상 소풍 끝내는 날, 가서 아름다웠노라고 말하리라."라고 남겼다. 누구나 세상을 떠나며 작별인사(good-bye)를 남기는 글귀가 바로 비명(碑銘)이다.

이상에서 묻는 30가지는 인간으로서 "어떻게 살아야 하나?" 하는 인식의 문제를 제기한 것이다. 당신이 살고자 했던 삶이 어떻게 이루어졌는가를 늘그막 길에서 성찰해보자는 내용이다. 성공과 실패의 자아비판이 아닌 더 후회하기 전에 생활 자체를 개선하기 위해서 묻는 질문이다.

그 이유는 간단하다. 늙어서는 성찰(reflection)의 자세가 무엇보다 요구된다. 우리는 죽는 날까지 계속 진보해야 하는 것, 과거를 뒤에 남겨두고 욕망을 실현해 가기 위해서다.

론다 번(Rhonda Byrne)의 '시크릿'(Secret, 2007)에서는 당신이 무엇을 생각하던 그 생각에 반응하라고 했다. 그것은 '지금 해라'(do it now)였다.

요컨대, 우리가 간절한 욕망을 간직하면서도 장애물에 도전하는 정신적 대비(mental contrasting)에 따른 준비, 어렵지만 적어도 1%만의 실천력이 필요한 시점이다. ⓒ

> ◑ 인간은 미지에 대한 두려움과 익숙한 것에서 벗어나지 못하는 약점을 가지고 있다. 놓아주기를 못하는 이유를 찾아보면 무엇인가 불행해지는 것 같아서, 과거를 잊지 못해서, 내 삶이 망가지는 것 같아서, 상처가 무서워서, 어떤 결과가 올지 몰라서, 자신의 통제력이 없어서 등 그 답은 매우 다양하다. (본문 중에서…)

노년기 삶의 여정,
자기 스스로
재확인해보기

노년기 삶의 여정,

- 자기 스스로 답하며 성찰해보기

Q1 : 당신은 누구를 얼마나 사랑했는가?
A1 :

Q2 : 당신은 한평생 좋아하는 일은 하면서 살았는가?
A2 :

Q3 : 당신은 어디서 무엇을 원하며 살아왔나? 그리고 앞으로 해야 할 버킷리스트는 무엇인가?
A3 :

Q4 : 당신에게 감사할 일은 무엇이고 얼마인가?
A4 :

Q5 : 당신은 누구로 기억되고 싶은가?
A5 :

Q6 : 당신은 사회를 위해 무엇을 했나? 또 무엇으로
　　기여했나?
A6 :

Q7 : 당신 인생에서 어떤 기쁨이 있었나?
A7 :

Q8 : 당신 생애에서 가장 기억에 남는 일은 무엇인가?
A8 :

Q9 : 누가 당신을 가장 사랑한다고 생각하는가?
A9 :

Q10 : 당신은 생애에서 어떤 타입의 사람을 선택해
　　　만나면서 살았는가?
A10 :

Q11 : 당신에게 지금 가장 큰 걱정은 무엇인가?
A11 :

Q12 : 당신은 생애에서 무엇을 실패했는가?
A12 :

Q13 : 당신은 어떤 모험심을 가지고 살았는가? 또 어떤
모험을 했는가?
A13 :

Q14 : 당신이 가장 자랑스럽게 성취한 일은 무엇인가?
A14 :

Q15 : 어떤 사람들이 당신을 괴롭혔나? 왜 당신은
괴롭힘을 당했나?
A15 :

Q16 : 당신의 멘토는 누구인가?
A16 :

Q17: 당신은 남다른 비교우위의 전문성을 갖고 살아
가고 있는가?
A17:

Q18 : 당신에게 지금 누구의 어떤 도움이 필요한가?
A18 :

Q19 : 당신은 창의적으로 자신을 어떻게 표현할 수
　　　있는가?
A19 :

Q20 : 당신은 일상의 시간을 어떻게 관리해 왔나?
A20 :

Q21 : 당신이 오늘 세상을 떠난다면
　　　가족(자녀, 배우자)에게 남길 말은 무엇인가?
A21 :

Q22 : 당신은 지금까지 어떻게 살아왔나?
A22 :

Q23 : 가장 절친한 친구들은 누구인가?
A23 :

Q24 : 당신의 신체는 어떠했나?
A24 :

Q25 : 당신은 무엇으로 어떻게 뇌를 자극하나?
A25 :

Q26 : 당신이 선호하는 신념 가치 이념은 무엇인가?
A26 :

Q27 : 당신은 빚지고 살지는 않았는가?
A27 :

Q28 : 당신은 후회 없는 삶을 살았는가?
A28 :

Q29 : 당신은 영혼의 안식을 누리며 살아가는가?
A29 :

Q30 : 당신의 비문을 어떻게 쓸까?
A30 :